SAV

„Mit List und … Kühnheit … Widerstand leisten“

Bettine von Arnims sozialpolitisches Handeln zwischen Privatheit und Öffentlichkeit

Herausgegeben von Wolfgang Bunzel, Kerstin Frei und Mechtild M. Jansen

SAINT ALBIN VERLAG

2010

Bibliografische Information Der Deutschen Bibliothek
Die Deutsche Bibliothek verzeichnet diese Publikation in der Deutschen Nationalbibliografie; detaillierte bibliografische Daten sind im Internet über http://dnb.ddb.de abrufbar.

Bibliographic information published by Die Deutsche Bibliothek
Die Deutsche Bibliothek lists this publication in the Deutsche Nationalbibliografie; detailed bibliographic data are available in the Internet at http://dnb.ddb.de.

Information bibliographique de Die Deutsche Bibliothek
Die Deutsche Bibliothek a répertorié cette publication dans la Deutsche Nationalbibliografie; les données bibliographiques détaillées peuvent être consultées sur Internet à l'adresse http://dnb.ddb.de.

Herausgeber und Verlag danken

Frank Dam, Katrin Funcke, Stephanie Guse, Kristina Heldmann, Ute Helmbold, Soenke Hollstein und Stefan Michaelsen

herzlich für die Genehmigung, zwei Blätter aus dem 2008 entstandenen, 98 Seiten umfassenden Bettine-von-Arnim-Leporello (Mischtechnik, je 21 x 21 cm; Privatbesitz) für den Umschlag verwenden zu dürfen.

Redaktion: PD Dr. Wolfgang Bunzel, Frankfurter Goethe-Haus/ Freies Deutsches Hochstift, Großer Hirschgraben 23-25, D-60311 Frankfurt a. M.

Umschlaggestaltung/Druck:
G.K.W. Kuhle Werbung GmbH, Florastraße 2, D-13187 Berlin

ISBN 978-3-930293-46-9

Inhalt

Wolfgang Bunzel / Kerstin Frei / Mechtild M. Jansen

Vorwort

Aus Anlass ihres 150. Todestags haben das Haus am Dom – Katholische Akademie Rabanus Maurus (Frankfurt a.M.), die Hessische Landeszentrale für politische Bildung (Wiesbaden) und das Frankfurter Goethe-Haus/Freies Deutsches Hochstift unter dem Leitspruch „Herzhaft in die Dornen der Zeit greifen…“ vom 18. bis 20. Juni 2009 Thementage zu Bettine von Arnim geb. Brentano (1785-1859), einer der bedeutendsten Schriftstellerinnen des 19. Jahrhunderts und einer der prominentesten Frauen Frankfurts, veranstaltet. Wie die Überschrift schon andeutet (die bewusst das Titelzitat der Jubiläumsausstellung, die 1985 im Freien Deutschen Hochstift gezeigt wurde, aufgreift), sollte vor allem die politische Dimension ihres Werks hervorgehoben und Bettine von Arnims facettenreiches soziales und gesellschaftliches Engagement vor Augen geführt werden – in der Überzeugung, dass dadurch eine überaus vielseitige Autorin zu entdecken ist, die sich intensiv mit Fragen der Massenarmut, der Emanzipation der Geschlechter und der Sozialfürsorge beschäftigt und damit Themen aufgegriffen hat, die bis heute nichts von ihrer Aktualität eingebüßt haben.

Bettine von Arnim war ein Multitalent, das sein kreatives Potential in fast allen Gebieten künstlerischen Ausdrucks (Literatur, bildende Kunst, Musik) entfaltete und sich obendrein Kenntnisse auf zahlreichen Feldern des Wissens (darunter Philosophie, Pädagogik und Medizin) erwarb. Die vielseitigen Interessen dieser Allroundbegabung ließen eine Beschränkung auf einzelne Bereiche der Kunstausübung oder Wissensdisziplinen im Grunde nicht zu. Einer allumfassenden Entfaltung ihrer Anlagen waren allerdings geschlechterbedingte Grenzen gesetzt. So fehlte ihr als Frau nicht nur eine fundierte Grundlagenausbildung, auch ein Universitätsstudium war ihr verwehrt. Bettine von Arnim münzte den daraus resultierenden Zwang, sich alles autodidaktisch aneignen zu müssen, indes zu ihrem Vorteil um: Indem sie sich nämlich zeitlebens dagegen wehrte, ihre Kreativität einzuschränken und sich in irgendeiner Weise zu spezialisieren, schuf sie mit der Existenzform der Universaldilettantin einen Gegenentwurf zum Typus des männlichen Universalgenies. Bettine von Arnim nahm Stellung zu philosophischen Fragen, mischte sich in die theologischen Debatten der Zeit ein, entwickelte pädagogische Konzepte, reflektierte die soziale Not im Preußen der dreißiger und vierziger Jahre, trat als politische Ratgeberin auf, setzte sich für staatlich Verfolgte ein und betrieb personelle Berufungspolitik.

Der Zweck der Thementage, die im Frankfurter Haus am Dom stattfanden, war deshalb ein doppelter: Zum einen sollten die verschiedenen Facetten des weitgespannten sozialpolitischen Engagements Bettine von Arnims beleuchtet werden, das sich bezeichnenderweise zwischen Privatheit und Öffentlichkeit entfaltete und in der Nutzung semiöffentlicher und paraprivater Kommunikationsformen den eingeschränkten Handlungsspielraum, der einer Frau seinerzeit gesetzt war, geschickt ausschöpfte. Zum anderen war es aber auch unser Anliegen, die bestehende, vergleichsweise enge literaturwissenschaftliche Sichtweise auf Person und Texte zu ergänzen durch einen inhaltlich wie methodisch breiteren Zugang, der Bettine von Arnims universalpoetischen Ansatz ernst nimmt und auf seine Leistung hin befragt. Wir haben deshalb Referentinnen und Referenten verschiedener Fachrichtungen eingeladen und sie gebeten, aus kulturwissenschaftlicher, theologischer, ethischer, psychologischer und pädagogischer Perspektive das sozialpolitische Handeln dieser Frau in den Blick zu nehmen. Zustande gekommen ist so eine Veranstaltung, die disziplinenübergreifende Zugänge zu Bettine von Arnim eröffnet und gezeigt hat, wie lohnend bzw. notwendig es ist, ihr Leben und Werk transdisziplinär zu erfassen. Wir freuen uns, mit dem hier präsentierten Sammelband nun die Erträge dieser Veranstaltung vorlegen zu können, und hoffen darauf, dass sie auf die weitere Beschäftigung mit dieser sozial engagierten Schriftstellerin anregend wirken.

Bettine von Arnim verstand es wie wohl keine andere Frau des 19. Jahrhunderts, das Individuelle mit dem Sozialen, das Persönliche mit dem Politischen zu verknüpfen. Da für sie Geistesfreiheit und politische Unabhängigkeit zusammen gehören, ist ihr Kampf um individuelle Autonomie immer auch ein Modell politischer Emanzipation. Im Grunde hat sie sich, seit sie an die Öffentlichkeit getreten ist, als politische Autorin begriffen. Die mit Hilfe des Erstlingswerks *Goethe's Briefwechsel mit einem Kinde* (1835) errungene Berühmtheit nutzte sie ab Ende der dreißiger Jahre dann konsequent dazu, um Einfluss auf politische Entscheidungen zu nehmen. So setzte sie sich beim preußischen Kronprinzen, der ab 1840 den Thron bestieg und fortan als Friedrich Wilhelm IV. regierte, mit Nachdruck für die Berufung der aus ihren Ämtern gejagten Brüder Jacob und Wilhelm Grimm ein. Überhaupt konzentrierte sie ihre Einflussnahme auf den preußischen Regenten, suchte parallel dazu aber auch andere gekrönte Häupter und potenzielle Thronfolger – darunter Karl von Württemberg, Carl Alexander von Sachsen-Weimar und Ludwig I. von Bayern – zu politisch verantwortlichem Handeln anzuleiten. Ihren Höhepunkt fand das ambitionierte Projekt einer Fürstenerziehung, das sie verfolgte, in *Dies Buch gehört dem König* (1843), einer Art offener Brief an Friedrich Wilhelm IV. Von besonderer Brisanz ist der Anhang des Buches, der in schmuckloser Sprache das Elend der Bewohner einer Armenkolonie vor den Toren Berlins schildert und damit an einem konkreten Beispiel die von der zunehmenden Industrialisierung bewirkte Massenverelendung dokumentiert. Dieser Text kann als die erste Sozialreportage der deutschen Literatur angesehen werden.

Was Bettine von Arnim im 'Königsbuch' begonnen hatte, wollte sie schließlich in ihrem Armenbuch-Projekt konsequent fortführen. In einem Artikel in der *Magdeburgischen Zeitung* rief sie „Alle, welche über den Zustand des Armenwesens in Gemeinden, Kreisen, Bezirken, Provinzen u.s.w. des gesammten Deutschen Vaterlandes genaue Auskunft zu geben vermögen", dazu auf, man möge ihr „getreue Berichte" über die Situation der ärmsten Bevölkerungsschichten zusenden. Daraufhin erhielt sie aus vielen Regionen Preußens, vor allem aber aus Schlesien, detaillierte Listen, in denen die Lebensumstände der Betroffenen nüchtern protokolliert waren. Da solch detaillierte Informationen nirgendwo sonst vorlagen – auch bei den staatlichen Behörden nicht –, avancierte Bettine von Arnim Mitte der vierziger Jahre faktisch zu einer privaten Dokumentationszentrale des Pauperismus in Preußen. Genau damit aber wurde sie für die Regierung zu einer ernst zu nehmenden Gefahr. Auf Druck der preußischen Behörden musste sie deshalb ihr ambitioniertestes Vorhaben abbrechen.

Sie kämpfte indes unermüdlich weiter für ihre politischen Ziele und nutzte dabei zunehmend publizistische Mittel zu ihrer Durchsetzung. Beispielsweise lancierte sie vertrauliche Privatbriefe an die Presse oder belieferte befreundete Schriftsteller mit Material, das diese dann journalistisch verwerteten. Sehr bald schon beherrschte sie virtuos die unterschiedlichsten Techniken, Einfluss auf die öffentliche Meinung zu nehmen, und wirkte vielfach als Publizistin undercover. Im Grunde variierte sie hier aber nur den operativen Umgang mit Informationen und Dokumenten, den sie bereits in ihren Brief- und Gesprächsbüchern erprobt und zur Perfektion getrieben hatte. Im geschichtlichen Rückblick erweist sie sich jedenfalls als *die* herausragende epistolare und dialogische Strategin des 19. Jahrhunderts, die die Gestaltungs- und Wirkmöglichkeiten der Textsorten Brief und Gespräch virtuos zu nutzen verstand und mit deren Hilfe Kommunikations-Politik betrieb.

Im Lauf der Zeit radikalisierten sich Bettine von Arnims Ansichten soweit, dass sie zu einer scharfen Widersacherin der preußischen (Real-)Politik wurde. Verständnislos verfolgte sie, wie die Kirchen vor allem bei der Armutsbekämpfung die staatlichen Versäumnisse nicht nur nicht anprangerten, sondern die Regierenden gewähren ließen und deren, z. T. bewusste, Ignoranz sogar noch legitimierten. Ein solches Bündnis von 'Thron' und 'Altar' hielt sie für moralisch verwerflich und unchristlich. Dementsprechend lässt sie in *Dies Buch gehört dem König* die Frau Rat Goethe – als Sprachrohr ihrer eigenen Überzeugungen – anklagend formulieren: „die hohlen Phrasen regieren schon lange die Welt statt der lebendigen Moral; – ihr Staatsmänner seid froh, sie als Staatskunst, wie die Kunst der Religion in Glaubensartikeln, aneinander gereiht zu haben, auf die euer Unsinn paßt, von dem ihr selbst die Spielbälle seid". Von da an attackierte Bettine von Arnim beherzt sowohl die „Urlüge der Politik", die darin besteht, dass aus diplomatischer Rücksichtnahme viele Wahrheiten nicht offen ausgesprochen werden, als auch die Geduld und Gehorsam predigende „Zwangsherrschaft der Religion".

Im Rückgriff auf die Bibel klagte sie selbst bei königlichen Würdenträgern unbeirrt christliche Grundwerte ein. Den preußischen Regenten Friedrich Wilhelm IV. etwa, der sich ja als christlicher Herrscher verstand, konfrontierte sie in einem Brief mit der ebenso schlichten wie schwer widerlegbaren Schlussfolgerung: „Du sollst deinen Nächsten lieben wie dich selbst! – Wer ist des Königs Nächster? – Sein hungerndes Volk!" Der aus dieser Feststellung abgeleitete Appell zielte darauf ab, die Realität im vormärzlichen Preußen einschneidend zu verändern; sie unterbreitete ihrem Gegenüber nämlich folgenden Vorschlag: „Geliebter König! bauen Euer Majestät den [Berliner] Dom nicht im Lustgarten; bauen Sie ihn in zerstreuten Hütten auf [...] in Schlesien!" Hier übernimmt die Autorin die radikale Sozialkritik etwa eines Georg Büchner, dessen 200. Geburtstag ja 2013 gefeiert wird. Allerdings bleibt sie nie bei der bloßen Anklage stehen. Den bekannten Berliner Architekten Wilhelm Stier beispielsweise lässt sie im Jahr 1843 die „Skizze zu einer Armenstadt vor den Thoren von Berlin" entwerfen, die ursprünglich dem 'Königsbuch' beigegeben werden sollte.

Es ist deshalb nur konsequent, wenn sich die meisten Aufsätze des Bandes mit der sozialpolitischen Dimension von Bettine von Arnims Werk beschäftigen und einige explizit auf religiöse und ethische Fragen eingehen. Daneben soll aber auch im Blick behalten werden, dass das politische Engagement dieser Schriftstellerin untrennbar verbunden ist mit ihrer Lebenspraxis und der persönliche Austausch mit nahestehenden Personen ihre Einstellung zu Politik und Religion entscheidend mitgeprägt hat. Zu bedenken bleibt weiterhin, dass ihre Brief- und Gesprächs-Politik Teil eines komplexen Projekts der Erinnerungsarbeit und der Andenkenstiftung ist. Der Wille zur Formung des kulturellen Gedächtnisses bildet gewissermaßen den Hintergrund für ihre konkreten politischen Aktionen. Angesichts der Tatsache, dass Wolfgang Frühwalds ursprüngliches Vorhaben, einen Aufsatz über die Religiosität dieser Autorin beizusteuern, sich nicht verwirklichen ließ, sind wir besonders glücklich darüber, dass er dazu bereit war, ein Geleitwort für den vorliegenden Band zu schreiben. Es bündelt noch einmal die zentralen Themen, mit denen sich die einzelnen Beiträge befassen.

Da der Umfang des Bandes aus Kostengründen von vornherein begrenzt war, können wir zwei Beiträge – den von Ulrike Prokop und den von Wolfgang Bunzel – hier nur in gekürzter Form bringen. Vollständig bzw. erweitert erscheinen beide Texte im Jahrgang 22/23 (2010/11) des *Internationalen Jahrbuchs der Bettina-von-Arnim-Gesellschaft*, der auch alle übrigen Aufsätze noch einmal enthalten wird. Durch die parallele Veröffentlichung als separater Tagungsband und als Teil eines eingeführten fachwissenschaftlichen Periodikums ist den Beiträgen der Thementage eine größtmögliche Verbreitung sicher und dafür gesorgt, dass sie einerseits regional, national und international und andererseits über Fachgrenzen hinaus wahrgenommen werden.

Wolfgang Frühwald

Zum Geleit

Während eines Besuches bei ehemaligen Stipendiaten der Alexander von Humboldt-Stiftung in Brasilien sprachen wir auch über Armut und Reichtum in einem Land, das unermesslich reich ist an Menschen und Rohstoffen, in dem aber die Gegensätze von Arm und Reich so schroff sind wie in kaum einem anderen Land des südamerikanischen Kontinents. Mein Gesprächspartner wohnte in Rio de Janeiro in einer der mit Stacheldraht geschützten und von bewaffneten Posten bewachten Wohnsiedlungen, zwar in Sichtweite der Elendsviertel (*favelas*), die sich wie ein langsam anschwellender Lavastrom von den umgebenden Hängen in die Stadt hineinschieben, aber doch relativ sicher vor Raub und Überfall, vor jener allgegenwärtigen Kriminalität, welche die brasilianischen Rückkehrer von einer Europareise schon im Flugzeug zwingt, allen Schmuck, zumal die Ohrringe, und die Armbanduhr abzulegen, die Laufschuhe anzuziehen und nach der Landung raschen Schritts und gesenkten Hauptes nachhause zu eilen. Das Problem scheint dabei weniger die Armut und die aus dieser Armut entstehende Kriminalität zu sein, als der provozierende, kaum vorstellbare Reichtum von Wenigen. „Wissen Sie", sagte der junge Kollege zu mir, „meine Nachbarn sind so reich, wenn sie *shoppen* wollen, dann kaufen sie sich ein Shopping Centre."

Das mag ein ungewöhnlicher Beginn zur Einleitung in einen Band mit Studien über „Bettine von Arnims sozialpolitisches Handeln zwischen Privatheit und Öffentlichkeit" sein, doch führt besonders der schroffe Gegensatz von Armen und Reichen in die Mitte jener Problematik, die im 19. Jahrhundert als „Pauperismus" bekannt geworden und bis heute völlig ungelöst ist. In den Lexika des 19. Jahrhunderts, in dem dieses soziale Phänomen erstmals beschrieben wurde, wird „Pauperismus", relativ nüchtern und im Gegensatz zu Bettines engagierter und personalisierter Beschreibung des Massenelends, als „chronische Massenarmut [definiert], ein in einem ganzen Lande oder größern Landesteil herrschender Notstand, bei dem ein Teil der Arbeiterbevölkerung wegen unzulänglicher Beschäftigung auf Unterstützung angewiesen ist und die Beschäftigten in ihrem Lohn nur den notdürftigsten Lebensunterhalt erhalten" (Brockhaus 1898, Bd. 12, S. 970). Das allerdings ist eine Definition vom Ende des Jahrhunderts her, als die forcierte Industrialisierung nicht mehr als Teil des Problems, sondern als Teil von dessen Lösung angesehen wurde. Bettine aber sah rings um sich die Armutsflut noch steigen und meinte, auf einem aus Zunder bestehenden Boden zu gehen, den jeder Funke in ein revolutionäres Feuer versetzen konnte.

Die Historiker meiner Generation haben sich noch streng vor solchen, scheinbar anachronistischen Vergleichen gehütet, obwohl heute reiches Anschauungsmaterial für eine dem 19. Jahrhundert durchaus vergleichbare, wenn nicht sogar global verschärfte Massenarmut direkt vor der Haustüre Europas liegt und der Ansturm von Wirtschaftsflüchtlingen auf die „Festung Europa" eben diesem Elend entstammt. Umso berechtigter erscheint es mir, das sozialpolitische Handeln der Bettine von Arnim, wie es im vorliegenden Band geschieht, auch unter sozialethischer Perspektive zu kommentieren und damit die strukturelle Vergleichbarkeit sozialer Phänomene in unterschiedlichen Jahrhunderten zu legitimieren. Marxismus, Sozialismus und intellektueller Anarchismus wurzeln im Boden der Massenarmut des 19. Jahrhunderts, doch haben die Sozialphilosophen dieses Jahrhunderts versucht, zunächst die „Bewegungsgesetze" der Ökonomie und der von ihr formierten modernen Gesellschaft zu ergründen, um aus der Theorie entsprechende Handlungsgesetze zu gewinnen. Bettine dagegen hat das lebendige Elend der verarmten und hungernden Menschen in ihrer Zeit und ihrer Umgebung gesehen und versucht, es sofort – nicht erst in einem Paradies der Werktätigen – zu wenden. Vermutlich hat kein anderer von Bettines Zeitgenossen die unmittelbaren sozialen, politischen und kulturellen Folgen des Pauperismus so genau und so erzürnt beschrieben wie sie. Sie urteilte aus eigener Kenntnis der Massenarmut und hat sich auch deshalb auf keine der damals entwickelten Eigentumstheorien festgelegt. In ihrem Gerechtigkeitsempfinden fundamental erschüttert, hat sie sich strikt geweigert, nur jene „Tractätchen, Abc-Bücher und Ammenmärchen" zu schreiben, denen die preußische Zensur allein wohlwollend gesinnt war (an Alexander von Humboldt, 22. Juni 1844).

Bettine war, bei aller Sympathie für demokratische Politik und Politiker, stets eine Partei für sich; sie stand (darin einmal mehr Goethe verbunden) immer auf ihrer eigenen Seite. Die „soziale Monarchie", die sie für Preußen entworfen hat (denn nichts anderes bedeutete ihre Absicht, den König seinem Volk „zuzuführen"), war eine reale, aber an der starren Bürokratie ebenso wie an Ängstlichkeit und Wankelmut des preußischen Königs, Friedrich Wilhelm IV., scheiternde, politische Option. Das „soziale Königtum" war als eine politische Vision jedenfalls wirklichkeitsnäher als das „ästhetische Königtum", mit dem sich der mit Bettine persönlich bekannte König Ludwig I. von Bayern damals auf das Feld der von politischer Satire beherrschten „öffentlichen Meinung" wagte, oder gar als das „Bürgerkönigtum" im Frankreich dieser Jahre, dessen Klientel die frühkapitalistisch denkende und agierende Bourgeoisie bildete. Die hungernden, frierenden, in Lumpen gekleideten Armen, wie sie in den von Bettine angeregten „Besuchsprotokollen" Heinrich Grunholzers erscheinen, die Bettine in den Anhang ihres 'Königsbuches' (1843) aufgenommen hat, konnten mit den als ein „lyrisches Regierungsinstrument" gedachten, an das Bürgertum, als eine politisch einflussreiche Klasse, gerichteten Gedichten des bayerischen Königs sicher nichts anfangen. Wenn sie solche Gedichte jemals zu Gesicht bekommen hätten und sie hätten lesen können, wären sie ihnen wie Hohn und Spott erschienen. Von der kapitalistischen Monarchie der Franzosen aber fühlten sich die Proletarier erpresst und ausgebeutet. Es blieb nur der von Bettine vorgezeichnete Weg, wenn der neuerliche blutige Ausbruch jener Revolution vermieden werden sollte, die seit 1830 als ein politisches und damit als ein periodisch aktualisierbares Bewegungsprinzip erkannt war.

Bettines 'Königsbuch' (1843), das sie durch Alexander von Humboldts Vermittlung dem seit 1840 regierenden neuen König Preußens, eben Friedrich Wilhelm IV. (schon im Titel *Dies Buch gehört dem König*), hatte widmen dürfen, machte im Anhang, den „Erfahrungen eines jungen Schweizers im Vogtlande", den König und das gebildete Lesepublikum mit einer „vergleichsweise neuen Art von Text" bekannt. Pia Schmid hat dieses Genre (im vorliegenden Band) als „Sozialstudie" definiert. Da auch solche Studien – als „Beilage zur Socratie der Frau Rat" (Goethe) deklariert – als eine literarische Textsorte galten, waren sie der Zensur unterworfen und hatten vor allem die Last der von den Lesern vermuteten Fiktionalität zu tragen, die ihnen einen Teil der sozialen und pädagogischen Authentizität entzog. Bettine hat deshalb schon wenig später auf konkrete Aktion gedrängt, nicht nur auf die literarische Armutsklage. Der König möge doch – so schrieb sie 1844 mit Bezug auf das schlesische Weber-Elend fast flehentlich – „[...] den hier [in Berlin] beabsichtigten Dom in tausend Hütten in Schlesien bauen!" Bettines Frömmigkeit war konkret, und Gottesfurcht bedeutete für sie immer zugleich die Zuwendung zu den Ärmsten. Wenn sie die „Trostlosigkeit" des Elends ein wenig aufhellen konnte, so betrachtete sie dies als ein Geschenk der Hilfsbedürftigen an die Helferin (an Friedrich Wilhelm IV., 6. Dezember 1853).

*

Bettine, die im Revolutionsjahr 1830 wegen der Typhuserkrankung der zwölfjährigen Maxe und wegen ihrer Verwandten in Frankfurt in großen Sorgen lebte, konnte 1830 nicht wissen, welch schwere Jahre vor ihr lagen. Aber sie beobachtete aufmerksam und besorgt die am politischen und sozialen Horizont der Zeit heraufziehenden dunklen Wolken. Achim von Arnim erhielt von ihr (am 5. August 1830) in seiner Wiepersdorfer Abgeschiedenheit die neuesten Nachrichten aus dem unruhigen Frankreich. Bettine wusste von den revolutionären Unruhen dort wiederum aus eigener Erfahrung, weil die Berliner Freunde und Bekannten, darunter Friedrich Schleiermacher, Eduard Gans und Karl Friedrich Schinkel, ihre Pariser Reisepläne hatten ändern müssen. Das nämlich war Bettines Talent, dass sie komplexe Zusammenhänge im Filter eigener Erfahrung prüfen und sie dann in Anekdoten anschaulich machen konnte. Dieses im wörtlichen Sinne „poetische" Talent zeigte sich lange vor dem Erscheinen und dem sensationellen Erfolg ihres ersten Buches (*Goethes Briefwechsel mit einem Kinde*, 1835) in ihrer Korrespondenz. So fasste sie 1830 für Arnim die revolutionäre Lage in Frankreich und die unsichere Basis der dort etablierten bürgerlichen Monarchie in einem Urteil zusammen, das der Frankfurter Historiker und Journalist Nikolaus Vogt formuliert hatte:

„Da ist mir mein Nachtstuhl lieber, als der Thron von Frankreich [soll er gesagt haben], wenn ich mich draufsetze, da weiß ich doch, vor was." (An Arnim, 14. September 1830.) Solche Anekdoten hat Bettine, darin ganz die Schwester ihres Bruders Clemens Brentano, mit Vorliebe gesammelt, gerne weitererzählt und auch selbst formuliert. Dass sie „derb" waren und den Zeitgenossen, später auch den eigenen Kindern, im Munde oder in den Briefen einer Dame von Stand schockierend erschienen, war ihr gleichgültig. Ihr ging es um die provozierend genaue Zeitanalyse und die war in derben und witzigen Anekdoten nun einmal leichter und anschaulicher zu leisten als in theoretischen Abhandlungen.

Vogts Prognose über den Thron von Frankreich sollte sich bekanntlich erst 18 Jahre später erfüllen, doch waren diese Jahre (des Vormärz) auch die Zeit, in der Bettine als Schriftstellerin hervorgetreten, in denen sie berühmt, um nicht zu sagen: berüchtigt, geworden ist und mit allen Kräften versuchte, die von ihr befürchtete und gewusste Katastrophe blutiger Revolutionskämpfe in Preußen aufzuhalten. Die Form der Anekdoten veränderte sich in diesen Jahren nur unwesentlich. Sie wurden nochmals derber, politisch schlagkräftiger, vielleicht sogar sardonischer, waren weniger kunstvoll stilisiert. Den Geschäftsführer des Arnim'schen Verlages, den Buchhändler P. L. Jenatz, ermunterte Bettine zum Beispiel kurz vor Ausbruch der Märzkämpfe 1848, ihrem Sohn Friedmund von Arnim auch zwei (nur satirisch zu verstehende) Gerüchte aus dem Berliner Klatsch-Sumpf mitzuteilen (am 3. März 1848). Die eine berichtet davon, dass der algerische Widerstandskämpfer gegen die französische Besetzung des Landes, Abd el-Kader, aus französischem Gewahrsam entsprungen sei. Eine große Schar von Franzosen habe sich um ihn wie um einen zweiten Napoleon versammelt und ihn zum Kaiser der Republik ausgerufen. Aus Dankbarkeit habe er sogleich in einer Kabinettsordre „die Polygamie erlaubt". Die andere aber lautet: „Der Pabst hat in der gesammten katholischen Geistlichkeit das Cölibat aufgehoben; um ein Beispiel zu geben, hat er sich mit der Lola Montez verlobt." Zu bemerken ist dazu, dass sich diese Anekdote noch auf Gregor XVI. bezog, den Papst der Restauration, in dessen Staat die moderne Gasbeleuchtung und die Eisenbahnen als Werkzeuge des Teufels verboten waren. Seinen Nachfolger Pius IX. hat Bettine als einen vorbildlichen Staatsmann verehrt. Die bayerischen Wirren aber, die knapp vierzehn Tage nach diesem Brief an Friedmund von Arnim mit der Fahndung nach Lola Montez, der Geliebten des bayerischen Königs, und mit dessen Thronverzicht ihren Höhepunkt erreichten, konnten kaum plastischer charakterisiert werden. An den von Jenatz mitgeteilten Anekdoten nämlich ist abzulesen, dass und wie im Vormärz das Sexualverhalten (auch der Könige und des Adels) zu einem Indikator der politischen und der sozialen Emanzipation des Bürgertums geworden ist. Bettine steht mit dem stilistischen Trick, ihre Freunde und Verbündeten zum Sprachrohr dessen zu machen, was ihr am Herzen liegt, der Literatur des „Jungen Deutschland" und insbesondere ihrem Bewunderer Karl Gutzkow sehr nahe.

*

In einem seiner letzten Briefe (am 15. Dezember 1830) schrieb Achim von Arnim aus Wiepersdorf an Bettine: „Das gefährliche Jahr neigt sich zu seinem Ende, die goldne Zeit soll nun kommen.“ Doch statt der „goldnen Zeit“ begann eine wahre Unglücksperiode in Bettines Leben. Am 21. Januar 1831 starb Arnim überraschend in Wiepersdorf; im Mai dieses Jahres erreichte die Cholera die Ostprovinzen Preußens und wütete bereits in Königsberg. Damals ist Joseph von Eichendorff aus Ostpreußen mit seiner Familie nach Berlin geflohen, wo die Cholera dann im Sommer dieses Jahres besonders viele Opfer in den Armenvierteln der Stadt forderte. Wie hilflos die Menschen und die Behörden der Epidemie gegenüberstanden, bezeugt Eichendorffs Randnotiz zu einem Brief seines Bruders Wilhelm vom 2. September 1830: „Cholera: Diät u. keine Furcht.“ Bettine scheint nach dieser weit verbreiteten Maxime gehandelt zu haben. In ihrer energischen Hilfe bei der Pflege der Cholerakranken – in den Slums von Berlin – liegen vermutlich die Anfänge ihres sozialpolitischen Engagements bis weit über die Zeit der Arbeit an den Entwürfen zum ‘Armenbuch’ (1844) hinaus. Im Juni 1835 – im gleichen Jahr, in dem Bettines Goethe-Buch den humanitären Goethe-Kult des 19. Jahrhunderts in eine bürgerliche Ideologie verwandelte, starb ihr jüngster (1817 geborener) Sohn Kühnemund bei einem Badeunfall. 1842 starb ihr Lieblingsbruder Clemens Brentano. Sie trauerte um ihn, auch wenn sie seiner katholischen Alterswende keinen positiven Aspekt hatte abgewinnen können.

Vielleicht war die energische Wende Bettines zur Literatur und die enge Verknüpfung ihrer von Jugend an ausgeprägten Hilfsbereitschaft mit deren literarischem Ausdruck auch eine Reaktion auf die Schicksalsschläge, die seit Arnims Tod in ununterbrochener Folge auf sie niedergingen. Die Auseinandersetzung mit den preußischen Zensurbehörden aber, von denen sie wegen der Umgehung des Verwaltungsweges gehasst und verfolgt und in Prozesse verstrickt wurde, scheint sie eher erfrischt als bedrückt zu haben. Bettine war nicht nur mutig, sondern auch streitlustig. Noch im September 1852 wurde sie verklagt, weil sie ihr letztes Buch (*Gespräche mit Dämonen*) „[...] durch Buchbindergesellen, nicht durch einen Meister, habe heften lassen! ‘Wegen unbefugten Betriebs des Buchbindergewerks!’“ Das war reine Schikane und belegt nur, wie in den Jahren der Reaktion, parallel zum Machtverlust des Königs, der Polizeistaat in Preußen etabliert wurde. Bettine schien den Berliner Bürokraten ein noch ungebändigtes revolutionäres Element, aus dem ohne weiteres von neuem jener Funke des Aufstands entspringen konnte, der die Monarchie im März 1848 überrascht hatte.

*

Die hier zitierten Schwierigkeiten wegen Bettines – von der Öffentlichkeit kaum mehr wahrgenommenen – ‘Dämonenbuches’ hat Karl August Varnhagen von Ense in seinen „Tageblättern“ (am 20. September 1852) verzeichnet. Varnhagen und Alexander von Humboldt waren die letzten und die ausdauerndsten Freunde, die Bettine in Berlin (außerhalb ihrer Familie) hatte, doch auch deren Geduldsfaden hat sie mit Launen und sprunghaften Entscheidungen oft genug überdehnt. Die drei Freunde, Varnhagen, Bettine und Humboldt, sind zwischen Oktober 1858 und Mai 1859 innerhalb weniger Monate nacheinander gestorben. In Varnhagens „Tageblättern“ ist Bettines Hilfsbereitschaft von 1822 bis in ihre letzten Lebensjahre hinein zu verfolgen und dabei zu beobachten, wie diese zunächst auf einzelne Personen gerichtete Mitsorge nahtlos in soziales und politisches Engagement überging. Die Geschichte von Bettines Hilfsbereitschaft und ihrem Drang, zu raten und zu beraten, ist in diesen Aufzeichnungen als eine lang andauernde Auseinandersetzung mit der preußischen Monarchie, mit den Königen und Fürsten Deutschlands, und der von diesen nicht mehr lenkbaren, bürokratischen Mechanismen zu lesen. Die Hoffnung auf die „soziale“ oder wenigstens die „liberale“ Monarchie, wie sie etwa Ludwig I. von Bayern in den ersten Jahren seiner Regierung, zwischen etwa 1825 und 1831, erweckt hatte, trug auch die ersten Jahre der Regierungszeit Friedrich Wilhelms IV. von Preußen. Dann aber haben der Wankelmut des Königs, seine Reizbarkeit (zum Guten wie zum Bösen), der Gegensatz zwischen seinen Worten und seinem Handeln, auch die wohlmeinenden Freunde enttäuscht. Bettines Utopie eines im Einklang mit dem Volk, verfassungskonform regierten Preußen blieb eine Vision. Das Armenwesen in diesem Staat wurde von der gleichen starr-mechanistischen Bürokratie angeleitet und reglementiert, wie die übrigen Bereiche der Staatsverwaltung.

Während der Revolution von 1848 hat Bettine versucht, dem König auch politischen Rat zu geben und wurde dabei so wenig gehört wie bei den sozialen Ratschlägen. „Ich sage ihr“, notierte Varnhagen am 12. September 1848 nach einem Gespräch mit der Freundin, „[mir] kämen [wir] beide vor, wie Figuren in einem Trauerspiel, das Friedrich Wilhelm der Vierte hieße, der Dichter zeige in uns die dem König persönlich zugetane Gesinnung, die ihm dargebotene Geisteshülfe, aber wie durch eine unübersteigliche Kluft von ihm geschieden, es hilft ihm nichts!“ Bettines Versuch, aus dem (auch von Humboldt und Bettines Schwager Savigny gepflegten) Hofratsstil der Beratung zu entfliehen und öffentlich zu machen, was nur öffentlich verhandelt werden konnte, ist an den Zeitumständen ebenso gescheitert, wie an der Erfindung einer sozialen und zugleich belletristischen Literatur, die Bettine in ihrem ‘Armenbuch’ (1844) versucht hatte. Die Verknüpfung empirischer Sozialdaten mit einer Erzählung im Stile von Clemens Brentanos *Geschichte vom braven Kasperl und dem schönen Annerl* (also die Verbindung der für das ‘Armenbuch’ gesammelten Statistiken mit der Erzählung vom „Heckebeutel“) ist Bettine nicht gelungen, weil die romantische Schreibweise die reflektierende und arabeske Abschweifung nicht nur gestattete, sondern erzwang. So verwandelte sich jenes Faktum, dass eine ganze Kindergeneration von den überlebenden Großmüttern ernährt und aufgezogen werden musste, in der Geschichte vom „Heckebeutel" tatsächlich in eine Art von „Sozialmärchen". Aber was Bettine erzählte oder erzählen wollte, war kein Märchen, sondern die Lebenswirklichkeit der Kinder um 1840. Deren Großväter und deren Eltern waren im Krieg gefallen oder in den Nöten der rasch aufeinander folgenden Missernten, der Hungerjahre, der Cholera und der brutal-unsozialen Umstellung auf ein kapitalistisches Marktgeschehen früh gestorben. Die Figur der „uralten" Frau, der Großmutter, die um ihrer Enkel willen die Hoffnung nicht aufgibt, aus eigener Kraft dem Elendssumpf zu entkommen, ist bei Clemens Brentano wie bei Bettine von Arnim eine der sozialen Wirklichkeit entnommene Gestalt, die jeweils nur geringfügig stilisiert werden musste, um zum literarischen Typus zu werden.

*

Die Zeit zwischen den schlesischen Weberunruhen (1844) und der Märzrevolution (1848/49) waren die Jahre, in denen Bettine entschieden und immer vergeblich versucht hat, die Politik Preußens über ihre (nur scheinbare) Verbindung mit dem König zu beeinflussen. Ihre Größe macht aus, dass sie die Hoffnung auf Gehör und damit auf Besserung der Situation eines Landes am Abgrund auch dann nicht aufgegeben hat, als ihr die Publikation des 'Armenbuches' nicht nur verboten, sondern von den Freunden auch dringlich abgeraten wurde, als sie hilflos und erschüttert zusehen musste, wie der König, von schlechten Beratern geleitet, den Attentätern ausgeliefert, wie er von seinem Volk getrennt wurde und Fehler auf Fehler häufte. Während Karl August Varnhagen von Ense (ebenso alt wie Bettine) schon im Oktober 1848 das Gefühl hatte, dass er nur noch „ein Nachleben führe, ein Leben nicht mehr der Tat, sondern der Betrachtung, und dass auch diese weiterhin nur abnehmen kann, geistig wie körperlich" (am 2. Oktober 1848), hat Bettine auch nach der gescheiterten Revolution und nach dem Misserfolg ihrer letzten Schriften nicht davon abgelassen, ein Leben der Tat zu führen; und sei es nur, die „Arbeit Adams" zu tun, also im Schweiße ihres Angesichtes den verfluchten Acker zu bebauen, bis endlich der Weizen keimte und die Erde neue Frucht getragen hat. Ulrike Landfester hat im vorliegenden Band auf die Konzeptualisierung des Arbeitsbegriffes bei Bettine verwiesen, nicht nur auf ihre Überschreitung der den Frauen von der dominierenden Männergesellschaft eng gezogenen Grenzen, sondern auch darauf, dass für Bettine die „schwere Frage der einreißenden Armuth" allein dadurch aufgelöst werden konnte, dass sie „in die Verantwortung der faktisch davon betroffenen Arbeiter" überstellt würde. Wegen der Armut nicht in Depression und Resignation zu verfallen, sondern aus ihr neuen Antrieb, ja „Heldencharakter" zu gewinnen, das war Bettines Zukunftsvision, die auch nach 200 Jahren noch keineswegs als erledigt gelten kann. „Und ich habe nichts versäumt", schrieb sie an ihre Tochter Maxe am 16. Juni 1854, in dem Jahr also, in dem sie einen

Schlaganfall erlitt, „in dieser bedrängenden Zeit, keine Bitte abgewiesen keine Wege gescheut kein Mittel unerprobt zu lassen denen zu dienen die mir ins Auge schauten [...] oder mir ans Herz griffen wie der Muse Sohn, der Gelübde fordert von dem Geist, der sich ihm beugt."

Ein Band über Bettines sozialpolitisches Handeln und Denken war lange überfällig. Hier ist er. Ich empfehle ihn der Lektüre nicht nur der wissenschaftlich interessierten Leserinnen und Leser, sondern auch derer, die versuchen, das eigene Schicksal im Leben und Handeln einer tapferen Frau in den Turbulenzen und in den Erfahrungsbeschleunigungen ihrer und unserer Zeit zu spiegeln.

Wolfgang Bunzel

Literarische Denkmalpflege

Bettine von Arnims Brief- und Gesprächsbücher als Arbeit am kulturellen Gedächtnis

> [...] wäret Ihr treu wie er war, Ihr würdet ihn nimmer vergessen. Mir aber ist er ewig da! Und ich beweine die Vergangenheit in ihm und ich erhoffe die Zukunft durch ihn und meine Muse ist, daß ich seiner gedenke.[1]

Bettine von Arnim hat stets und mit seltener Konsequenz die eigene Person ins Zentrum ihres Schreibens gestellt. Da sie dementsprechend auch der Lebenswelt entstammende und auf Subjektivität zielende Ausdrucksformen wie Brief und Gespräch zu ihren wichtigsten literarischen Gestaltungsmitteln gemacht hat, scheinen ihre Buchveröffentlichungen in erster Linie auf die Artikulation eigener Individualität ausgerichtet zu sein. Vor allem die neuere Forschung hat diesen Aspekt des Werks stark betont. So hat man *Goethe's Briefwechsel mit einem Kinde* als „weiblichen Bildungsroman des 19. Jahrhunderts"[2] gedeutet und besonders den autobiographischen Elementen des Buchs Beachtung geschenkt. Dies führt zu dem Fazit, das Goethe-Buch dokumentiere „den Prozeß einer weiblichen Individuation"[3]. Die „literarische Erinnerungsarbeit" Bettine von Arnims wurde meist als ein vorwiegend persönlich-psychologisches Unternehmen „weiblicher Identitätssuche"[4] verstanden. Die Autorin Bettine von Arnim bemühe sich in ihren Veröffentlichungen im wesentlichen um eine „Rekonstruktion des Ich"[5]. Ausgehend von der These, daß die Autorin „Möglichkeiten und Grenzen der Identitätsentwicklung"[6] erkunde, wurde schließlich der „Selbstentwurf der Schreiberin"[7] ana-

---

1 Bettina Arnim: Gespräche mit Daemonen. Des Königsbuchs zweiter Band. Berlin: Arnim's Verlag 1852, S. VIf.

2 „*Goethes Briefwechsel mit einem Kinde* – Ein weiblicher Bildungsroman des 19. Jahrhunderts" lautet der Titel ihrer 1983 an der University of California in Davis eingereichten Dissertation, den sie für die Drucklegung dann allerdings verändert hat.

3 Konstanze Bäumer: „Bettine, Psyche, Mignon". Bettina von Arnim und Goethe. Stuttgart: Hans-Dieter Heinz Akademischer Verlag 1986 (= Stuttgarter Arbeiten zur Germanistik, Bd. 139), S. 44. Vgl. meine Rezension in: Arbitrium 1991, S. 225-228.

4 Solveig Ockenfuß: Bettine von Arnims Briefromane. Literarische Erinnerungsarbeit zwischen Anspruch und Wirklichkeit. Opladen: Westdeutscher Verlag 1992, S. 23. Vgl. meine Rezension in: Arbitrium 1995, S. 81f.

5 Ebd., S. 37.

6 Angela Thamm: Romantische Inszenierungen in Briefen. Der Lebenstext der Bettine von

lysiert. Bettine von Arnims Texte erscheinen unter diesem Blickwinkel als schriftgewordene Resultate „einer die reduzierte Lebenspraxis ergänzenden Reflektions- und Selbsterfahrung, in der Konflikte und Tabuisierungen benannt werden können“[8]. Das Werk dieser Frau sei deshalb in doppeltem Wortsinn „Biographiearbeit“[9].

Werden in allen diesen Untersuchungen Bettine von Arnims Werke als Ergebnis persönlicher „Erinnerungsarbeit“[10] und damit als „Denkmal autobiographischen Schreibens“[11] gesehen, möchte ich die Blickrichtung verschieben und den Fokus gezielt auf die Arbeit am kulturellen Gedächtnis[12] lenken, welche die Autorin betreibt. Der vorwiegend psychologische Interpretationsansatz soll also durch einen kulturpoetisch-wirkungsstategischen ergänzt werden. Sinn und Zweck dieses Perspektivenwechsels ist es, den Öffentlichkeitsbezug Bettine von Arnims genauer herauszupräparieren und so die operativen Züge ihrer Poetik zu konturieren. Zeigt sich eine individualpsychologische Deutung vornehmlich am – letztlich nie wirklich greifbaren – persönlichen Erleben der Schreiberin interessiert und fragt danach, wie real gemachte Erfahrungen artikuliert und in Textform umgesetzt werden, verstehe ich die Darstellung des Entwicklungsganges der Bettine-Figur in den Texten als bewußten Akt auktorialer Gestaltung. Freilich sind auch alle anderen Figuren in Bettine von Arnims Brief- und Gesprächsbüchern Ergebnis eines solchen reflektierten Modellierungsprozesses. Dadurch relativiert sich die Bedeutung der Bettine-Figur, und es verändert sich ihre Rolle im verzweigten Personengefüge der Texte: Trotz ihrer generellen Dominanz wird sie mehr und mehr zur Perspektivgestalt für die übrigen vorkommenden Figuren. Wenn dies aber zutrifft, dann ist es Zeit, Bettine von Arnims Brief- und Gesprächsbücher endlich als gezielte Verklammerung eines autobiographischen mit einem biographischen Schreibimpuls zu begreifen und konsequenter als bisher nach der Wirkungsintention eines solchen Projekts zu fragen.

Will man diese bestimmen, so erweist sich ein Blick auf die Anfänge von Bettine von Arnims öffentlicher Wirksamkeit als hilfreich. Gut zehn Jahre

---

Arnim geb. Brentano. Berlin: Saint Albin Verlag 2000 (= Berliner Beiträge zur Germanistik, Bd. 1), S. 15.

7 Ebd., S. 16.

8 Ebd., S. 17.

9 Ulrike Growe: Das Briefleben Bettine von Arnims – Vom Musenanruf zur Selbstreflexion. Studie zu *Goethe's Briefwechsel mit einem Kinde*, *Die Günderode* und *Clemens Brentano's Frühlingskranz*. Würzburg: Königshausen & Neumann 2003 (= Epistemata – Reihe Literaturwissenschaft, Bd. 434), S. 244. Vgl. hierzu meine Rezension in: Jb BvA 16 (2004), S. 183-186.

10 Konstanze Bäumer: „Bettine, Psyche, Mignon“. Bettina von Arnim und Goethe (wie Anm. 3), S. 42.

11 Ulrike Growe: Das Briefleben Bettine von Arnims – Vom Musenanruf zur Selbstreflexion (wie Anm. 9), S. 76.

12 Unter den neueren Forschungsarbeiten zum Thema siehe hierzu vor allem die grundlegende Studie von Jan Assmann: Das kulturelle Gedächtnis. Schrift, Erinnerung und politische Identität in frühen Hochkulturen. München: C.H. Beck 1999 (= Beck'sche Reihe, Bd. 1307).

bevor sie mit ihrer ersten Buchpublikation als Autorin bekannt wurde, trat sie nämlich bereits als bildende Künstlerin ins Licht der Öffentlichkeit. Als sie 1823 in Berlin das Modell einer Goethe-„Statue“[13] sah, das der renommierte Bildhauer Christian Daniel Rauch im Auftrag eines Frankfurter Bürgerkomitees zu Ehren des größten Sohnes der Stadt angefertigt hatte, war dies für sie der Anlaß, aus Protest gegen die in ihren Augen unangebrachte Darstellung Goethes als behäbiger Geheimrat – abfällig sprach sie davon, Rauch porträtiere den Dichter als „alten Kerl im Schlafrock“[14] – selbst einen eigenen zeichnerischen „Gegenentwurf“[15] zu konzipieren. Eine Kopie der Zeichnung schickte sie am 3. Februar 1824 an den Vereinsvorsitzenden Moritz Bethmann, den sie gleichzeitig brieflich darum bat, die Entscheidung des Denkmalausschusses aufzuschieben. Das auf der Grundlage ihrer Skizze angefertigte Gipsmodell wurde dann zum Jahreswechsel 1824/25 in Frankfurt ausgestellt und fand zahlreiche Fürsprecher. So äußerte etwa Johann Friedrich Böhmer am 16. Januar 1825 in einem umfangreichen Zeitschriftenartikel, dem ein Stich von Bettine von Arnims Entwurf beigegeben war:

> Dieses Modell hat, seit der Zeit es im Städel'schen Institute der öffentlichen Beschauung ausgestellt worden, eine allgemeine Theilnahme erregt und wir glauben weniger ein individuelles, sondern vielmehr das allgemeine Urtheil auszusprechen, wenn wir behaupten, daß, wenn man einmal unserm berühmten Landsmanne eine Statue als Denkmal erreichten [...] will, dieses Modell vor andern der Ausführung würdig erscheine.[16]

Bettine von Arnim, die selbst ja Autodidaktin im Bereich der bildenden Kunst war, wagte sich mit ihrem Alternativentwurf in die Öffentlichkeit, weil sie die Art und Weise, in der Christian Daniel Rauch Goethe präsentierte, ablehnte und dessen Sicht etwas entgegensetzen wollte. Ihr ging es also kurz gesagt darum, das Goethe-Bild ihrer Zeitgenossen (und natürlich auch der Nachwelt) in ihrem Sinn zu beeinflussen. Und genau dieser Impetus ist es auch, der in all ihren Brief- und Gesprächsbüchern erkennbar ist. Mehr noch: Die große Resonanz, die sie bei der Vorstellung ihres Denkmalentwurfs erfuhr, ließ wohl überhaupt erst das Vorhaben in ihr keimen, mit Hilfe von Briefen, Tagebuchaufzeichnungen und Gesprächsprotokollen auf ihre Mit- und Nachwelt einzuwirken. Seit ihrer Initiationserfahrung im Zusammenhang mit dem geplanten Goethe-Denkmal war ihr zugleich klar, daß sie damit immer in Konkurrenz zu anderen, dem ihren entgegenstehenden Deutungsansätzen treten würde, doch die positiven Reaktionen auf ihre reichlich naßforsche Intervention bestärkten sie darin, sich von solchen Widerständen nicht entmutigen zu lassen und nur mit um so größerer Bestimmtheit ihre Sichtweise

---

13 GW (Schmitz/von Steinsdorff), Bd. 2, S. 732.

14 Zitiert nach: Bettinas Leben und Briefwechsel mit Goethe. Auf Grund des von Reinhold Steig bearbeiteten handschriftlichen Nachlasses neu hrsg. von Fritz Bergemann. Leipzig: Insel 1927, S. 148.

15 GW (Schmitz/von Steinsdorff), Bd. 2, S. 841.

16 Johann Friedrich Böhmer: Modell zu einer Bildsäule Göthe's. In: Iris. Unterhaltungsblatt für Freunde des Schönen und Nützlichen, Nr. 12, 16. Januar 1825, S. 45f.

zu vertreten. Der Untertitel ihres literarischen Erstlingswerks *Goethe's Briefwechsel mit einem Kinde* – „Seinem Denkmal" – ist denn auch bewußt doppeldeutig angelegt: Zum einen weist er darauf hin, daß das Buch als Benefizpublikation gedacht war, deren Erlös die Ausführung von Bettine von Arnims bildkünstlerischem Denkmalsentwurf finanzieren sollte, zum anderen aber schreibt er dem vorgelegten Werk selbst Denkmalsstatus zu. Bettine von Arnim ist denn auch eine Autorin, die in allen ihren Buchveröffentlichungen so etwas wie „literarische Denkmalpflege"[17] betreibt, wobei sie nicht zuletzt die Funktion der in Denkmalform betriebenen Erinnerungspflege signifikant verändert hat.

Die literaturwissenschaftliche Forschung allerdings hat bis heute einen eher eindimensionalen Denkmalsbegriff. So ist etwa bei Hannelore Schlaffer zu lesen: „Mit ihrem Briefbuch will Bettine Goethe [...] ein geschriebenes Denkmal setzen."[18] Dies trifft in dieser allgemeinen Form indes nicht zu, ist von allen Korrespondenz- und Gesprächspartnern, denen Bettine von Arnim Buchveröffentlichungen gewidmet hat, fraglos Goethe doch derjenige, der am wenigsten einer literarischen Andenkenpublikation bedurfte. Apologetische Schriften, die den Weimarer Schriftsteller als „Olympier" feierten, gab es Mitte der dreißiger Jahre des 19. Jahrhunderts bereits zur Genüge, und auch einschlägige Quellensammlungen lagen mittlerweile in beträchtlicher Anzahl vor. Goethe war also in keiner Weise darauf angewiesen, von der bis dahin kaum bekannten Schwester Clemens Brentanos und Witwe Achim von Arnims ein Denkmal aus Briefen und Tagebucheintragungen errichtet zu bekommen. Was die Zeitgenossen an *Goethe's Briefwechsel mit einem Kinde* elektrisierte, war denn auch etwas anderes: nämlich das intensive Liebeswerben eines jungen Mädchens um das von ihr verehrte Idol, Goethes Ambivalenz angesichts der Vehemenz der an ihn herangetragenen Zuneigung und seine zunehmende Reserviertheit, die schließlich zum Abbruch des Kontaktes führt. Die Leser konnten mithin ein – kunstvoll inszeniertes – Psychodrama des sehr asymmetrischen Gedanken- und Gefühlsaustausches eines älteren, berühmten Schriftstellers und einer vielseitig begabten, heranwachsenden Frau miterleben, der mit dem Rückzug des Umworbenen endet, weil dieser sich überfordert fühlt und keinen Weg findet, sich aus dem Korsett der Konventionen zu befreien. Sie hatten ein mit Hilfe von – zu einem erheblichen Teil erfundenen – Dokumenten konstelliertes Charakterporträt Goethes vor sich, das diesen in meist wenig schmeichelhaftem Licht zeigt. Für Ludwig Börne war das Buch deshalb eine Abrechnung mit dem „größten Dichter", der sich im Alltagsleben als „feiger Philister", als „Knecht der Verhältnisse"[19]

[17] Bettine Brentano: „Wer ein schön Gesicht hat ...". Originale und erdichtete Briefe. Ausgewählt und kommentiert von Hannelore Schlaffer. München/Wien: Hanser 1999, S. 49.

[18] Ebd., S. 47.

[19] Ludwig Börne: Sämtliche Schriften. Neu bearbeitet und hrsg. von Inge und Peter Rippmann. Dreieich: Joseph Melzer 1977, Bd. 2, S. 857.

und als „Stabilitätsnarr"[20] entpuppe. Bettine erscheint ihm dementsprechend als „Rachefurie"[21], die seine „Selbstsucht", „Lieblosigkeit"[22] und „Bequemlichkeit" für alle sichtbar mache: „Ihr Buch [...] hat seine Blöße gezeigt, hat seine geheimsten Gebrechen aufgedeckt."[23]

Inwiefern und mit welchem Recht läßt sich also im Hinblick auf *Goethe's Briefwechsel mit einem Kinde* überhaupt von einem „Denkmal" sprechen? Ganz offensichtlich dient das Buch nicht – oder zumindest nicht in erster Linie – der „Verherrlichung Goethes"[24]. Allerdings zielt es auch nicht einfach auf dessen Entlarvung ab, wie Börne meint, der darin natürlich gerne seine eigene ablehnende Haltung gegenüber Goethe bestätigt sehen möchte.[25] Vielmehr hat die partielle Bloßstellung, die sich daraus ergibt, daß Bettine von Arnim Goethe mit zahlreichen sehr menschlichen Schwächen zeigt, die Funktion, jene starre Monumentalisierung des Goethe-Bildes aufzubrechen, die weite Teile der Rezeption prägt. Nur weil seine Apologeten ihn zum Ideal eines Dichters verklärt haben und Kritik an seiner Person als eine Art Majestätsbeleidigung betrachten, konnte jener unreflektierte Goethe-Kult entstanden, gegen den Bettine von Arnim angeht. Sie reiht sich denn auch im weitesten Sinn in das Lager der Goethe-Kritiker ein – allerdings höchst eigenwillig.

Bekanntlich war das Lager der Goethe-Gegner in den dreißiger Jahren des 19. Jahrhunderts im wesentlichen in drei Lager gespalten:[26] Es gab erstens die

---

20 Ebd., S. 869.

21 Ebd., S. 855.

22 Ebd., S. 868.

23 Ebd., S. 869.

24 Ebd.

25 Börnes einschlägige Stellungnahmen sind versammelt in dem Band: Ludwig Börnes Goethe-Kritik. Eine Auswahl nach den Erstdrucken und Handschriften hrsg. von Christoph Weiß. Mit einem Nachwort von Inge Rippmann. Laatzen: Wehrhahn 2005 (= Fundstücke, Bd. 2). Zu seinem Verhältnis zu Goethe siehe u.a. das Standardwerk von Walter Dietze: Junges Deutschland und deutsche Klassik. Zur Ästhetik und Literaturtheorie des Vormärz. Berlin (Ost): Rütten & Loening ^{4}1981 (= Neue Beiträge zur Literaturwissenschaft, Bd. 6), S. 41-58, und die Aufsätze von Klaus F. Gille: „Ein grauer Star im deutschen Auge". Ludwig Börne und Goethe. In: Weimarer Beiträge 52 (2006), S. 245-257, und Adjaï P.[aulin] Oloukpona-Yinnon: Goethe et Börne: le „couple problematique". In: Valentin A. Ahadji/Serge Alphonse Glitho/A.P. O.-Y. (éd): Goethe dans la germanistique ouest-africaine. Actes du Colloque International de Lomé a l'occasion du 250ème anniversaire de la naissance de J. W. Goethe (du 10 au 13 mars 1999). Lomé: Presses de l'UB 2000 (= Collection „Patrimoines", Bd. 9), S. 29-42.

26 In der *Romantischen Schule* hat Heine „den Groll der verschiedenen Parteien, die in Deutschland gegen Goethe laut geworden", bereits knapp zusammenfassend resümiert: „Die Orthodoxen [...] sahen in ihm den gefährlichsten Feind des Kreuzes [...], was uns, den Männern der Bewegung, an Goethe mißfiel [...], [war] [...] die Unfruchtbarkeit seines Wortes, das Kunstwesen, das durch ihn in Deutschland verbreitet wurde, das einen quietisierenden Einfluß auf die deutsche Jugend ausübte, das einer politischen Regeneration unseres Vaterlandes entgegenwirkte. Der indifferente Pantheist wurde daher von den entgegengesetztesten Seiten angegriffen; [...] die äußerste Rechte und die äußerste Linke verbanden sich gegen ihn; und während der schwarze Pfaffe mit dem Kruzifixe gegen ihn losschlug, rannte gegen ihn zu gleicher Zeit der wütende Sansculotte mit der Pike." Heinrich Heine: Sämtliche Schriften. Hrsg. von Klaus Briegleb. Bd. 3: Schriften 1831-1837. Hrsg. von Karl Pörn-

national-patriotische Fraktion, als deren Hauptwortführer Wolfgang Menzel angesehen werden kann, die vor allem den Kosmopolitismus und den Sensualismus des Weimarer Autors ablehnte und Goethe als vaterlandslosen Gesellen und unsittlichen Erotomanen ansah; zweitens die orthodoxe Theologie, welche die Orientierung an der Antike als Affront gegenüber dem Christentum verstand und Goethe deshalb als „Heiden"[27] diffamierte. Und drittens die Schriftsteller im Umkreis des Jungen Deutschland, die Goethe wegen seiner apolitischen Haltung attackierten. Innerhalb dieses Diskursgeflechts nimmt Bettine von Arnim eine recht eigenständige Position ein: Sie konterkariert die Bemühungen der Apologeten um ein idealisiertes Goethe-Bild und insistiert zugleich gegenüber den Nationalpatrioten auf der genuinen Liebesfähigkeit des Weimarer Dichters. Das Textfragment „In Töpplitz", in dem sie eine erotische Begegnung mit Goethe schildert (die aller Wahrscheinlichkeit so nie stattgefunden hat), muß als bewußter Angriff auf den lustfeindlichen Tugendrigorismus dieser Gruppierung verstanden werden. Schließlich waren es dann aber Rücksichtnahme auf die eigene Familie und die Einsicht, daß sie durch eine Veröffentlichung sich selbst und Goethe eher kompromittiert[28] und Stellungnahmen seiner Nachkommen und Nachlaßverwalter heraufbeschworen hätte, die sie dazu bewogen, auf einen Abdruck im Rahmen von *Goethe's Briefwechsel mit einem Kinde* zu verzichten. Inhaltlich am nächsten steht Bettine von Arnim zweifellos den jungdeutschen Goethe-Gegnern. Wie diese kritisiert auch sie die politische Abstinenz und den Quietismus des Weimarer Dichters. Sie geht sogar soweit, in Identifikation mit der Mignon-Figur aus seinem Werk diese gegen ihren Autor auftreten und politisch Position beziehen zu lassen:

> [...] ich möchte zum Wilhelm Meister sagen: komm, flüchte dich mit mir jenseits der Alpen zu den Tyrolern, dort wollen wir unser Schwert wetzen, und das Lumpenpack von Komödianten vergessen, und alle deine Liebsten müssen denn mit ihren Prätensionen und höheren Gefühlen eine Weile darben; wenn wir wiederkommen, so wird die Schminke auf ihren Wangen erbleicht sein, und die flornen Gewande und die feinen Empfindungen werden vor deinem sonneverbrannten Marsantlitz erschaudern. Ja, wenn etwas noch aus Dir werden soll, so mußt Du deinen Enthusiasmus an den Krieg setzen, glaub mir, die Mignon wär nicht aus dieser schönen Welt geflüchtet, in der sie ja doch ihr Liebstes zurücklassen mußte, sie hätte gewiß alle Mühseligkeiten des Kriegs mit ausgehalten, und auf den rauhen Alpen in den Winterhöhlen übernachtet bei karger Kost, das Freiheitsfeuer hätte auch in ihrem Busen gezündet, und frisches, gesünderes Blut durch ihre Adern geleitet.[29]

---

bacher. München/Wien: Hanser 1976, S. 396.

27 Die Bezeichnung, die ursprünglich auf Zacharias Werner zurückgeht, hat Heinrich Heine allgemein bekannt gemacht, der sie freilich in anerkennender Weise gebraucht und Goethe mit bewußter Spitze gegen die kirchliche Orthodoxie als „großen Heiden" (ebd.) tituliert.

28 Selbst ihr Bruder Clemens hatte ja die sinnlich-erotische Komponente des Buches, das er als „weltliches Hohelied" ansah, abgelehnt und mit Bezugnahme auf die Schilderung des ersten Besuchs bei Goethe bemängelt, daß nun „alle Menschen in Europa wissen, daß du nicht wohl erzogen auf dem Sopha sitzen kannst, und dich übel erzogen auf eines Mannes Schoos setzest"; Lujo Brentano: Der jugendliche und der gealterte Clemens Brentano über Bettine und Goethe. In: Jb FDH 1929, S. 325-352, hier: S. 336 und 328.

29 GW (Schmitz/von Steinsdorff), Bd. 2, S. 251.

Allerdings führt Bettine von Arnims Kritik an keiner Stelle zu einer Absage an Goethe. Statt dessen ruft sie die Erinnerung an seine ungestüme Jugendzeit wach und führt damit das Potential vor Augen, das in ihren Augen auch der gealterte Dichter noch in sich hat. Dadurch relativiert sich die Schärfe ihrer Angriffe erheblich, wird im wesentlichen doch nur die mangelnde Realisierung der seiner Persönlichkeit innewohnenden Kapazitäten eingeklagt. Anders als alle übrigen Kritiker führt Bettine von Arnim Goethe also nicht als generell charakterlich defizitär vor, sie beleuchtet nur momentane Unzulänglichkeiten, die der Rücksichtnahme auf sein Lebensumfeld geschuldet sind. In einem erfundenen Brief an Frau Rat vom 16. Mai 1807 heißt es denn auch über ihn:

> [...] wenn der mich in seinen Jugendjahren so begegnet hätte, ob das nicht einen poetischen Eindruck auf *ihn* gemacht haben würde, daß er Lieder auf mich gemacht hätte und mich nimmermehr vergessen. Jetzt mag er anders denken, – er wird erhaben sein über einen magischen Eindruck; höhere Eigenschaften [...] werden ein Recht über ihn behaupten.[30]

Unterstrichen wird die Differenz des alten und des jungen Goethe im weiteren Verlauf der Korrespondenz noch mehrfach. So heißt es etwa an der Stelle, in der Bettine mit Madame de Staël zusammentrifft, die gerade von einem Besuch in Weimar kommt: „Nachher hört' ich ihr zu, wie sie von Goethe sprach; sie sagte, sie habe erwartet, einen zweiten Werther zu finden, allein sie habe sich geirrt, so wohl sein Benehmen wie auch seine Figur passe nicht dazu, und sie bedauerte sehr, daß er ihn ganz verfehle“[31]. Bettine von Arnim verfolgt in ihrem Erstlingswerk denn auch das Ziel, daß Goethe „sich seiner Jugend erinnere“[32], und die darin von ihr kreierte Bettine-Figur dient dazu, die Vergangenheit wieder in ihm aufleben zu lassen – in der Hoffnung, er würde „ewig jung bleiben“ und sein „Herz würde nie veralten“[33].

Mit Hilfe ihrer Strategie kann Bettine von Arnim Kritik an einzelnen Verhaltensweisen äußern, ohne Person und Werk in toto zu desavouieren.[34] So heißt es an einer Stelle nüchtern: „Du bist ein coquetter zierlicher Schreiber, aber Du bist ein harter Mann; die ganze schöne Natur, die herrliche Gegend, die warmen Sommertage der Erinnerung, – das alles rührt Dich nicht;

---

[30] Ebd., S. 22. Die hier geschilderte Begebenheit spielt im übrigen auf die Überfallszene im fünften Kapitel des vierten Buchs von *Wilhelm Meisters Lehrjahre* an.

[31] Ebd., S. 52.

[32] Ebd., S. 222.

[33] Ebd., S. 375.

[34] Da sie Bettine von Arnims Stellung zu Goethe vorwiegend aus dem Blickwinkel der Psychologie betrachtet, entgeht Bäumer das Eigentümliche ihres Ansatzes und sie kommt zu der unbefriedigenden Aussage: „Zu einer offenen Kritik an ihm [= Goethe] [...] hat sie [= Bettine von Arnim] sich nie entschließen können, sondern im Gegenteil Goethe bis zu ihrem Tode verteidigt. Hätte sie nach dem Schreiben des Goethebuches unverschleiert Kritik an ihm geübt, so wäre ihr mühsam zusammengezimmertes autobiographisches Lebensgerüst zusammengestürzt.“ Konstanze Bäumer: „Bettine, Psyche, Mignon“. Bettina von Arnim und Goethe (wie Anm. 3), S. 212)

so freundlich Du bist, so kalt bist Du auch."[35] Ein „Denkmal" ist *Goethe's Briefwechsel mit einem Kinde* vor allem deshalb, weil die schier unbegrenzten Begabungen und Möglichkeiten dieses Autors gefeiert werden, Goethe also gewissermaßen in der Form des Potentialis vorgeführt wird – eine Verfahrensweise, die im übrigen bereits Novalis beschrieben und als Akt des „Romantisierens" charakterisiert hat: „Romantisiren ist nichts, als eine qualit[ative] Potenzirung. Das niedre Selbst wird mit einem bessern Selbst in dieser Operation identificirt. So wie wir selbst eine solche qualit[ative] Potenzenreihe sind."[36] Bettine von Arnim nun wendet diese „Operation" auf Goethe an und konfrontiert dessen Ist-Zustand mit seiner Möglichkeitsform. Auf diese Weise verkoppelt sie Kritik und Apotheose zu einer spannungsvollen Einheit der Gegensätze.

Weit eher als Goethe selbst errichtet Bettine von Arnim in ihrem Erstlingswerk einer anderen Person ein Denkmal: nämlich seiner Mutter. Interessanterweise ist der Korrespondenz mit dem Weimarer Dichter ja der Briefwechsel mit Frau Rat vorgeschaltet, und ihr Tod ist das lebensgeschichtliche Ereignis, das die Zäsur zwischen dem ersten und dem zweiten Teil des Hauptteils markiert. Innerhalb von *Goethe's Briefwechsel mit einem Kinde* bildet dieser Vorspann die Brücke zur Korrespondenz mit Goethe: Er führt vor, wie die junge Bettine über den engen Umgang mit Catharina Elisabeth in Kontakt mit dem Sohn kommt und wie sie über die mütterliche Freundin viele Details aus seiner Jugendzeit erfährt. Frau Rat ist diejenige, welche die Verbindung stiftet und bekräftigt, indem sie Bettine Brentano zur Ersatztochter macht und damit der Aufmerksamkeit des Sohnes in besonderer Weise empfiehlt. Aus diesem Grund beginnt das erste Schreiben an Goethe mit einer Art Empfehlungsbrief der Mutter: „Liebe Liebe Tochter! Nenne mich ins Künftige mit dem mir so theuren Nahmen Mutter – du verdienst ihn so sehr – so ganz und gar – Mein Sohn sey dein innig geliebter Bruder – dein Freund – der dich gewiß liebt"[37]. Goethe war damit aufgefordert, sich als treusorgender „Bruder" und „Freund" um Bettine zu kümmern.

Neben der werkstrukturierenden Funktion für *Goethe's Briefwechsel mit einem Kinde* hat Bettines Korrespondenz mit Frau Rat aber noch einen ganz anderen Zweck, profiliert sie doch – mit Hilfe großenteils erfundener Quellen – eine Frau, die bislang kaum als historische Gestalt gewürdigt worden ist. Natürlich beschäftigte sich die einsetzende Goethe-Philologie, die bestrebt war, jeden Winkel von Goethes Leben auszuleuchten, auch mit seinen Eltern

---

[35] GW (Schmitz/von Steinsdorff), Bd. 2, S. 204.

[36] Novalis. Werke Tagebücher und Briefe Friedrich von Hardenbergs. Hrsg. von Hans-Joachim Mähl und Richard Samuel. Bd. 2: Das philosophisch-theoretische Werk. Hrsg. von H.-J. M. München/Wien: Hanser 1978, S. 334.

[37] GW (Schmitz/von Steinsdorff), Bd. 2, S. 575. Tatsächlich war Bettine Brentano die einzige Person, der Catharina Elisabeth Goethe in ihren späten Lebensjahren den Status eines Ziehkindes zubilligte, obendrein ist sie neben der Schwiegertochter Christiane Vulpius die einzige Frau, die von ihr außer dem leiblichen Kind Cornelia als „Tochter" tituliert wurde.

und Vorfahren. Freilich interessierten diese immer nur insofern, als sie das Verständnis für den Werdegang des Dichters beförderten. Mitte der dreißiger Jahre besaß Catharina Elisabeth Goethe jedenfalls noch keinen Eigenwert in der Erinnerungskultur der Zeit und war im kollektiven Gedächtnis lediglich als Mutter des berühmten Sohnes verankert. Diese Situation änderte sich erst mit dem Erscheinen von *Goethe's Briefwechsel mit einem Kinde*. Indem Bettine von Arnim in ihrem Erstlingswerk insgesamt 26 Briefe abdruckte, die sie – angeblich (tatsächlich ist nur ein einziger zur Gänze authentisch) – mit Goethes Mutter gewechselt hat, würdigte sie diese als eigenständige Persönlichkeit und präsentierte sie als eloquente Briefschreiberin wie als warmherzige und selbstbewußte Frau, die im Kontakt mit der jungen Freundin selbst noch einmal jung wird. Die Leser bekamen vorgeführt, wie bereitwillig sich die alte Frau Rat – angeregt von Bettine – an frühere Zeiten erinnerte und wie sie bei der Vergegenwärtigung der Vergangenheit neu auflebte.

Die einschneidende Bedeutung, die das Goethe-Buch für die weitere Rezeption Catharina Elisabeth Goethes hatte, läßt sich am besten ermessen, wenn man die vorangehenden Publikationen einmal Revue passieren läßt. Von einer kurzen Personencharakeristik[38] samt begleitendem Umrißstich in der „verkürzten" Ausgabe von Johann Caspar Lavaters *Physiognomischen Fragmenten zur Beförderung der Menschenkenntniß und Menschenliebe* (1787) einmal abgesehen, war es lange Zeit Goethe selbst, der das Andenken an seine Mutter aufrechterhalten und literarisch geformt hat. Dies beginnt mit den Schilderungen in seiner Autobiographie *Dichtung und Wahrheit* und setzt sich 1828 in den berühmt gewordenen Versen der *Zahmen Xenien* fort:

> Vom Vater hab' ich die Statur,
> Des Lebens ernstes Führen,
> Von Mütterchen die Frohnatur
> Und Lust zu fabuliren.[39]

Angeregt durch Goethes Selbsthistorisierungsanstrengungen kamen in der zweiten Hälfte der zwanziger Jahre dann einige wenige weitere Publikationen heraus, die sich mit seiner Mutter beschäftigten. So druckte 1826 das *Mitternachtblatt für gebildete Stände* ein Schreiben Catharina Elisabeth Goethes an Wieland vom 24. November 1778 ab, das aus einem „Packete von Autorenbriefen aus *Wieland's* Nachlasse"[40] (S. 28) stammt, und im „1. Theil" von Alfred Nicolovius' Buch *Über Göthe. Literarische und artistische Nachrich-*

---

38 Diese lautet lakonisch: „Gutes, mütterliches. regierungsfähiges, originelles Weib – die in sehr vielem seyn kann, was sie will – Der untere Theil hat viel Einfalt, Kindersinn, Adel – Die Stirn ist sanguinisch, das Auge sanguinisch-cholerisch, die Nase und der Mund sanguinisch-phlegmatisch." Johann Caspar Lavaters Physiognomische Fragmente zur Beförderung der Menschenkenntniß und Menschenliebe. [Verkürzt hrsg. von Johann Michael Armbruster.] Bd. 3. Winterthur: Heinrich Steiner und Compagnie 1787, Tafel CXLVII, S. 312.

39 Goethe's Werke. Vollständige Ausgabe letzter Hand. Bd. 4. Stuttgart/Tübingen: J. G. Cotta'sche Buchhandlung 1828, S. 393.

40 N. N.: Göthe's Mutter. Ein Nachtrag zu den Druckschriften seiner Jubelfeier In: Mitternachtblatt für gebildete Stände 1 (1826), S. 28f., hier: S. 28.

ten (Leipzig: Leich 1828) erschien ein weiteres Porträt von ihr. Aufgefrischt wurde die Erinnerung an Frau Rat dann noch einmal 1833, als postum der „Vierte Theil“ mit den Büchern 16 bis 20 von *Dichtung und Wahrheit* veröffentlicht wurde. Das „achtzehnte Buch“ enthält die sog. „Drachenblut“-Episode, in der ein Besuch Goethes mit den Brüdern Stolberg und dem Grafen Haugwitz im elterlichen Haus geschildert wird. Ursprünglich sollte dieser Teil auch noch durch eine ausführliche Charakteristik Catharina Elisabeth Goethes angereichert werden, die Goethe 1831 unter dem Titel „Aristeia der Mutter“ konzipiert hatte und die auf brieflichen Berichten Bettines aus dem Jahr 1810 basiert. Deren Druck in den „Nachgelassenen Werken“ unterblieb aber, weil Bettine von Arnim nach Goethes Tod ihre Briefe an ihn zurückgefordert hatte, damit sie ihre Korrespondenz mit ihm herausgeben konnte. Die für die „Aristeia der Mutter“ verwendeten Passagen erschienen deshalb nicht 1833 im Rahmen der Nachtragsbände von *Dichtung und Wahrheit*, sondern zwei Jahre später im Kontext von *Goethe's Briefwechsel mit einem Kinde*.

Diese Translozierung des Andenkenmaterials verdeutlicht noch einmal fast modellhaft, wie sehr Mitte der dreißiger Jahre Bettine von Arnim die Deutungsmacht über Catharina Elisabeth an sich gezogen hat. Sie war es nun, die über einen längeren Zeitraum die meisten Berichte über Frau Rat kolportierte, einen Gutteil des Quellenmaterials, das mit ihr in Zusammenhang steht, aufbereitete, und so ihr Bild in der Öffentlichkeit nachhaltig formte. Bemerkenswert ist, daß dies nicht selten offen kontrafaktisch geschah. So wird Frau Rat in *Goethe's Briefwechsel mit einem Kinde* beispielsweise als Anhängerin der Franzosen geschildert, die Napoleon bewundert habe:

> Die Franzosen hab' ich auch gern, – das ist immer ein ganz ander Leben, wenn die französische Einquartierung hier auf dem Platz ihr Brot und Fleisch ausgeteilt kriegt, als wenn die preußische oder hessische Holzböck' einrücken. Ich hab' recht meine Freud' gehabt am Napoleon, wie ich den gesehen hab'; er ist doch einmal derjenige, der der ganzen Welt den Traum vorzaubert, und dafür können sich die Menschen bedanken, denn wenn sie nicht träumen, so hätten sie auch nichts davon und schliefen wie die Säck', wie's die ganze Zeit gegangen ist.[41]

In Wirklichkeit hatte Goethes Mutter dagegen erhebliche Einschränkungen ihrer Handlungsfreiheit durch die zwangsweise Einquartierung von Vertretern der französischen Truppenführung in ihrem Haus während der Jahre 1759 bis 1761 und erneut während der Revolutionskriege nach 1792 erfahren und dementsprechend eine eher ablehnende Haltung zur Besatzungsmacht ausgebildet.[42]

Mit *Goethe's Briefwechsel mit einem Kinde* eröffnete Bettine von Arnim jedenfalls offensiv die postume Deutungskonkurrenz darüber, welcher Status Goethes Mutter von der Nachwelt zugebilligt werden und welches Image von ihr weiterleben sollte. Ihr eigentlicher Widersacher war dabei die positivi-

---

41 GW (Schmitz/von Steinsdorff), Bd. 2, S. 18.

42 Bettine scheut sich nicht, hier sogar Goethes Darstellung in *Dichtung und Wahrheit* zu korrigieren.

stisch orientierte Goethe-Philologie, die nur gelten lassen wollte, was durch Quellen belegt ist – und hier war durch den Mangel an Zeugnissen nicht viel zu holen. Wollte man über die spärlichen Fakten hinaus Catharina Elisabeth Goethe als strahlkräftige Gestalt in der Kulturgeschichte des späten 18. Jahrhunderts verankern, dann mußte ein sehr viel reicheres, lebendigeres und anziehenderes Bild von ihr entworfen werden. Bettine von Arnim nun tat dies, indem sie mit Hilfe von frisierten Dokumenten, denen man ihren erfundenen Charakter aber kaum anmerkte, die ältere Freundin als hochoriginelle Persönlichkeit mit Faszinationskraft präsentierte. Sie erschuf mit Hilfe von klug erdachten Episoden um Catharina Elisabeth Goethe ein Figurenkonstrukt, das ihren eigenen Vorstellungen von Weiblichkeit und Mütterlichkeit entsprach, und gestaltete es mit Hilfe von zahlreichen Anekdoten so plastisch aus, daß man das Gefühl bekam, diese Person sei tatsächlich so gewesen wie von ihr geschildert. Da die Autorin ja eine unmittelbare Zeitzeugin war, die mit der Verstorbenen nachweislich in engem persönlichen Kontakt gestanden hat, ließ sich gegen ihre Darstellung wenig einwenden, und gegenteilige Ansichten hatten es angesichts der Plastizität der Charakterzeichnung und der Suggestivität der Anekdoten schwer.

Auch wenn Bettine von Arnim mit Hilfe ihrer Brief- und Gesprächsbücher jeweils einen individuellen Entwicklungsgang konstruiert, ist damit doch nur beiher eine „Besinnung auf sich selbst“[43] verbunden. Denn zum einen erweist sich die „Darstellung ihres inneren Reifungs-, Wandlungs- und Differenzierungsprozesses“[44] als literarisch konstruiert, weshalb sich daraus kaum Rückschlüsse auf den individuellen Werdegang ziehen lassen. Zum anderen wird die modellhaft vorgeführte Entwicklung zu einer freien und selbstbewußten Persönlichkeit, die den Lesern ein Anschauungsmuster für die eigene Selbstentfaltung liefert, eingelassen in ein komplexes Gefüge von prominenten Bezugspersonen. Diese freilich haben durchaus nicht bloß die Funktion, die „sukzessiven Phasen“ von Bettine von Arnims „Persönlichkeitsbildung im Spiegelungsverhältnis ihrer Umwelt zu rekonstruieren“[45], vielmehr markieren sie stellvertretend für die Gesamtheit historischer Faktoren den überindividuellen Rahmen, der für die Entwicklung des Subjekts mitbestimmend ist. Deshalb handelt es sich auch bei allen zentralen Gesprächs- und Korrespondenzpartnern um Personen, denen entweder eine historische Prägewirkung zugeschrieben oder eine künftige Vorbildrolle für den weiteren Verlauf der Geschichte zugedacht wird. Unter dieser Perspektive erscheinen Bettine von Arnims teilfingierte Quelleneditionen als Publikationen, die gezielt kulturelle Andenkenstiftung betreiben. Indem sie bestehende Personen-Imagines remodellieren oder an vergessene Gestalten der jüngeren Vergan-

---

43 Konstanze Bäumer: „Bettine, Psyche, Mignon“. Bettina von Arnim und Goethe (wie Anm. 3), S. 174.
44 Ebd., S. 216.
45 Ebd., S. 174.

genheit erinnern, greifen sie unmittelbar in den Prozeß gesellschaftlicher Traditionsbildung ein. Zu würdigen wären sie daher als Ausdruck der kontinuierlichen auktorialen Arbeit einer konsequent öffentlichkeitsstrategisch operierenden Schriftstellerin[46] am kollektiven Gedächtnis ihrer Zeit.

---

46 Siehe hierzu vor allem Ulrike Landfester: Selbstsorge als Staatskunst. Bettine von Arnims politisches Werk. Würzburg: Königshausen & Neumann 2000 (= Stiftung für Romantikforschung, Bd. 8) und Wolfgang Bunzel: Ver-Öffentlichung des Privaten. Typen und Funktionen epistolarischen Schreibens bei Bettine von Arnim. In: Bernd Füllner (Hrsg.): Briefkultur im Vormärz. Vorträge der Tagung des Forum Vormärz Forschung und der Heinrich-Heine-Gesellschaft am 23. Oktober 1999 in Düsseldorf. Bielefeld: Aisthesis 2001 (= Vormärz-Studien, Bd. 9), S. 41-96.

Ingeborg Nordmann

Begegnungen – Verfehlungen

Bettine von Arnim und Rahel Levin Varnhagen

> Das Schöne an Rahels Geist war eben dies Eingehen in das Individuelle, nach welchem sie urtheilte, und so war sie nachsichtig, wo andere verdammten, und sie schmeckte wohl gar das Salz in dem, was andere als die Asche eines verbrannten Lebens verwarfen. Gerechtsein, ist göttliche Kunst.[1]

> Frau von Arnim ist von allen, die ich kannte, die geistreichste Frau. Man möchte sagen: ihr Geist *hat* die meisten Wendungen, Ihr *Geist* hat sie, nicht sie ihn. Was wir Ich nennen können, ist nur der Zusammenhang unsrer Gaben, und die Regierung derselben, die Direktion darüber. So wie Frau von Kalb jeden Gesichtskreis als solchen verlassen und in der Gewissheit, einen neuen zu finden, freudig sein kann, so leuchtet, oder blitzt wenigstens, bei Frau von Arnim Mißvergnügen gegen das eben Gefundene hervor, und dieses spornt sie an, um jeden Preis Neues hervorzufinden! – dies Verfahren aber kann nicht immer ohne Störung vorgehen.[2]

Als sich Bettine von Arnim und Rahel Levin Varnhagen im Berlin der Restauration wieder begegneten, waren die Freiheiten des ersten Salons von Rahel Levin, des berühmten Dachstübchens, in dem nicht der soziale Stand, sondern Gesprächsfähigkeit und Einfallsreichtum zählten, längst passé. Bereits während der Herrschaft Napoleons über Berlin waren patriotische Vereine an die Stelle der Salons getreten, so auch die von Achim von Arnim mitbegründete Christlich-Teutsche Tischgesellschaft. Deren Statuten verboten Frauen, Franzosen, Philistern und Juden den Zutritt. Man war geistig gegen die Aufklärung, politisch gegen Frankreich und gesellschaftlich gegen den jüdischen Salon. Nach dem Sieg über Napoleon wurden in Berlin liberale Politiker wie Wilhelm von Humboldt entlassen, die preußischen Reformen Steins nicht weitergeführt. Die Karlsbader Beschlüsse von 1819 verschärften Zensur und politische Verfolgung. „Mit der Geselligkeit geht es dabei seinen

---

1 Bettine von Arnim an Karl August Varnhagen von Ense, 29.9.1838; Briefe von Stägemann, Metternich, Heine und Bettina von Arnim nebst Briefen, Anmerkungen und Notizen von Varnhagen von Ense. Leipzig: Brockhaus 1865, S. 333.

2 Rahel Varnhagen an Charlotte Birch-Pfeiffer, 11.1.1828; Rahel Varnhagen: Briefwechsel. Hrsg. von Friedhelm Kemp. München: Winkler 1979, Bd. 4, S. 307.

Gang", schrieb Rahel, die 1819 gemeinsam mit ihrem Mann Karl August ihren zweiten Salon eröffnet hatte, „die Menschen haben es gut bei mir [...] Werden geschmeichelt, bewirthet, gepflegt, nicht persönlich widersprochen"[3]. Und über die allgemeine Atmosphäre in den Berliner Salons:

> Die ganze Konstellation von Schönheit, Grazie, Koketterie, Neigung, Liebschaft, Witz, Eleganz, Kordialität, Drang die Ideen zu entwickeln, redlichem Ernst, unbefangenem Aufsuchen und Zusammentreffen, launigem Scherz, ist *zerstiebt*. Alle Rez-de-Chaussée's sind Laden, alle Zusammenkünfte Dinés oder Assemblées, alle Diskussionen beinah [...] eine fade Begriffsverwirrung.[4]

Als aufmerksame und kluge Beobachterin der veränderten Situation in Berlin brachte Rahel in den Briefen ihre Fremdheit in der eigenen Heimat zum Ausdruck, die durch die unsichere persönliche Situation – ihr Mann war kurz zuvor ohne Angabe von Gründen als Diplomat entlassen worden – noch verschärft wurde. Nicht als Rahel Levin, sondern als Frau Varnhagen fand sie sich in die gegebene Situation, zumal es durchaus auch noch offene Häuser gab, in denen die Tradition des liberalen Berlin nicht ganz verschwunden war: die Häuser des Staatsrats Stägemann, des Justizministers Savigny, die Abende bei den Mendelssohn-Bartholdys und bei Bettine von Arnim.

Rahel gilt als die Erfinderin des Goethekults, der gut zu dem neuen Status quo des Salons passte, in dem nun Rang und Name mehr als zuvor die bestimmende Rolle spielten. Bettine, die begonnen hatte, mit und gegen Goethe eine eigene poetische Sprache zu kreieren, war der Goethekult eher suspekt. Und dennoch war es Goethe, dem die schließliche Annäherung zwischen den beiden Frauen ihre geistigen Impulse verdankte. Aus den Jahren 1808-11 stammen die Schreiben, die Bettine dann in ihrem ersten Buch *Goethes Briefwechsel mit einem Kinde*, das 1835, zwei Jahre nach Rahels Tod, literarisch überarbeitet herausbrachte. 1812 veröffentlichte Rahel gemeinsam mit ihrem Mann Karl August in Cottas *Morgenblatt für gebildete Stände* eine Textmontage mit dem Titel *Über Goethe. Bruchstücke aus Briefen*. Goethe verdankte es Rahel, dass sie ihr Leben darstellen konnte, dass sie das, was ihr passierte, nicht mehr nur in seiner Isoliertheit, sondern im Zusammenhang sehen konnte, dass sie Vertrauen in die Sprache gewann. „*Hören* Sie auf Goethe", hatte sie 1806 an die Freundin Rebecca Friedländer nach den gescheiterten Liebesbeziehungen zu dem Grafen Finckenstein und dem spanischen Gesandtschaftssekretär d'Urquijo geschrieben, „mit Tränen schreibe ich den Namen dieses Vermittlers in Erinnerung großer Drangsale [...] Lesen sie es nach, liebe Tochter, wie man die Bibel im Unglück liest."[5] Nichts konnte tröstlicher

---

3 Rahel Varnhagen an Auguste Brede, 29.7.1821; Rahel Varnhagen: Gesammelte Werke. Hrsg. von Konrad Feilchenfeldt, Uwe Schweikert und Rahel E. Steiner. München: Matthes & Seitz 1993 (= Rahel-Bibliothek), Bd. 3, S. 47.

4 Rahel Varnhagen an Gustav von Brinckmann, 30.11.1819; ebd., Bd. 2, S. 609f.

5 Rahel Levin an Rebecca Friedländer, Sommer 1806; Rahel Varnhagen: Briefwechsel (wie Anm. 2), Bd. 3, S. 274.

und belehrender sein als das Leben Goethes, in dem „jegliches Geschehen eine Bedeutung hat“ und „selbst der Zufall ein gebildeter Mann geworden ist“[6].

Erst mit Goethe wurde Literatur ein Mittel, „Fürsten gleich zu werden“[7]. Was sich an Parvenuemanieren hinter dem Goethekult verbarg, hat vor allem Heinrich Heine gesehen, der aus diesem Grunde auch später für Rahel der verlässlichste Freund wurde, um dem Parvenuedasein zu entkommen. Denn die redliche Bemühung um den Goethekult hat von Anbeginn noch eine andere Seite, nämlich die, dass Rahel ihn zugleich infragestellte. So verlockend das Identitätsangebot, durch Goethe gesellschaftliche Anerkennung zu erringen, auch war, ebenso wie alle anderen Versuche, durch Liebe und Heirat Teil der Gesellschaft zu werden, sie alle wurden durchkreuzt nicht nur durch die Abwehr der Gesellschaft, sondern durch ein Rahel eigentümliches Zögern, das ihre Wünsche nach Anerkennung umbog in die rebellische Einforderung des Versprechens der Aufklärung. Wie Barbara Hahn in einer subtilen Interpretation gezeigt hat, wird in Rahels Sichtweise Goethe erst dann zu Goethe, wenn sie seine Bücher in ihren Briefen umschreibt.[8] Über *Wilhelm Meister* heißt es in einem Brief an den Jugendfreund Veit: Wenn Goethe

> [...] auch alles erfunden hat, Aurelien auch, die Reden von ihr hat er einmal *gehört*, das weiß ich, das glaub' ich. Wie groß ist *das*! Gehört hat ers aber. Die Frauen lass' ich mir nicht abstreiten. *Entweder*, man denkt so etwas *als* Frau, oder man hört's von einer Frau. Zu erfinden ist *das* nicht. Alles andere nur Menschenmögliche gesteh' ich ihm zu. *Das* weis ich aber als ich.[9]

Und in einem Brief an Pauline Wiesel: „Freilich sagt Goethe nur was wir wissen.“[10] Das heißt nicht, dass sie wie Goethe Autorin werden möchte. Sondern sie versetzt die Ordnungen des Schreibens in eine Bewegung des fortlaufenden Sprechens. Die Zeiten zwischen Scheiben und Lesen, Text und Interpretation vertauschen sich, virtuell ist die Identität der Personen, real die Bewegung über die Personen hinaus in die zufällige Begegnung, in die unabschließbare Reihe von Möglichkeiten der Wahrnehmung. Das Medium, das dieses Wechselspiel ermöglicht, ist der Brief.

Auch für Bettine ist der Brief das Medium für eine Umschrift Goethes. Wie Ulrike Landfester in ihrer Monographie über „Bettine von Arnims politisches Werk“[11] auf überzeugende Weise vorführt, wird das Gespräch mit Goethe zu einer triumphalen Demonstration des eigenen poetischen Vermögens.

---

6 Hannah Arendt: Rahel Varnhagen. Lebengeschichte einer deutschen Jüdin aus der Romantik. Frankfurt a.M./Berlin/Wien: Ullstein 1975, S. 111.

7 Ebd., S. 192.

8 Barbara Hahn: Goethe lesen. Über Goethe schreiben. Briefe und Aufzeichnungen deutscher Jüdinnen um 1800. In: Lektüren und Brüche. Jüdische Frauen in Kultur, Politik und Wissenschaft. Hrsg. von Mechtild M. Jansen und Ingeborg Nordmann. Königstein i.Ts.: Ulrike Helmer 2000.

9 Rahel an David Veit, 1.6.1795; Rahel Varnhagen: Briefwechsel (wie Anm. 2), Bd. 3, S. 62.

10 Rahel Varnhagen an Pauline Wiesel, 30./31.12.1808; Rahel Varnhagen: Briefwechsel mit Pauline Wiesel. Hrsg. von Barbara Hahn. München: C.H. Beck 1997, S. 45.

11 Ulrike Landfester: Selbstsorge als Staatskunst. Bettine von Arnims politisches Werk. Würzburg: Königshausen & Neumann 2000 (= Stiftung für Romantikforschung, Bd. 8).

Das zweite Zauberwort, das die Begegnung zwischen Bettine und Rahel ermöglichte, war die Entdeckung der Affinität ihrer beider schriftstellerischen Begabung und des Briefs als der einzig entsprechenden Ausdrucksform. Wenn sie sich daher wechselseitig ihre geistige Beweglichkeit und Brillianz versicherten, dann ist nicht nur die an ihnen gerühmte Gesprächsfähigkeit im Salon gemeint, sondern dass sie beide den Brief als Möglichkeit erprobten, subversiv die Ordnungen des Schreibens zu unterlaufen. Es wäre zu wenig, wenn man den Brief nur als neues literarisches Genre qualifizieren würde. Der Brief bewegt sich wesentlich in Zwischenräumen, zwischen Anwesenheit und Abwesenheit, Nähe und Ferne, zwischen Sender und Empfänger und ist daher weder als Inkarnation der ursprünglichen natürlichen Rede noch als weibliche Ausdrucksform oder als hermeneutische Kunstform, die nur dem Verständigen offen steht, adäquat begriffen. Rahel hat das, was sich auf dem Weg des Briefes als nicht mehr zu vereinheitlichender Sinn ereignet, weil das Wort immer die Spur eines anderen Wortes mit sich führt, in dem Satz „Fremd-sein ist gut“ reflektiert: keine Geschichte haben, keinen Namen, nichts, durch das man erinnert wird, einfach da sein, sehen, wahrnehmen, voller Aufmerksamkeit für eine Geste, ein Lächeln, eine Farbe, für alle schönen Dinge der Welt, ohne das Bedürfnis, das alles zu einem Bild zusammen zu fügen, reine Bewegung statt bewegungsloses Erinnern im Bannkreis der Geschichte des Individuums. Die Fremdheit zulassen, eröffnet einen Bedeutungshorizont anderer Art. Er kann das Leben in der Ordnung nicht ablösen, aber er führt an den Ort des Wunsches nach dem Anderssein, des Verlangens nach der Differenz in uns selbst, das nicht in Besitz genommen werden kann, das die blinden Flecke des Denkens umwandelt in gespannte Leere.

Bei Bettine finden sich korrespondierende Gedanken, wenn sie die Bewegung des Briefs als „ungefähre Fahrt“ bezeichnet, die in keinem Wort, in keiner Antwort ausreichenden Halt findet:

> Das Weiterziehen liegt mir am Herzen, das Abschiednehmen, wo ich kaum anlange, liegt schon im Willkomm; und das geringste, was meine Fahrt belangt, sei's nur ein Schiffsseil teeren, tu ich mit mehr Genuß, als an jenen Ufern der Kunst und des Wissens mich aufhalten; sollte ihr Sand auch lauter Gold sein, ihre Felsen Diamant und ihr Tau Perlen.[12]

In fast allen ihren Texten bringt Bettine die Gedankenfigur des Dämons ins Spiel, jenen griechischen Schutzgeist, der jeden Menschen durch sein Leben begleitet, ihm aber immer nur über die Schultern guckt, so dass er von allen, die einem Menschen begegnen, eher gekannt werden kann als von ihm selbst: „Du frugst was ich mich denn umdreh so oft? – Ich sagt 'hinter mir tanzts' – denn ich wollte nicht sagen: spricht's.“[13] Doch das Unwägbare und Unverfügbare kann das Selbst Bettines nicht wirklich gefährden. In einem grandiosen Missverständnis wird der Dämon des Sokrates mit der eigenen schöpferischen inneren Stimme identifiziert. Doch die innere Stimme, von

12 GW (Oehlke), Bd. 2, S. 253f.

13 Ebd., S. 164f.

der Sokrates spricht, sagt ihm in keiner Weise, was zu tun ist. Das delphische Orakel hatte Sokrates bedeutet, dass er der weiseste Mensch sei. Aber entscheidend ist nicht der Spruch des Orakels, sondern wie Sokrates auf den Spruch reagiert. In „paradoxer Zuspitzung“, so bringt es Günter Figal in seiner Sokrates-Interpretation auf den Punkt, folgt „Sokrates dem Orakel allein dadurch, dass er ihm nicht glaubt“[14]: „Denn das bin ich mir doch bewusst, dass ich weder viel noch wenig weise bin.“[15] Der Spruch des Orakels entfaltet seinen Sinn erst durch seine Infragestellung. Die „Rätselhaftigkeit des Orakels“ liegt also darin, dass „Sokrates sich selber ein Rätsel ist“[16]: „Denn keineswegs bin ich etwa selbst in Ordnung, wenn ich die anderen in Verwirrung bringe; sondern auf alle Weise bin ich selbst auch in Verwirrung und ziehe nur so die anderen mit hinein.“[17]

Die Dialoge, die Bettine in und zwischen ihren Texten in Szene setzt, sind zwar offen und unabschließbar, aber sie sind nicht aporetisch. Bettine bewegte sich in der Welt der Romantik selbstbewusst und selbstsicher, spielte mit deren verschiedenen Bausteinen, mit Rousseaus ursprünglicher Natur, die der individuellen Wahrheit einen inspirierenden neuen Grund verlieh, mit Schillers Reich des Schönen jenseits allen Zwangs, in dem Denken und sinnliche Erfahrung keine Gegensätze mehr bildeten, mit Schellings absolutem und unendlichem Ich. Wenn Bettine die Regeln der literarischen Ordnung und des subjektiven Selbstverständnisses in Frage stellte, wenn sie auf ihrer Ignoranz gegenüber Hierarchien und Konventionen bestand und Wirklichkeiten in Möglichkeiten verwandelte, dann konnte sie sich gerechtfertigt wissen durch die Teilhabe an einer literarischen Öffentlichkeit, zu der sie wie keine andere einen gleichberechtigten Zugang hatte. Nicht unwesentlich trug zu dieser Sicherheit bei, dass sie – anders auch als die Günderrode, die sich durch ihre gesellschaftliche und geschlechtliche Uneindeutigkeit auf einem unsicheren Terrain bewegte – ebenso ihren Platz auf der Seite der gesellschaftlichen Konventionen als Ehefrau und Mutter wie selbstverständlich einnahm. Rahel Varnhagen ist diese Zwiespältigkeit von Bettines Existenzweise aufgrund ihrer eigenen prekären gesellschaftlichen Position sofort aufgefallen:

> Über Liebe sprach sie tief und großartig; sehr scharf und geistreich über Ehe, sie hält nichts von dieser Anstalt, ist aber gefaßt darauf, ihr nicht zu entgehen, und ich bin überzeugt, sie wird die tugendhafteste Frau, wie sie ungeachtet aller Geistesfreiheit das sittsamste und strengste Mädchen ist.[18]

---

14 Günter Figal: Sokrates. München: C.H. Beck 1995 (= Beck'sche Reihe, Bd. 530), S. 34.

15 Platon: Werke in acht Bänden. [Übersetzung von Friedrich Schleiermacher.] Hrsg. von Gunther Eigler. Darmstadt: Wissenschaftliche Buchgesellschaft 1990, Bd. 2, S. 13 (Apologie, 21 b-c).

16 Günter Figal: Sokrates (wie Anm. 14), S. 34f.

17 Platon: Werke in acht Bänden (wie Anm. 15), Bd. 2, S. 537 (Menon 80 c).

18 Rahel Varnhagen an Pauline Wiesel, Oktober 1810; Rahel Varnhagen: Gesammelte Werke (wie Anm. 3), S.60.

Mit Recht nennt Landfester Bettines Konzept von Subjektivität zwischen „authentischer Selbstdarstellung und ästhetischer Fiktion“[19] eine pädagogische Strategie. Denn das hermeneutische Subjekt der Pädagogik kann zwar die Gewissheiten anderer verwirren, aber nicht sich selbst. Auch wenn es sich erweitert, indem es das Fremde ins Eigene übersetzt, bleibt es dennoch souverän. Sein Ziel ist die Überzeugung des Anderen, nicht die Infragestellung des eigenen Selbst durch einen Anderen, der in seiner Fremdheit verbleibt.[20]

Die jüdische Philosophin Margarete Susman spricht daher zu recht in ihrem Romantikbuch von einer Ursprünglichkeit und Sicherheit im Bewusstsein der eigenen Wahrheit, die zugleich Bettines großartige Unabhängigkeit und Freiheit ausgemacht habe.[21] Diese intuitive Selbstgewissheit hat Rahel nicht. Es ist die Gespaltenheit ihres Lebens in einen offiziellen und einen geheimen Teil, den ihrer jüdischen Existenz, die niemals Gegenstand der Gespräche im Salon werden konnte und die sich daher hinter ihrem Rücken zu einem wilden Eigenleben in Form antijüdischer Ressentiments verselbständigte. Bettines Verachtung der normativ versteinerten gesellschaftlichen Hierarchie und ihrer gedankenlosen Ansprüche ist etwas anderes als Rahels verzweifeltes Draußenstehen. Rahels Weg zu Unabhängigkeit und Freiheit konnte nicht wie bei Bettine in der authentischen Selbstentwicklung liegen, sondern in der Konfliktualität eines Sprechens, das die Aporien ihres Daseins, die Bodenlosigkeit, den Schrecken der Einsamkeit nicht verdrängt und das die Widersprüche nicht in einem künstlichen Gleichgewicht löst, sondern gegen sie denkt und versucht, die Augenblicke zu entdecken, wo die Welt der Gewissheiten und Evidenzen durchkreuzt werden kann. Alle Assimilationsversuche Rahels – durch Liebe und Heirat oder die Schaffung von ästhetischen Ersatzwelten – haben den Riss in ihrem Leben nicht zu schließen vermocht, so dass sie ihn schließlich nicht mehr als aufzuhebende Differenz begreifen lernt, sondern als Wirklichkeit gegen die gesellschaftliche In-Diffe-

---

19 Ulrike Landfester: Selbstsorge als Staatskunst. Bettine von Arnims politisches Werk (wie Anm. 11), S. 82.

20 Die Grenzenlosigkeit der Möglichkeit, Wirklichkeit anders zu sehen, der Verwirrung und Verzauberung des Adressaten, um ihm das Sosein der Realität fremd erscheinen zu lassen, wurden als Darstellungsweisen problematisch, als sich der Charakter der politischen Öffentlichkeit veränderte. Genau dies passierte Bettine nach der Niederlage der 48er Bewegung mit ihrem Buch *Gespräche mit Dämonen*. Anknüpfend an Varnhagens Skepsis gegenüber Bettines Werk („Bettine hat auch hier, wie immer, schöne Gedankenblitze, aber leider keinen Gedankengang, und ich war zuletzt durch das Leben in eine verwilderte Stimmung geraten.“) weist Barbara Hahn darauf hin, dass die „Themenvielfalt“ des Buches, die Diskriminierung der Juden, die sozialen Probleme und die Niederwerfung der nationalen Aufstände in Polen und Ungarn, die in einem „undurchdringlichen Stimmengewirr in Szene gesetzt wurde“, „keine wirkliche Vielfalt mehr erzeugen konnte. [...] Es gibt keine dialogische Lektüre dieser Zeit mehr, die Zeit hat sich eingeholt und ist zum Stillstand gekommen.“ Barbara Hahn: Rahel Levin Varnhagen und Bettine von Arnim. Briefe, Bücher, Biographien. In: Frauen – Literatur – Politik. Hrsg. von Annegret Pelz, Marianne Schuller, Inge Stephan, Sigrid Weigel und Kerstin Wilhelms. Hamburg: Argument-Verlag 1988 (= Argument-Sonderband, Bd. 172/ 173), S. 126f.

21 Margarete Susman: Frauen der Romantik. Köln: Melzer 1960, S. 106ff.

renz. Diese Differenz ist umso authentischer, je weniger sie sich in die Kontinuität einer Theorie oder Tradition stellt und je mehr sie aus der freien individuellen Entscheidung hervorgeht, aus der gewählten Unsicherheit eines sich exponierenden Lebens. Über diesen Riss wagte sie eigentlich nur mit Heinrich Heine zu sprechen, und weil er tagsüber geleugnet wurde, brach er sich Bahn in ihren Alpträumen. In einem dieser Alpträume sehen wir Rahel mit Bettine und der Mutter Gottes, welche die Züge der Frau Schleiermacher trägt, an einem utopischen Ort, fern der Erde, getrennt vom Leben, doch „ohne Schauer noch Gedanken an den Tod", damit beschäftigt, „uns abzufragen, was wir gelitten hatten – eine Art Beichte":

> „Kennst Du Kränkung?" fragen wir uns zum Beispiel; und wenn man nun diesen Schmerz im Leben empfunden hatte, so sagten wir: „Ja! Die kenne ich", mit einem lauten Schmerzensschrei und dieser Schmerz eben [...] riß sich hundertfach schmerzhaft aus dem Herzen: man war ihn aber los auf ewig und fühlte sich ganz heil und leicht. So hatten wir schon viel gefragt. Die Mutter Gottes war immer still, und sagte nur „Ja!" und weinte auch. Bettine fragt: „Kennst Du Liebesschmerz?" Wimmernd, und wie heulend rief ich unter rinnenden Tränen in mein Schnupftuch vor dem Gesicht, ein langes, langes *Ja*! „Kennst Du Kränkung?" *Ja*! Wieder so. „Kennst Du Unrecht dulden, Ungerechtigkeit?" *Ja*! „Kennst du gemordete Jugend?" *Ja*! Wimmere ich wieder in langem Ton, in Tränen zergehend. Wir waren fertig, die Herzen rein; meines aber noch mit schwerer Erdenlast gefüllt; ich richte mich auf, sehe die Weiber ernst an, und will meine letzte Last mir entnehmen lassen; mit schwer gesprochenen Worten, überdeutlich, um auch ja hierauf die Antwort Ja zu erhalten, frag' ich: „Kennt Ihr – Schande?" Beide rücken vor mir zurück, wie in Entsetzen, noch etwas Mitleid in der Gebärde, sie sehen sich flüchtig an und bemühen sich trotz des engen Raumes, sich von mir zu entfernen. In einem an Unsinnigkeit grenzenden Zustand schrei ich: „Ich habe nichts *getan*! *Getan* hab' ich nichts! Ich habe nichts getan! Ich bin unschuldig." Die Weiber glauben mir; das seh' ich an dem starren, nicht mehr unwilligen Liegenbleiben, aber sie verstehen mich nicht mehr. „Wehe", schreie ich unter Tränen, die mir das Herz wegzuschmelzen drohen; „die verstehen mich auch nicht. Also niemals! *Diese* Last muß ich behalten, *das* wußte ich. Ewig." Außer mir wie ich war, beschleunigte ich das Erwachen. [...] Und auch erwacht blieb mir die Last; denn ich trage sie wirklich; und könnte es Menschen geben, die es ganz verständen, so würde mir auch leichter.[22]

Worin besteht dieses Nicht-Verstehen-Können Bettines? Mit dem Satz „Nur die Galeerensklaven kennen sich"[23], hat Hannah Arendt den unvoreingenommenen und freimütigen Umgang zwischen Rahel Varnhagen und Heinrich Heine umschrieben und damit auf ein Wissen angespielt, das Bettine nicht zugänglich war. Wie kann man die Aporien des jüdischen Daseins verstehen, wenn man das Wissen des Galeerensklaven nicht hat und der Antisemitismus zum guten Ton der sogenannten guten Gesellschaft gehört? Antijüdische Ressentiments in der unmitelbaren Umgebung Bettines sind die deprimierenden Tatsachen, nach denen man nicht lange suchen muss, wenn man sich mit dieser Zeit beschäftigt. Das betrifft vor allem den Bruder Clemens Brentano, ihren Ehemann Achim von Arnim, aber auch Wilhelm von

---

22 „Im Schlaf bin ich wacher". Die Träume der Rahel Levin Varnhagen. Hrsg. von Barbara Hahn. Frankfurt a.M.: Luchterhand Literaturverlag 1990 (= Sammlung Luchterhand, Bd. 896), S. 21ff.

23 Hannah Arendt: Rahel Varnhagen. Lebengeschichte einer deutschen Jüdin aus der Romantik (wie Anm. 6), S. 213.

Humboldt. Dabei sind die eher versteckt und hintergründig vorgetragenen Ressentiments für diese Fragestellung von größerer Bedeutung als offene judenfeindliche Äußerungen, denn sie antworten auf das, was Rahel in ihrem Traum die Schande nennt, den tabuierten Makel, auf den niemals offen und direkt, sondern nur hinter vorgehaltener Hand gezeigt wird. Diese versteckt agierenden Ressentiments, die gerade durch ihre Abwesenheit ständig anwesend waren, konnten die Gesellschaft so tief durchdringen, weil sie niemals einer öffentlichen Kritik ausgesetzt waren. Hannah Arendt spricht daher von einer durch und durch antisemitischen Gesellschaft, in der sich offene und verborgene Ressentiments zu einem dichten Bezugsgewebe verbanden. Als ein Beispiel für diese ständig die Ausgrenzung festschreibende Häme sei Wilhelm von Humboldt zitiert. Anlässlich Rahels Heirat mit Karl August Varnhagen schreibt er an seine Frau, mit der Rahel befreundet war und einen lebhaften Briefwechsel führte: „Man sagt mir, [...] dass Varnhagen die kleine Levy nunmehr geheiratet hat. So kann sie noch einmal Gesandtenfrau und Excellenz werden. Es ist nichts, was die Juden nicht erreichen."[24] Deutlicher kann man seinen Unmut nicht zum Ausdruck bringen, über die Anmaßung, ohne das Entrée-Billet von Tradition und Geschichte einen Platz in den oberen Rängen der Gesellschaft einnehmen zu wollen. Der Jude gilt als der Parvenue par excellence. Dass Rahel wahllos in der Zusammenstellung ihrer Gäste sei, Kronprinzen und Studenten gleichermaßen einlädt, dem Gespräch „jede Wendung bis zur Unart" erlaubt, so dass das Ganze eine „wahre Sudelküche"[25] ist, ist auch die Kritik Clemens Brentanos an Rahels frühem Salon.

In wiederkehrenden Anmerkungen weist Rahel ebenso auf eine gewisse Ambivalenz im Verhalten Bettines hin, so in einem Brief an Pauline Wiesel:

> Ich war in Gesellschaft [...] Es wurde gesungen, dann über Musik gesprochen, doch von keiner Seite etwas Bedeutendes. Ich wollte gehen, da trat Bettine Brentano neben mich, sagte in ihrer rheinländischen freien Art, die ich so liebe: „Es ist ein schöner Tag, kommen Sie noch ein wenig spazieren." Sie hatte früher kein Wort mit mir gesprochen, ich glaubte mich gar nicht von ihr bemerkt, um so mehr war ich verwundert und erfreut, daß sie die Aufforderung an mich richtete. „O, sehr gern!", sagte ich, und so fasste sie meinen Arm und wir gingen in den Garten von Monbijou, wo es sehr schön war [...] Bettine lachte ganz einverstanden, als kennten wir uns längst und sagte es mehrmals, das wäre doch klug von uns, daß wir uns von den andern weggemacht hätten. [...] Dann wurde sie ernsthaft, sprach von der Wirkung der Musik und bald von Goethe, von ihrer Liebe zu ihm, von ihrem Umgang und Briefwechsel mit ihm. Göttlich, in begeisterten, selbsterfundenen Ausdrücken. Meine Liebe gönnt ihm diese jugendliche Geistesflamme, die sein Genius entzündet hat; – sein Genius; denn sein Herz, seine Person ist es nicht, die stehen wie nebenbei. Ich aber verschwieg meine Vergötterung, ich sagte nur manchmal: Ja, wie ich Bettinens Lob aus tiefster Seele beistimmte; sie fühlte es aber wohl, dass sie zu einer Schwester sprach.
>
> Dann erzählte sie mir von ihrem Bruder Clemens, von Arnim, ohne im geringsten zu beachten, dass ich beide zu kennen angab, im Gegenteil, es schien ihr unbequem. [...] Auch über das Christentum sprach sie sehr sinnig, fiel dann aber plötzlich in ihren Frankfurter Judenhaß, der mich sehr verletzte, d.h. mir ihr Seelenbild trübte. In einer so edlen und reinen Seele sollte so was Un-

---

24 Zitiert nach ebd., S. 189.

25 Ursula Isselstein: Rahel und Brentano. Analyse einer missglückten Freundschaft, unter Benutzung dreier unveröffentlichter Briefe Brentanos. In: Jb FDH 1985, S. 151-201, hier: S. 200f.

klares und bloß von außen Angenommenes gar keine Stätte haben. Auch erzürnte ich das Schlechte in ihr, indem ich ihr meine Meinung sagte. „Gehe Sie“, schrie sie mich heftig an und stieß meinen Arm weg, nahm ihn aber gleich wieder, und nach wenigen Augenblicken war sie wieder im traulichsten Weitersprechen [...]. Sie hat [...] so große Gaben und die schöne Frauennatur voraus; sie muss aber bei der Wahrheit bleiben, diese Lebensquelle muß ihre Einbildungskraft unausgesetzt tränken, sonst verdorren deren schönste Blüten.[26]

Eine Freundschaft entwickelte sich nicht zwischen den beiden Frauen. Freunde Rahels waren Pauline Wiesel, die Geliebte des preußischen Kronprinzen und daher von vornherein deklassiert, und der preußische Adlige Alexander von der Marwitz, der sie die Nichtswürdigkeit der höheren Kreise lehrte. Sie wurden Freunde, weil sie alle drei neben der Gesellschaft standen. Die Aufmerksamkeit, die sie füreinander aufbrachten, entsprang nicht der Suche nach einer gemeinsamen Identität, die nun ihrerseits die Differenz negierte und sich als geschlossene Gesellschaft neben der anderen fixierte. Sie begannen miteinander zu sprechen, weil sie außerhalb der Gesellschaft standen und von diesem Außerhalb aus sich von den Identifizierungszwängen der Gesellschaft trennten. Sie ließen sich von der Andersheit des Anderen zu einer Vervielfältigung der eigenen Vorstellungskraft inspirieren. Die Wahrheit ist nicht eindeutig, sondern paradox, dies aber nicht als romantisches Gedankenspiel, sondern weil die Realität voller unlösbarer Widersprüche und Aporien ist.

„Diese Woche habe ich erfunden“, schrieb Rahel an Karl August Varnhagen, „was ein Paradox ist: Eine Wahrheit, die noch keinen Raum finden kann, sich darzustellen; die gewaltsam in die Welt dringt, und mit einer Verrenkung hervorbricht.“[27] Margarete Susman ist eine der wenigen, die Rahels Selbstverständnis nicht nur im Horizont der christlich geprägten abendländischen Tradition, der Aufklärung und Romantik, interpretiert, sondern den Spuren der verborgenen jüdischen Tradition nachgeht. Dabei lässt sie sich von einer Affinität zwischen Rahel und sich selbst leiten. Beide suchten den Zugang zur Tradition nicht als Philosophinnen oder religiöse Denkerinnen, sondern als Schriftstellerinnen, die das, was ihnen zusagt, aufgreifen, das andere aber unberücksichtigt lassen. Das Fehlen einer systematischen Gedankenführung lässt ein anderes Vermögen hervortreten, eine produktive Beweglichkeit und immer neue Aufmerksamkeit für die in Worten und einzelnen Gedanken sich kristallisierenden Intensitäten der Sprache, die dazu anhalten, zu fragen und nicht zu antworten. In diesem Sinne hat Susman Rahels verrenkte Wahrheit mit dem jüdischen Gedanken der Bilderlosigkeit in Zusammenhang gebracht: „So können wir heute sagen, daß ihre Wahrheit nicht so sehr eine geschichtlich verfrühte, wie eine in der geschichtlichen Welt [...] grundsätzlich undarstellbare war.“[28] Diese nicht darstellbare verrenkte Wahr-

---

26 Rahel Varnhagen an Pauline Wiesel, Oktober 1810; Rahel Varnhagen: Gesammelte Werke (wie Anm. 3), Bd. 9, S. 60f.

27 Rahel an Karl August Varnhagen von Ense, 19.2.1809; ebd., S. 296.

28 Margarete Susman: Frauen der Romantik (wie Anm. 21), S. 98.

heit äußert sich nicht in Bild und Gestalt, sondern ist unerschöpfliche Energie des Fragens, um die verfestigten Strukturen des Bewusstseins aufzubrechen und die Zeit eines neuen Anfangs vorstellbar zu machen. Es ist die Gespaltenheit ihres Lebens in einen offiziellen und einen geheimen Teil, die Rahel zum Schreiben bringt. Es ist die einzige Möglichkeit für sie, in der Abwesenheit dennoch sichtbar zu bleiben in den Entwürfen, die sie – unbehelligt von den Blicken der anderen – sich gibt. Vor dem Schreiben steht die Erfahrung, dass sie sich sprechend nicht ohne Rückhalt präsentieren kann: „Ich kann das schreiben, was ich nicht sagen kann."[29] Sie muss schreiben, weil sie als Frau und Jüdin dem Nichtsein ausgesetzt ist. Die Realität des Schreibens ist ihre einzige Existenzmöglichkeit. Jüdin-Sein und der endlose Strom des Schreibens treffen sich in dem ruhelosen Bedürfnis, sich zu entfernen und zugleich zu zeigen, ihrem Ausschluss aus der Gesellschaft entgegen zu wirken mit einem unaufhörlichen Sprechen von der Präsenz ihrer unwandelbaren Natur; das Gegebene zu überschreiten, ohne sagen zu müssen, wohin es geht: „Obgleich Sprechen und Schreiben zu gar nichts hilft, so sollte man gar nicht aufhören zu sprechen und und schreiben!"[30] Sie wirbt um die Antwort des Adressaten, um das Schweigen um sich herum zu durchbrechen. Sie sehnt nicht nur eine Antwort herbei, sie erwartet die Rettung des „Bildes ihrer Seele". Sie will gekannt sein. So wird sie nie aufhören, das Wort zu ergreifen, denn nie wird ihre Situation die Uneindeutigkeit verlieren, nicht um sich in ihrer Einzigartigkeit zu präsentieren, sondern um eine Wahrheit in Erinnerung zu rufen, welche die anderen vergessen haben.

Die Antwort, auf die Rahel unablässig hinstrebt, kann Bettine nicht geben, weil sich Rahels doppelte Ausschließung als Frau und Jüdin ihrer Vorstellungskraft entzieht und damit auch die so ganz andere Erfahrung des Schreibens, die ihren Ursprung in der Leere dessen hat, der in keiner Tradition beheimatet ist („Ich bin Nichts und das ist schon viel") und aus diesem Grund auf die Mitteilung ohne Ende angewiesen ist. Die geistige Beweglichkeit, die aus der Bodenlosigkeit Rahels entsprang – Rahel konnte weder zustimmend noch konfliktuell Teil der Gesellschaft werden –, ist eine andere als die Bettines, für die bei aller Infragestellung gesellschaftlicher, kultureller und ästhetischer Normen die Authentizität ihres Selbst als Teil der romantischen Kultur und der Gesellschaft nie in Frage stand. Rahel musste ihr Selbst, die Art und Weise ihrer Erfahrung, erst durch Mitteilung objektivieren und sichtbar machen, für Bettine ist Reflexion nachträgliche Darstellungsform eines bereits vorhandenen und sich erweiternden Selbst. Während die phantastischen Erfindungen in Bettines Darstellung zur Bestätigung ihres Selbst werden, bleibt für Rahel die Gefahr immer gegenwärtig, dass sich ein Abgrund

29 Rahel an Bokelmann, 20.4.1801; Rahel Varnhagen: Briefwechsel (wie Anm. 2), Bd. 1, S. 315.

30 Rahel an Rebecca Friedländer, 13.12.1807; ebd., Bd. 3, S. 282.

zwischen Bild und Selbst öffnet. In Susmans Interpretation liegt hierin der Grundkonflikt der jüdischen geistigen Situation in der Diaspora:

> Der radikale Fremdling auf Erden glaubt eine Heimat gefunden zu haben – nicht in sich selbst: im göttlichen Spiegel seines Selbst. Und er stürzt sich in diesen Spiegel – nicht wie Narziß, den schmeichelnd mit ziehenden Wellen sein eigenes Bild umfängt – sondern als ein Rasender, der den fremden gläsernen Spiegel, dem er sich entgegenwirft, mit der Gewalt seines eigenen Sturzes zertrümmert und als ein Todwunder in ihm hängen bleibt.[31]

Susmans Metapher des zerbrochenen Spiegels weist auf das doppelte Exponiertsein Rahels: nicht nur auf den Schrecken des Ausgeschlossenseins, sondern darüber hinaus auf einen Aspekt im Außenseiterdasein, der nicht durch ein Programm politischer und kultureller Emanzipation aufhebbar wäre, nämlich auf die Erfahrung, dass Identität und gesellschaftliche Anerkennung immer auch mit einem Verlust an Menschlichkeit einhergehen und dass daher ein Nachdenken erforderlich ist, das dem identifizierenden Denken Grenzen setzt. Dadurch dass Bettine die doppelte Exponiertheit Rahels verfehlt, verfehlt sie auch die Denkmöglichkeit, dass es eine Andersheit gibt, die in keine gesellschaftliche Identität münden kann und daher zu immer neuen Formen des Dialogs herausfordert, wo sich Nähe und Ferne in bisher nicht gekannten Formen zueinander in Beziehung setzen. Dieses Vermögen, das der Versuchung der Selbstbespiegelung und Projektion zu widerstehen vermag, nannte Kant erweiterte Denkungsart. Weil Bettine die wirklichen Unterschiede zwischen sich und Rahel verschlossen bleiben, kann sie den antijüdischen Ressentiments ihrer Umgebung nur die Verteidigung der geistreichen Schriftstellerin entgegensetzen. So bleibt ihre Beziehung geprägt durch den wiederkehrenden Wechsel zwischen Missverständnissen und Verstimmungen einerseits und den wechselseitigen Versicherungen ihrer geistigen Einzigartigkeit und ursprünglichen Natürlichkeit andererseits. Das heißt aber auch, dass eine Entscheidung in dieser Frage nicht getroffen wurde. Die Vorläufigkeit und Uneindeutigkeit dessen, was sie voneinander erwarteten und einander zu geben bereit waren, ließ beides offen: die Möglichkeit des endgültigen Bruchs und die Möglichkeit des erweiterten Verstehens.

Das belebende Element dieser problematischen Offenheit war der Rückgang zu einem Außen der Gesellschaft, das aber als Metapher und Diskurs immanenter Bestandteil der Aufrechterhaltung der gesellschaftlichen Ordnung blieb. Keine Metapher konnte diese Aufgabe adäquater erfüllen als Rousseaus Naturbegriff. Charakteristischerweise entstand die größte Nähe dann, wenn sich beide ganz im Sinne Rousseaus als von der Gesellschaft unberührte Naturen imaginierten. Unbefragbare Natur zu sein, war der fiktive Raum, von dem aus sie immer wieder beginnen und aufeinander zugehen konnten. Über einen Abend mit Bettine heißt es in einem Brief an Varnhagen:

---

[31] Ebd., S. 96.

Nach drei Viertelstunden kamen die Kinder. Da war sie [Bettine] erst göttlich. Sie hielt mich wahrhaft für eine Glückliche, und verehrte mich ordentlich, daß *dies* mein Glück war; betrug sich wie eine mythologische Bonne mit ihnen. Kurz, wir waren *darin ganz eins*. So müssen *Menschen* sein; so ist Freundschaft; Menschenliebe; Einsicht; geöffneter Sinn.[32]

In seiner Antwort zeigt sich Varnhagen „entzückt" über die natürliche Menschlichkeit Bettines: „Bettinens Gutes kann mich nie wundern, ich finde es an ihr so natürlich", wenn auch mit der Einschränkung: „Und nur die gemachte Erfahrung drängt einem das Unbehagen auf, sich doch nie dabei recht sicher zu fühlen."[33] In diesem „herrlich unschuldigen" Zusammensein sind tatsächlich die gesellschaftlichen Prägungen von Fremdheit und Differenz gegenstandslos. Der freie Austausch mit seiner natürlichen Unschuld ermöglicht dem Ich eine unermessliche Ausdehnung, so dass Rahel alle Möglichkeiten menschlicher Zuwendung und Offenheit in diesen Augenblicken versammelt sieht.

Aber auch zu dieser Selbstdarstellung hatte Rahel keinen gleichberechtigten Zugang. Denn Bettine findet zu ihrer ursprünglichen Unschuld vor allem in der Gegenwart Schleiermachers:

Seine Gegenwart macht mich frei von Eigendünkel [...], noch nie hat sein Mund etwas ausgesprochen, was nicht als tiefste Wahrheit mich durchforscht, oder als Segen mich genährt hätte, endlich elektrisiert mich seine persönliche Nähe zu einer freudigen Regsamkeit aller meiner Kräfte, und ich bin glücklich, selbst auch in dem Schmerzlichsten, was Gott über mich verhängt hat [...] ich fühle mich so sorgenfrei, weil ich die Natur eines Kindes oder eines Sperlings habe, die eine höhere Macht für sich sorgen lassen. Diese höhere Macht tritt mir eben in Schleiermachers Geist so nah, dass ich den Genius, der mich lenkt, für mich denkt, [...] jede Eigenheit meiner Natur zur Wahrheit führt, in ihm nicht verkennen kann.[34]

Rahels Antwort gleicht einer ausgestreckten Hand, die Bettine aber nicht ergreift:

Ich glaube fest, Sie könnten in meiner Gegenwart so unschuldig bleiben, und sein, als in Sch[leiermacher]s; höher wenigstens kann er die Unschuld nicht schätzen; verwandter ihr nicht sein; ich halte sie für die einzige Tugend: ja, noch mehr! Ein denkender, wahrhaft denkender Mensch, kann sie gar nicht verlieren; Besinnen schafft sie immer wieder. Was wäre das auch für eine Unschuld, für eine Gabe, die sich verlöre! Sie waren schon oft ein „Spatz", ein „Kind" in meiner Gegenwart, warum sollten Sie es nicht noch sein können?[35]

Es bleibt dabei, allenfalls in der Distanz des brieflichen Dialogs, wenn die tatsächliche Gegenwart des anderen nicht irritiert, kann das Trennende und der Wunsch, es zu überbrücken, ausgesprochen werden, wenn auch der Grund der bleibenden Idiosynkrasie im Dunkeln bleibt.

---

32 Rahel Varnhagen an Karl August Varnhagen von Ense, 1.2.1829; Rahel Varnhagen: Gesammelte Werke (wie Anm. 3), Bd. 6, S. 197.

33 Karl August Varnhagen von Ense an Rahel, 4.2.1829; ebd., S. 206f.

34 Bettine von Arnim an Rahel Varnhagen, 10.8.1831; zitiert nach: Katalog 1985, S. 240 (Konrad Feilchenfeldt: Bettine, Rahel und Varnhagen).

35 Rahel Varnhagen an Bettine von Arnim, 10.8.1831; Rahel Varnhagen: Gesammelte Werke (wie Anm. 3), Bd. 3, S. 513.

Über politische Fragen haben die beiden Frauen nicht miteinander gesprochen. Nachweisbar ist das Thema Kindheit und Kindererziehung, und man geht nicht fehl in der Annahme, dass die Wahl dieses so gängigen romantischen und eindeutig geschlechtsspezifischen Themas auch der Unsicherheit im Umgang miteinander geschuldet ist. Die schmerzliche Erfahrung, dass die geistige Gemeinschaft der Vernünftigen noch keine gemeinsame politische Haltung bedeutet, hatte Rahel 1819 gemacht, als die Ausschreitungen gegen die Juden losbrachen und sie sich plötzlich allein auf sich zurückgeworfen fand. Der einzige, mit dem sie offen darüber sprechen konnte, war ihr Bruder Robert. An ihn schrieb sie:

Ich bin *gränzenlos* traurig; und in einer Art wie ich noch gar nicht war. Wegen der Juden [...] Seit 3 Jahren sag' ich: die Juden werden gestürmt werden: Ich habe Zeugen. *Dies* ist der deutsche Empörungs Muth, Und wie so? Weil es das gesitteste, gutmüthigste, friedliebenste, Obrigkeitehrendste Volk ist. was es zu fordern hätte, *weiß es nicht*: nur Unterrichtete unter diesem Volk möchten es ihn lehren: unter diesen sind aber viele Ungebildeten, mit rohen Herzen; wo auch Raum für Neid ist, gegen eine große Zahl solcher Juden. [...] Die Gleißnerische Neuliebe zur Kristlichen Religion, [...] zum Mittelalter mit seiner Kunst, Dichtung und Gräueln, hetzen das Volk zu dem *einzigen* Gräuel, zu dem es sich noch an alte Erlaubniß erinnert, aufhetzen *lässt*! Judensturm! Die Insinuatzion, die seit Jahren alle Zeitungen durchlaufen. Die Professoren Fr:[ies] und Rü:[hs], und wie sie heißen, Arn:[im], Brent:[ano], unser Verkehr; und noch höhere Personen mit Vorurtheil. Es *ist* nicht Religionshaß: sie lieben ihre nicht, wie sollten sie andere hassen: [...] es ist *lauter* Schlechtes.[36]

Gespenstisch nahe kommt Rahel den Erfahrungen der Ausgrenzung durch die geistige Elite im modernen Antisemitismus, von denen Hannah Arendt in dem bekannten Interview mit Günter Gaus berichtet:

Das Problem, das persönliche Problem, war doch nicht etwa, was unsere Feinde taten, sondern was unsere Freunde taten. Was damals in der Welle von Gleichschaltung, die ja ziemlich freiwillig war, jedenfalls noch nicht unter dem Druck des Terrors vorging: das war, als ob sich ein leerer Raum um einen bildete. Ich lebte in einem intellektuellen Milieu, ich kannte aber auch andere Menschen. Und ich konnte feststellen, dass unter den Intellektuellen die Gleichschaltung sozusagen die Regel war. Aber unter den anderen nicht. Und das hab' ich nie vergessen. [...] Das Schlimmste war doch, dass die dann wirklich daran glaubten! Für kurze Zeit, manche für sehr kurze Zeit. Aber das heißt doch: Zu Hitler fiel ihnen was ein. Und zum Teil ungeheuer interessante Dinge! Ganz phantastisch interessante und komplizierte! Und hoch über dem gewöhnlichen Niveau schwebende Dinge. Das habe ich als grotesk empfunden.[37]

Es bleibt jedoch hervorzuheben, dass in den letzten Lebensjahren Rahels die positiven Berichte über die Begegnungen mit Bettine zunehmen. Ein Grund lag in dem gemeinsamen Vorhaben, die jeweiligen eigenen Briefwechsel zu publizieren, und in dem gemeinsamen Bewusstsein von der einmaligen und experimentellen Bedeutung ihrer Briefe, auch für die Nachwelt. Bereits 1810 hatte Rahel einen entsprechenden Vorschlag an Varnhagen ge-

---

36 Rahel an Ludwig Robert, 29.8.1819; Rahel Varnhagen: Gesammelte Werke (wie Anm. 3), Bd. 9, S. 583.

37 Hannah Arendt: Ich will verstehen. Selbstauskünfte zu Leben und Werk. Mit einer vollständigen Bibliographie. Hrsg. von Ursula Ludz. München/Zürich: Piper 2005 (= Serie Piper, Bd. 4591), S. 58f. (Fernsehgespräch mit Günter Gaus, Oktober 1964)

schrieben: „Von all unseren Briefen wollen wir zusammen ein Buch machen.“[38] Bis zu ihrem Tod waren sie und Varnhagen damit beschäftigt, den Briefwechsel mit ihrem Jugendfreund David Veit und zum Teil das *Buch des Andenkens* gemeinsam zu konzipieren. Varnhagen, der Bettine Einblick in seine Editionspraxis gewährte, wurde ebenso zu dem wichtigsten Archivar ihrer Briefe und Berater bei der Publikation.[39] Er notierte dazu am 3. Oktober 1856 in sein Tagebuch: „Sie will mir noch immer Pakete [mit Handschriften] schicken; wenn sie erst todt sei, sagt sie, werden ihre Papiere ganz verwahrlost, zerstört, verschleudert, mißachtet werden.“[40] Das Bewusstsein, dass sich mit dem Brief der Sprache neue dialogische Passagen eröffneten, dass es aber in der herrschenden kulturellen Welt keinen Publikationsort für einen Briefwechsel gab, der nicht Briefroman war oder dem Werk eines Autors zugeordnet werden konnte, teilten alle drei. Insofern bildeten sie gemeinsam eine Art Gegenwelt zum kulturellen Kanon. In einem behutsamen Portrait hat Konrad Feilchenfeldt zudem eine Intensivierung in der persönlichen Annäherung zwischen Rahel und Bettine in der Zeit kurz vor Rahels Tod skizziert, als Bettine sich „[...] um ihre tödlich erkrankte Freundin zu kümmern begann [...] [.] [Sie] gehörte in Rahels letzten Lebenstagen zum engsten Vertrautenkreis der Varnhagenschen Familie.“[41] Aus Varnhagens Darstellung der letzten Lebenstage Rahels, auf die sich Feilchenfeldt bezieht, erfahren wir aber nicht nur davon. Varnhagen berichtet ebenfalls, dass Rahel sich in diesen Tagen voll und ganz zu ihrer jüdischen Existenz bekannt habe.[42] Diese Botschaft hat in den vorstellbaren Räumen der Begegnungen mit Bettine keinen Platz. Folglich wird sie nicht erwähnt, obwohl sie doch eine der erstaunlichsten Bekenntnisse Rahels ist, nach den vielen Versuchen, in den verschiedenen Existenzweisen – als Mensch, Natur, als anerkanntes Mitglied der Gesellschaft oder als Goetheliebhaberin – das Judentum unsichtbar werden zu lassen. Einer, an den sie gerichtet sein könnte, ist Heinrich Heine, der Rahel versprochen hatte, sich für die Sache der Juden und ihre Gleichstellung einzusetzen. Darauf konnte sie sich verlassen, wie ein Brief an Heine bezeugt:

> Keine großen Trümeau, kein 'Jungfernkranz', kein Elephant über Theaterbrücken, keine Wohlthätigkeitsliste, kein Vivat, keine Herablassung, keine gemischte Gesellschaft, kein neues Gesangbuch, kein bürgerlicher Stern, nichts, nichts, könnte mich je beschwichtigen. [...] Sie werden dies herrlich, elegisch, phantastisch, einschneidend, äußerst scherzhaft immer, gesangvoll, anreizend, oft hinreißend sagen; nächstens sagen. Aber der Text aus meinem alten beleidigten Herzen wird doch dabei der Ihrige bleiben müssen.[43]

---

[38] Rahel an Karl August Varnhagen von Ense, 30.4.1810; Rahel Varnhagen: Gesammelte Werke (wie Anm. 3), Bd. 4, S. 63.

[39] Vgl. hierzu Wolfgang Bunzel: Bettine von Arnim und Karl August Varnhagen von Ense. Ein Abriß ihrer politisch-literarischen Zusammenarbeit. In: Jb BvA 3 (1989), S. 223-247.

[40] Varnhagen, Bd. 13, S. 174f.

[41] Katalog 1985, S. 239 (Konrad Feilchenfeldt: Bettine, Rahel und Varnhagen).

[42] Rahel Varnhagen: Briefwechsel (wie Anm. 2), Bd. 4, S. 375 (Karl August Varnhagen von Ense: Rahels letzte Tage).

[43] Rahel Varnhagen an Heinrich Heine, 21.9.1830; Rahel Varnhagen: Gesammelte Werke (wie Anm. 3), Bd. 9, S. 813.

Ulrike Prokop

Inszenierungskünstlerinnen: Bettine Brentano-von Arnim und Catharina Elisabeth Goethe

In allen Büchern Bettines spielt Goethes Mutter Catharina Elisabeth eine herausragende Rolle. 1835 erschien *Goethes Briefwechsel mit einem Kinde*. Damals liegt Bettines Begegnung mit Catharina Elisabeth Goethe fast 30 Jahre zurück. 1840 publiziert Bettine die Briefsammlung *Die Günderode*; 1844 *Clemens Brentanos Frühlingskranz*. 1843 erscheint *Dies Buch gehört dem König*. 1852 folgt der zweite Teil unter dem Titel *Gespräche mit Dämonen*. In den 'Königsbüchern' ist Catharina Elisabeth als literarische Figur das Sprachrohr der politischen Vorstellungen Bettines. Zwar gibt es Berührungen mit der realen Person; diese sind jedoch sekundär gegenüber dem Interesse Bettines, sich der Autorität der Dichtermutter zu versichern, um politischen Einfluss auszuüben. Der Adressat ist in erster Linie Friedrich Wilhelm IV. von Preußen. Die Schreibstrategie der Bücher im Umfeld der Revolution 1848 ist direkt auf die politische Aktualität gerichtet. Bettine will den König davon überzeugen, dass ein soziales Königtum, Reformen insbesondere für den Vierten Stand, die wahre Grundlage der idealen Verbindung zum Volk sei. Die Frau Rat Goethe repräsentiert in diesen Texten zugleich bürgerlichen Menschenverstand, Königstreue und Antibürokratie. Sie ist die zunehmend kritische Stimme, die den König an seine Pflicht mahnt, für die Armen im Volk einzutreten. Dabei steht, wie gesagt, weniger die Charakterisierung der Persönlichkeit der Catharina Elisabeth im Zentrum. Anders ist das in dem Buch *Goethes Briefwechsel mit einem Kinde* und in Bettines anderen Darstellungen der frühromantischen Welt. Hier beschreibt sie die Vergangenheit und wehrt sich zugleich gegen die Verkennung Goethes und seiner Mutter.

Dem Modell einer Familienmutter, wie sie das 19. Jahrhundert aus ihr machte (sozusagen die 'Mutter der Nation'),[1] entsprach Catharina Elisabeth nur brieflich – und nur im letzten Abschnitt ihres Lebens. In ihren letzten 16 Jahren (Catharina Elisabeth starb am 13. September 1808), hat sie am ehesten diese Rolle eingenommen, wohlgemerkt brieflich. Ihre Briefe sind wahre Kunstwerke der Inszenierung. Der Sohn zog deutlich eine Zäsur in den Briefen der Mutter. Die früheren Briefe verbrannte er; erst ab Dezember 1792 bis zum August 1808 also in den letzten 16 Jahren sind ihre Briefe an ihn kontinuierlich erhalten. Ernst Beutler kommentierte die Auswahl Goethes

---

1 Vgl. hierzu etwa Doris Hopp/Wolfgang Bunzel: Catharina Elisabeth Goethe. Mit einem Beitrag von Ulrike Prokop. [Katalog zur Ausstellung im Freien Deutschen Hochstift/Frankfurter Goethe-Museum, 27. August - 30. Dezember 2008.] Frankfurt a.M.: Freies Deutsches Hochstift/Frankfurter Goethe-Museum 2008.

und die Zäsur von 1792: „Das Glück von Weimar also, das Glück von Rom, davon sollte die Nachwelt erfahren.“[2]

Warum die Vernichtung der anderen Briefe? Vermuten wir, dass kritische Phasen nicht überliefert werden sollten. Goethe wollte seine Mutter in einer ganz bestimmten Rolle zeigen, als heitere Mutter und Hausfrau. Dieser Perspektive folgten auch die Biographen. Aber die ‘Mütterlichkeit’ der Catharina Elisabeth war kompliziert, wie uns der Bericht Bettines zeigen wird.

Mich interessieren die Fragen: Welche Aussage macht Bettine über ihre Erfahrung mit Goethes Mutter? Das vor dem Hintergrund stereotyper Bilder von der Mutter des Dichters. Und die zweite Frage: Wie sind die Mitteilungen Bettines über die biografischen Erzählungen der Catharina Elisabeth einzuschätzen?

Reale Begegnung

Bettine hat vielfach über Catharina Elisabeth Goethe geschrieben – in sehr verschiedenen Perspektiven. So erfindungsreich sind ihre Texte und spielerischen Szenen, dass es nicht verwundern würde, wenn vieles oder alles von Bettina erfunden wäre. Doch da zeigen einige Briefe von Goethes Mutter: Diese Beziehung war wirklich und sie war von besonderer Qualität. Am 19. Mai 1807 schrieb Catharina Elisabeth nach Weimar:

> Hierbey kommt ein Briefelein von der kleinen Brentano – hiraus ist zu sehen, daß sie noch in frembten Landen sich herum treibt – auch beweißen die Ausdrücke ihres Schreibens – mehr wie ein Alvabeth, wie es ihr bey Euch gefallen hat – auf ihre Mündliche Relation verlangt mich erstaunlich – wenn sie nur die allerkürzeste Zeit by Euch war, so weiß ich zuverlässig, daß kein ander Wort von ihr zu hören ist als von Goethe – Alles, was Er geschrieben hat, jede Zeile ist wie ein Meister werck – besonders Egmont – dagegen sind alle Trauerspiele, die je geschrieben worden – nichts – gar nichts – weil sie nun freylich viele Eigenheiten hat; so beurteilt man sie, wie das gantz nathürlich ist, gantz falsch – sie hat hier im eigentlichen Verstand niemand wie mich – alle Tage, die an Himmel kommen, ist sie bey mir, das ist ihre beynahe einzige Freude – da muß ich ihr nun erzählen – von meinem Sohn – alsdann Mährgen – da behauptete sie dann, so erzähle kein Mensch u.s.w. Auch macht sie mir von Zeit zu Zeit kleine Geschencke – läßt mir zum Heiligen Christ bescheren – am ersten Pfingstfest schickte sie mir mit der Post 2 Schachtelen – mit 2 Süperben Blumen auf Hauben so wie ich sie trage – und eine prchtige porzellänerne Schocolade Taße weiß und gold.[3]

Es wird deutlich, dass Catharina zwischen Bettine und sich selbst eine einzigartige Übereinstimmung wahrnimmt. Sie sieht in der jungen Frau die Andersgeartete: „sie hat hier im eigentlichen Verstand niemanden wie mich“. Bettine wird von den anderen „nicht verstanden“. Wie sie selbst, wie Catharina Elisabeth ist sie „anders“. Das ist ein kontinuierliches Thema Catharinas.

---

2 Ernst Beutler: Catharina Elisabeth Goethe. Einführung. In: Johann Caspar Goethe, Cornelia Goethe, Catharina Elisabeth Goethe. Briefe aus dem Elternhaus. Hrsg. von Ernst Beutler. Zürich: Artemis 1960, S. 251.

3 Catharina Elisabeth Goethe an Christiane von Goethe, 19.5.1807; ebd., S. 855.

Es zieht sich durch ihre Briefe – oft in Gestalt komischer Darstellungen, die zugleich ein Licht auf das bürgerliche Publikum werfen, auf Gesellschaft, Theater und Konzert, auf Einrichtungen, in denen Catharina sich langweilt, worüber sie spottet oder klagt. Es geht also um ein Bündnis von zwei Außenseiterinnen, das angesichts der Altersdifferenz zunächst unglaublich erscheint. Diesen Eindruck bestätigt ein anderer Brief der Catharina Elisabeth vom 19. Mai 1807. Da heißt es:

Gute – Liebe – Beste Betina! Was soll ich dir sagen? wie dir dancken? vor das große Vergnügen, das du mir gemacht hast! Dein Geschenck ist schön – ist vortreflich – aber deine Liebe – dein Andencken geht über alles und macht mich glücklicher, als es der Tode bustaben aus drücken kann. O! Erfreue mein Herz – Sinn und Gemüthe und komme bald wieder zu *mir*. Du bist beßer – Lieber – größer als die Menschen, die um mich herum grabelen, denn eigentlich Leben kan man ihr thun und Laßen nicht nennen – da ist kein Fünckgen, wo man nur ein Schwefelhölzgen anzünden könte – sie spärren die Mäuler auf über jeden Gedancken, der nicht im A.B.C.buch steht.[4]

In diesem Schreiben wird wieder das „Anderssein" betont. Es geht um eine Erfahrung, die den meisten verschlossen bleibt „sie sperren die Mäuler auf". Das Thema, über das die beiden sich voreinander darstellen, das sie als Medium ihrer Mitteilung benutzen, ist ihre Liebe zu dem Dichter. Aber sie zeigen sich einander auch als in dieser Liebe 'Produzierende': Die Mutter als Erzählerin von Märchen und Lebensgeschichte; Bettina als die Ungestüme, Wilde, als das Mädchen in Männerkleidern – was der alten Frau sehr wohl gefällt. Sie schreibt nach Weimar:

Da hat den doch die kleine Brentano ihren Willen gehabt, und Goethe gesehen – ich glaube im gegen gesetzten fall wäre sie Toll geworden – denn so was ist mir noch nicht vorgekommen – sie wolte als Knabe sich verkleiden, zu Fuß nach Weimar laufen – vorigen Winter hatte ich ofte eine rechte Angst über das Mägchen – dem Himmel sey Danck daß sie endlich auf eine musterhafte art ihren willen gehabt hat.[5]

Mit Bettine vermag Goethes Mutter ein Element ihres Wesens auszuleben – ihre abweichende Natur, die etwas anderes ist, als die Familienrollen, die sie in allen Briefen seit 1792 konsequent einnimmt. Nur an Bettina schreibt sie, wie sie 1774 vom Tod der Susanna von Klettenberg geschrieben hatte oder an den Schauspieler Unzelmann – bewegt.

Einige Zeit zuvor hatte Bettina in Offenbach die Briefe des zweiundzwanzigjährigen Goethe an ihre Großmutter und an ihre Mutter gefunden, Dokumente seiner Neigung zu der jungen Maximiliane La Roche-Brentano, Bettines Mutter. Bettine sieht sich als Erbin dieser Liebe, und so lässt sie sich im Jahr 1807 vom alten Wieland, dem Freund der Großmutter La Roche, bei dem Geheimrat Goethe einführen. Am 23. April 1807 wurde Bettina, die Ungestüme, von Goethe empfangen. Wie die Begegnung tatsächlich ablief, ob so nah und vertraut, wissen wir nicht. Sicher ist: Es entstand eine für beide bedeutsame Verbindung. Auch Goethe hat in die Beziehung zu Bettine un-

4 Catharina Elisabeth Goethe an Bettine Brentano, 19.5.1807; ebd., S. 856.
5 Catharina Elisabeth Goethe an Christiane von Goethe, 16.5.1807; ebd., S. 853.

ausgesprochene Empfindungen und Ziele eingebracht. Solange Catharina Elisabeth lebte, war Bettine ein Band zur Mutter. Bettines Begeisterung half jener über ihre Einsamkeit hinweg und entlastete ihn. Bettine repräsentierte zugleich lebendige Vergangenheit.

Für beide, für Goethe und die Mutter, hatte Bettine eine besondere Bedeutung durch die Erinnerung an Maximiliane Brentano, in die der Dichter einmal verliebt gewesen war. Catharina kannte die kleine Bettine von Kind an, wie die Mutter Maximiliane und die Großmutter Sophie von La Roche. Mit Mißbilligung hatte sie die Ehen betrachtet und kommentiert, die Sophie von La Roche (als Vernunftehen) ihren Töchtern auferlegte. Die Brentano-Kinder fanden sich wohl manchmal bei Catharina ein, denn auch der Bruder Clemens erinnert sich, dass sie versuchte, ihn zu trösten.

Bettine war keine Fremde für Catharina, aber die beiden knüpften 1806 eine ganz neue Beziehung an. Bald verging kein Tag, an dem Bettine nicht bei Catharina war. Bettine schreibt an Goethe am 30. Juli 1808: „Als ich Dich noch nie gesehen hatte, und mich die Sehnsucht zu Deiner Mutter trieb, mancherlei von Dir zu erforschen – Gott, wie oft hab ich auf meinem Schehmel hinter ihr auf die Brust geschlagen, um meine Ungedult zu dämpfen.“[6] Über Bettines Neugierde und ihre Hoffnung, von Catharina Wichtiges über den Lebensweg des Dichters zu erfahren, spottete der Bruder Clemens 1807:

> Von der Biographie, das verschweige, es gibt ein göttlich Buch [...] Soeben geht Bettine mit ihrem Schreibbuch zum erstenmal zur alten Goethe, sich erzählen zu lassen und aufzuschreiben. Gestern hat die alte ihr gesagt: Maihn Sohn hat Ufträg vom Kaunig nach Wiehn kriegt, un sie sage, er werd aussem Karlsbad hihngehn, ich habe ja Spahwasser nach Weimar geschickt, und wie kann er dann nach Wiehn, wenn das Spahwasser in Weimar ist! Dieses ist die letzte Nachricht in der Biographie.[7]

Die für unsere Fragen entscheidenden Jahre waren die Zeit der realen Begegnung mit der Mutter 1806-08. Sie fanden ihren Niederschlag in Briefen, vor allem im Briefwechsel mit Goethe 1806-11. Hinzu kommt die Literarisierung dieser Briefe in den Briefbüchern, vor allem in *Goethes Briefwechsel mit einem Kinde.*

Zuneigung: Spiel und Selbstdarstellung

In einem Brief an Goethe im Februar 1808 schreibt Bettine:

> Vorgestern hatten wir ein kleines Fest im Hause, wegen Savignys Geburtstag; die Frau Mutter kam Mittags um 12 Uhr und blieb bis Nachts um 1 Uhr, fand sich auch den andern Tag ganz

---

[6] Bettine Brentano an Johann Wolfgang von Goethe, 30.7.1808; Bettinas Leben und Briefwechsel mit Goethe. Auf Grund des von Reinhold Steig bearbeiteten handschriftlichen Nachlasses neu hrsg. von Fritz Bergemann. Leipzig: Insel 1927, S. 230.

[7] Zitiert nach Bettinas Briefwechsel mit Goethe. Auf Grund ihres handschriftlichen Nachlasses nebst zeitgenössischen Dokumenten über ihr persönliches Verhältnis zu Goethe zum ersten Mal hrsg. von Reinhold Steig. Leipzig: Insel 1922, S. 9.

wohl darauf; bei der Tafel hatten wir großr Musik von blasenden Instrumenten, zum Teil wurden auch verse zu Savignys Lob abgesungen, sie sang mit 24 Personen immer so laut, dass man sie allein durchhörte; da wir nun endlich mehrmal Deine Gesundheit und die ihrige tranken [...] so ward sie ganz feierlich vergnügt; nach Tisch erzählte sie der ganzen Gesellschaft ein Märchen [...].[8]

Ebenso wie Bettine ist Catharina Elisabeth eine Erzählerin. Auch sie verwendet Geschichten, um ihre Eindrücke sichtbar zu machen. Bettine beschreibt das in *Goethes Briefwechsel mit einem Kinde*:

Wir führen Krieg, ich und die Mutter, und nun ist's so weitgekommen, dass ich kapitulieren muß; die harte Bedingung ist, dass ich selbst alles erzählen soll, womit ich's verschuldet habe, und was die gute Mutter so heiter und launig ertragen hat; sie hat eine Geschichte daraus zusammengesponnen, die sie mit tausend Plaisier erzählt; sie könnte es also selbst viel besser schreiben.[9]

In vielen Berichten von Zeitgenossen wird die Erzählkunst der Catharina Elisabeth gerühmt. Entgegen ihrer Beteuerung „so tintenscheu ist so leicht niemand" hat sie 500 Druckseiten Briefe hinterlassen. Diese Dokumente geben uns eine lebendige Anschauung ihrer Darstellungskunst. Ernst Beutler kommentiert treffend diese Gabe:

Der Leser wertet leicht die lustige Orthographie höher als den Inhalt. Vor allem, er sieht die Schriftzeichen, wo er doch eine Rede hören sollte. Man lese einmal laut etwa die Briefe an Unzelmann, und man wird wahrnehmen, von welchem großen Atem sie getragen sind. Alle Briefe von Goethes Mutter sind gesprochene Rede, in Wortwahl, in Satzbau, in Rhythmus und Sprachmelodie geprägt durch die Unmittelbarkeit ihres Temperaments. Daher auch die ihr eigentümliche Zeichensetzung. Mit Grammatik hat sie nichts zu tun. Ihre Striche sind Atempausen im Strom der Rede oder Konventionsgesten der Feder.[10]

Dieses Talent passte in den Zeitgeist – sowohl des Sturm und Drang als der Frühromantik. Dieses Erzählen und 'ungelehrte' Schreiben repräsentierte der jungen Generation das Spontane und Schöpferische, wurde als eine Gegenbewegung zum „Bücherwissen" empfunden. Die Quelle dieser Fähigkeiten Catharina Elisabeths war die mündliche Überlieferung der Volkskultur.[11] Ihr Erzählen wurde von der Generation der Söhne und Enkel als befreiende Natürlichkeit und zugleich als archaisches Relikt gefeiert, als Gegensatz zur Schriftkultur, die sich nun durchsetzte. Goethes Mutter nutzte das als Chance. Sie war zwar von Jugend an Leserin und in allen Formen bürgerlicher Kultur engagiert. Sie war von früh auf mit dem Theater vertraut. Sie vermied es aber, sich als Kennerin oder als Schriftstellerin zu zeigen. Ihr Erzählvermögen gestattete ihr dennoch, eine beachtete Rolle einzunehmen – und zwar eine öffentliche. Das konnte sie nur, weil sie eine herausragende Begabung und

---

8 Bettine Brentano an Johann Wolfgang von Goethe, 23.2.1808; Bettinas Leben und Briefwechsel mit Goethe (wie Anm. 6), S. 203.

9 GW (Konrad), Bd. 2, S.18f. (Brief vom 25.5.1807)

10 Ernst Beutler: Catharina Elisabeth Goethe. Einführung (wie Anm. 2), S. 291.

11 Vgl. Ulrike Prokop: Die Illusion vom Großen Paar. Bd. 1: Weibliche Lebensentwürfe im deutschen Bildungsbürgertum 1750-1770. Frankfurt a.M.: Fischer Taschenbuch Verlag 1991 (= Psychoanalytische Studien zur Kultur; Fischer Wissenschaft), S. 246ff.

die Fähigkeit zur Selbstinszenierung hatte. Sie gab 'das Naturwesen', machte das zum Stilelement – und hatte damit Erfolg. Sie wurde dank ihrer Selbstdarstellung für das verehrende Publikum schon zu Lebzeiten Teil des auratischen Kreises um Goethe.

Als Gastgeberin, Mäzenin und 'Dichter-Mutter' erlangte sie eine 'Position'. Über den Sohn partizipierte sie an der Bewegung der jungen Intelligenz, und sie schuf sich alsbald eine eigene Rolle, in der sie für die anderen präsent war. Man nannte sie 'Mutter Aja'. In dieser Rolle war sie für Lenz, Klinger, Schlosser, für Merck, Zimmermann und Lavater eine eigenständige Person. Ich möchte die öffentliche Geltung der Mutter nur an zwei zeitgenössischen Aussagen verdeutlichen. Merck schrieb nach einem Besuch im Jahr 1778 an Wieland:

> Indessen hat mich mein Weg über Frankfurt geworfen und habe nun so 2 Tage in casa santa zugebracht. Alles mit Frau Aja recapituliert und was voriges Jahr in dieser Stube uns allen begegnete. Gestern waren wieder alle die Mädchen, die Euretwegen vorm Jahr so häufig sich hier im Hause einfanden, beisammen und Mad. Brentano spielte wieder den Gickel auf dem Clavier. Dabei gedachten wir Abends bei dem herrlichen Wein deiner, fluchten wieder auf Jacobi'n und seines Gleichen und mir flossen die Thränen herab, daß nun das alles so verging.[12]

Ist die Sohnes-Position olympisch angesiedelt im Kreis der auserwählten Symbolbildner, so ist auch die Mutter als Mutter des Dichters in eigener Ausgezeichnetheit erhoben über die gewöhnlichen Sterblichen. Obwohl die Besucher von Johann Wolfgang ins Haus gebracht wurden, war es nicht er allein, der den eigenartigen Glanz erzeugte.

Catharina Elisabeth machte es seit dem Erscheinen des *Werther* zu ihrer Selbstdefinition, 'Mutter des Dichters' zu sein. In dieser Rolle wurde sie auch von der jungen Bettine im Jahr 1806 angesprochen, nicht etwa als ältere Respektsperson oder als bürgerliche Nachbarin. Charakteristischerweise drückt sich das bei Bettine in einer literarisierten Erlebnisszene aus, die aber sehr wohl auf die Struktur der Beziehung verweist. Es geht um den öffentlichen Raum und um 'die Mutter des Genius'. Die erneuerte Freundschaft begann laut Bettines Erinnerung im Theater. Bettine berichtet an Goethe:

> Da ich sie einmal im Theater sah, den Arm mit Braceletten ziemlich hoch emporschwingen zum Aplaudieren, rief ich ihr zu, daß es wohl der Mühe werth sey, solch einen Arm zu schmücken und zu zeigen. Sie nante mich zwar einen kleinen Schneppentesch, hatte es aber gar nicht übel genommen.[13]

Die Szene ist charakteristisch. Bettine macht Catharina hier ein Angebot: Sie ist es wert, sich zu schmücken, und Catharina versteht sofort, was damit gemeint ist, welche Anerkennung damit ausgedrückt ist. Sie ist bereit, in die

---

[12] Zitiert nach Robert Hering: Das Elternhaus Goethes und das Leben in der Familie. In: Heinrich Voelcker: Die Stadt Goethes.Frankfurt im 18. Jahrhundert. Frankfurt a.M.: Hauserpresse 1982, S. 363-446, hier: S. 425.

[13] Bettine Brentano an Johann Wolfgang von Goethe, 14.11.1810; Bettinas Leben und Briefwechsel mit Goethe (wie Anm. 6), S. 325.

Rolle der idealisierten Dichter-Mutter einzutreten. Die Faszination war beidseitig. Bettine an Goethe:

Manches, was sie mir sagte, hab' ich mir gleich damals aufgeschrieben, aus keiner anderen Absicht, als weil mich ihr Geist überraschte und dann auch weil es so merkwürdig war, sie unter lauter dürrem Holz der einzig grüne Stamm. Manchmal sagte sie mir morgens schon im voraus, was sie alles am Abend erzählen würde; am anderen Tage ward mir der Bericht abgestattet, was es für einen Effekt gemacht hatte.[14]

Aus dieser wechselseitigen Wahrnehmung der Rollen: Bettine als Verehrende und Catharina Elisabeth als Mutter des Dichters ergaben sich zwischen den beiden jene phantastischen Spiele in der Gesellschaft, in der Öffentlichkeit, bei denen sich beide an ein geheimes Skript halten konnten. Die Heiterkeit im ersten Teil von *Goethes Briefwechsel mit einem Kinde* erwächst aus Bettines Darstellung jener Rollenspiele mit der Mutter Goethes, deren Hintergrund die mythische Phantasie von der Dichtung ist: Das Erscheinen des Göttlichen im Dichter und *damit* ist auch die Bedeutung der Mutter gegeben. In den Worten Bettines in *Goethes Briefwechsel mit einem Kinde*:

O Mutter, ich dank' es Ihr ewig, daß sie mir den Freund in die Welt geboren, – wo sollt' ich ihn sonst finden! Lach' Sie nicht darüber, und denk' Sie doch, daß ich ihn geliebt hab', eh' ich das Geringste von ihm gewußt, und hätt' sie ihn nicht geboren, wo er dann geblieben wär', das ist doch die Frage, die Sie nicht beantworten kann.[15]

Auf Grund dieser von beiden Frauen geteilten Empfindung, gelangen die spielerischen Inszenierungen, an denen Bettine und die Mutter gleichermaßen beteiligt waren. Sie fanden später – literarisch überhöht – Eingang in Bettines Briefbücher. Eine Szene und der Kommentar Catharina Elisabeths in Originalbriefen mag hier für viele Szenen stehen. In der folgenden Geschichte – erzählt in *Goethes Briefwechsel mit einem Kinde* – drückt Bettina ihre Liebe ebenso aus wie ihre präzise Einschätzung von Catharinas Gier, als Mutter an der Genialität des Sohnes geradezu biologisch teilzuhaben. Bettine schreibt über eine Gesellschaft. Der Phrenologe Gall war hier die Hauptattraktion. Vor allem seine Unternehmung, das geistige Vermögen aus der Schädelform abzuleiten erweckte lebhaftes Interesse. Bettine schreibt:

Ich sollte ihr den *Gall* bringen und führte ihr unter seinem Namen den *Tieck* zu; sie warf gleich ihre Kopfbedeckung ab, setzte sich und verlangte, *Gall* solle ihren Schädel untersuchen, ob die großen Eigenschaften ihres Sohnes nicht durch *sie* auf ihn übergegangen sein möchten; *Tieck* war in großer Verlegenheit, denn ich ließ ihm keinen Moment, um der Mutter den Irrtum zu benehmen; sie war gleich in heftigem Streit mit mir und verlangte, ich solle ganz stillschweigen und dem *Gall* nicht auf die Sprünge helfen; da kam *Gall* selbst und nannte sich; die Mutter wußte nicht, zu welchem sie sich bekehren solle, besonders da ich stark gegen den rechten protestierte, jedoch hat er endlich den Sieg davongetragen, indem er ihr eine sehr schöne Abhandlung über die großen Eigenschaften ihres Kopfes hielt; und ich hab Verzeihung erhalten und mußte versprechen, sie nicht wieder zu betrügen.[16]

---

[14] Bettine Brentano an Johann Wolfgang von Goethe, 14.11.1810; ebd., S. 325.
[15] Bettine Brentano an Catharina Elisabeth Goethe, o. D.; GW (Konrad), Bd. 2, S. 47.
[16] Bettine Brentano an Johann Wolfgang von Goethe, 25.5.1807; ebd., S. 70.

Catharina Elisabeth kommt in einem Brief nach Weimar ebenfalls auf diese Situation zu sprechen – aber diszipliniert und ohne ihre geheimen Phantasien zu verraten. Die Sechsundsiebzigjährige schreibt an ihren Sohn 1807:

Diese Meße war reich an – Profeßsoren!!! Da nun ein großer theil deines Ruhmes und Rufens auf mich zurück fält, und die Menschen sich einbilden ich hätte was zu dem großen Talendt beygetragen; so kommen sie denn um mich zu beschauen – da stelle ich denn mein Licht nicht unter den Scheffel sondern auf den Leuchter versichre zwar die Menschen daß ich zu dem was dich zum großen Mann und Tichter gemacht hat nicht das aller mindeste beygetragen hätte: denn das Lob das mir nicht gebühret nehme ich nie an: zudem weiß ich ja gar wohl wem das Lob und der Danck gebührt, denn zu deiner Bildung in Mutterleibe da alles schon im Keim in dich gelegt wurde dazu habe ich warlich nichts gethan – Villeicht ein Gran Hirn mehr oder weniger und du wärstes ein gantz ordinerer Mensch geworden und wo nichts drinnen ist da kan nichts raus kommen – Da erziehe du das können alle Pilantopine in gantz Europa nicht geben – gute brauchbahre Menschen ja das laße ich gelten hir ist aber die Rede vom auserordendtlichen. Da hat nun meine Liebe Frau Aja mit Fug und Recht Gott die Ehre gegeben wie das recht und billig ist, Jetzt zu meinem Licht das auf dem Leuchter steht und denen Profeßern lieblich in die Augen scheint. Meine Gabe die mir Gott gegeben hat ist eine lebendige Darstellung aller Dinge die in mein Wißen einschlagen, großes und kleines, Wahrheit und Mährgen u. s. w. so wie ich in einen Circul komme wird alles heiter und froh weil ich erzähle. Also erzählte ich den Profeßsoren und Sie gingen und gehen vergnügt weg – das ist das gantze Kunstück.[17]

Es ist zu bemerken, dass beides zutrifft: Catharinas Selbstbild kreist um ihre Mutterschaft, und Bettines Darstellung fügt dem hinzu, dass sie Selbstbestätigung suchte – ‘Den hab ich geboren!’ sagte sie mehr als einmal. Die beiden Phantastinnen waren einander durchaus würdig. Entsprechend berichtet Bettina den Fortgang der Geschichte der Schädelvermessung in *Goethes Briefwechsel mit einem Kinde* in einem Brief an Goethe:

Ein paar Tage später kam eine gar zu schöne Gelegenheit, mich zu rächen. Ich führte ihr einen jungen Mann aus Straßburg zu, der kurz vorher bei Ihnen gewesen war; sie fragte höflich nach seinem Namen; noch eh er sich nennen konnte, sagte ich: ‘Der Herr heißt *Schneegans,* hat Ihren Herrn Sohn in Weimar besucht und bringt Ihr viele Grüße von ihm’. Sie sah mich verächtlich an und fragte: ‘Darf ich um Ihren werten Namen bitten?’ Aber noch ehe er sich legitimieren konnte, hatte ich schon wieder den famösen Namen *Schneegans* ausgesprochen; ganz ergrimmt über mein grobes Verfahren, den fremden Herrn *eine Schneegans* zu schimpfen, bat sie ihn um Verzeihung, und daß mein Mutwill keine Grenzen habe und manchmal sogar ins Alberne spiele; ich sagte: ‘Der Herr heißt aber doch *Schneegans.’* ‘O schweig’, rief sie, ‘wo kann ein vernünftiger Mensch *Schneegans* heißen!’ Wie nun der Herr endlich zu Wort kam und bekannte, daß er wirklich die Fatalität habe so zu heißen, da war es sehr ergötzlich, die Entschuldigungen und Beteuerungen von Hochachtung gegenseitig anzuhören; sie amüsierten sich vortrefflich miteinander, als hätten sie sich jahrelang gekannt, und beim Abschied sagte die Mutter mit einem heroischen Anlauf: ‘Leben Sie recht wohl, Herr von *Schneegans,* hätte ich doch nimmermehr geglaubt, daß ich's über die Zunge bringen könne!’[18]

In der Selbstdarstellung wie in der Literarisierung sehen wir kunstvolle Inszenierungen. Ganz im Gegensatz zur Deutung, die häufig vertreten wird, trafen hier nicht die nüchtern Gesunde und die sentimentale Romantikerin

---

17 Catharina Elisabeth an Johann Wolfgang von Goethe, 6.10.1807; Johann Caspar Goethe, Cornelia Goethe, Catharina Elisabeth Goethe: Briefe aus dem Elternhaus (wie Anm. 2), S. 866.

18 Bettine Brentano an Johann Wolfgang von Goethe, 25.5.1807; GW (Konrad), Bd. 2, S. 70.

aufeinander. Vielmehr waren die beiden Frauen einander auffallend ähnlich. Beide versicherten sich ihrer eigenen Produktivität, indem sie sich selbst in einer imaginären idealisierenden Beziehung vorstellten. Bettines Ahnlichkeit mit Catharina ging aber noch weiter: Der Ehemann Arnim wurde für Bettine nicht anders 'Tagesleben', als Johann Caspar es für Catharina gewesen war – eine eher nüchterne Beziehung. Dem Ehemann blieb die Idealisierung vorenthalten, er war vor allem schützender Bruder, Vertrauter. So ist die Anmerkung zu verstehen, die Bettines Bruder Clemens 1834 in einem Brief zu dem Buch *Goethes Briefwechsel mit einem Kinde* machte. Clemens wirft Bettine in diesem Schreiben vor, in der Imagination gelebt zu haben und sieht das als Schuldig-Werden an der Wirklichkeit:

Du mußt mir glauben, wenn ich Dir sage, daß ich nichts Schöneres Wahrscheinenderes im zeitlichen Leben kenne, als was Du alles für den Geliebten [Goethe; U. P.] geschrieben und gefühlt, und gedacht, gedichtet, geträumt hast, und auch für ihn gestohlen, Gott und Dir und vielen lieben Seelen. Du *hast ihm eine gewaltig schöne Herde geschlachtet* [...] Du hast alles was Dir Gott an Natur und Gnade gegeben mit Fantasie und Leidenschaft vermischt zu einer Art Hexenbrühe *verkochen und über alle bereits abgestandenen Zauber* Goethes gießen müssen, um sie neu lebendig zu machen. Ich kenne ganz dieses Leiden, sich einen Götzen schaffen zu müssen, und mit allen Kräften der Seele und der Natur liebend ihn zu beleben und anzubeten.[19]

Ihm ist insofern recht zu geben als die Idealisierung Goethes die wichtigste Verbindung zwischen der Mutter und Bettine war – und diese Erfahrung prägt Bettines Goethe-Buch. Mit Freud gesprochen: Beide hatten Goethe in ihr „Ichideal" eingesetzt, dieses „Erbe des ursprünglichen Narzissmus"[20]. Der Kern ihrer Gemeinsamkeit war die „gemeinsame zärtliche Bindung"[21] an Goethe als dem gemeinsamen Dritten. Analog zu dem, was Freud über die Verliebtheit sagte, gilt:

Mit dieser Hingabe des Ichs an das Objekt, die sich von der sublimierten Hingabe an eine abstrakte Idee schon nicht mehr unterscheidet, versagen die dem Ichideal zugewiesenen Funktionen gänzlich. Es schweigt die Kritik, die von dieser Instanz ausgeübt wird; alles, was das Objekt tut und fordert, ist recht und untadelhaft. Das Gewissen findet keine Anwendung auf alles, was zugunsten des Objektes geschieht; in der Liebesverblendung wird man reuelos zum Verbrecher. Die ganze Situation läßt sich restlos in eine Form zusammenfassen: Das Objekt hat sich an die Stelle des Ichideals gesetzt.[22]

Diese Darstellung der kritiklosen Hingabe kennzeichnet vor allem Catharina Elisabeths Bindung an den Sohn. Bettine unterschied dagegen auch bei dem idealisierten Idol zwischen dem Ideal und der Wirklichkeit. Ihre Kritik an Goethes Darstellung der Liebe in den *Wahlverwandtschaften* zeigt das ebenso wie ihre Bemerkungen zu seinem geheimrätlichen Habitus und seinem Egoismus. Im Moment interessiert hier aber die geteilte Idealisierung als

---

19 Lujo Brentano: Der jugendliche und der gealterte Brentano über Bettina und Goethe. In: Jb FDH 1929, S. 325-352, hier: S. 335.

20 Sigmund Freud: Das Unbewußte. Schriften zur Psychoanalyse. [Hrsg. von Alexander Mitscherlich.] Frankfurt a.M.: S. Fischer 1960, S. 254 (Massenpsychologie und Ich-Analyse).

21 Ebd., S. 257.

22 Ebd.

Grundlage der Begeisterung der beiden Frauen. Sie erklärt jene, den Kritikern so rätselhafte, Verschmelzung der beiden und wirft ein Licht auf die 'Einfühlsamkeit' Bettines und damit auch auf die Verlässlichkeit ihrer Überlieferung. Eine weitere Freudsche Feststellung über Verliebte trifft das Verständnis Bettines:

> Eine andere Ahnung kann uns sagen, daß wir weit davon entfernt sind, das Problem der Identifizierung erschöpft zu haben [...] [und daß wir] vor dem Vorgang stehen, den die Psychologie Einfühlung heisst, und der den größten Anteil an unserem Verständnis für das Ichfremde anderer Personen hat.[23]

Es ist kein Zweifel, dass Bettine geeignet war, Catharina Elisabeth zu verstehen. Sie vollzog sie durch Identifikation sozusagen nach, vor allem in den Aspekten, die uns hier interessieren. Nur zu Bettine konnte Catharina Elisabeth so über ihre Mutterschaft sprechen, dass der Preis noch sichtbar blieb. Bettine beschreibt in *Goethes Briefwechsel mit einem Kinde* Catharina Elisabeth, wie sie erzählte:

> Ihr Auge ruhte dabei auf dem Knopf des Katharinen Turms, der das letzte Ziel der Aussicht war, die sie vom Sitz an ihrem Fenster hatte, die Lippen bewegten sich herb, die sie am End immer schmerzlich herb schloß, während ihr Blick in die Ferne verloren glühte, es war, als ob ihre Jugendsinne wieder anschwellen, dann drückte sie mir wohl die Hand und überraschte mich mit den Worten: „Du verstehst den Wolfgang und liebst ihn."[24]

Nur aus der Kontinuität weiblicher Lebensverhältnisse und weiblicher Erfahrung über mehrere Generationen wird die Gleichartigkeit der beiden Frauen verständlich. Es geht um eine überpersönliche, eine kulturell erzwungene Haltung. Die Ähnlichkeit überbrückt die historische Differenz: Catharina, in ihrer Kindheit noch in den Traditionen des 17. Jahrhunderts aufgewachsen – und Bettine, schon jener Generation angehörend, deren Erfahrung schließlich die Periode der Moderne eröffnet. Aber sie teilen dennoch eine Überlebensstrategie: Selbstfindung durch die Vergöttlichung des schöpferischen Menschen. Sie kämpften beide mit dem Problem der Entwertung ihrer Fähigkeit, sich in literarischer Form zu artikulieren. Sie retteten ihr Selbstbewusstsein durch das phantasierte Bündnis mit dem Genie, also durch eine Phantasie der Anerkennung, die in der Wirklichkeit versagt war.

Sie waren getrennt durch die tiefe Verunsicherung, die Bettine kennzeichnet, der die eigene Biographie nicht mehr einfach vorgegeben ist, sondern die es als Aufgabe erlebt, das Richtige herauszufinden. In Catharinas Lebensordnung gab es das Recht auf Spaltung in Imagination und Wirklichkeit. Vor allem die Religion hatte diese Funktion, einen Raum für weibliche Größenphantasien zu schaffen: Der liebende Gott und die sich ihm offenbarende Gläubige. Die Religion erlaubte die Entwicklung von Bildern. Es waren unsichtbare Phantasien und doch wurde ihnen im Zwiegespräch mit Gott Realität zugesprochen und blieb die Gläubige im Kontext der Gemeinschaft aller.

---

23 Ebd., S. 252.

24 Bettine Brentano an Johann Wolfgang von Goethe, o. D.; GW (Konrad), Bd. 2, S. 279.

Eine solche (entlastende) Religiosität war Bettine, der Modernen, der Frühromantikerin fremd. Hier lag die große Differenz zwischen der Lebensordnung der Catharina Elisabeth und der Bettine.

Konstruktion einer Biografie – Die Erzählsituation

Catharina Elisabeth erzählte Bettine, angefeuert durch die Erwartungen ihrer Zuhörerin, und sie strukturierte ihr Erzählen in der Gemeinschaft mit ihrem Gegenüber. Bettine nahm unbewußt eine inszenierte Haltung ein: Sie machte sich in der Erzählsituation zum Kind. Sie hockte auf der „Schawell" zu Füßen von Catharina Elisabeth – mit den schwarzen Augen der Maxe, die der Lotte im *Werther* zugeschrieben wurden (zugleich lebendig und Literatur). So also lief das Erinnern ab. Und das bedeutet keineswegs, dass die Erzählung gefälscht war, vielmehr tauchen die Erinnerungen auf, die in diesen Kontext gehörten.

Catharina Elisabeth setzt sich ihr Bild im Erzählen zusammen, und sie kann das, weil sie in den Augen der Bettine die Bestätigung und Anerkennung sieht, nach der es sie verlangt. Es wäre naiv, anzunehmen, eine Erzählsituation wie die zwischen Bettine und Catharina Elisabeth sei „natürlich", gehe nahtlos in den Alltag über. Es gab eine Situation, ein Ritual. In der Studie *Die Mythisierung der Frau Rath durch Bettina Brentano* stellt Hans Hajek die Erzähl-Spiele der beiden zusammen:

> [...] „mach' dass Du kommst, ... jetzt kann ich Dir die schönsten Geschichten von Wolfgang erzählen, und ich glaub', Du hast mich angesteckt", „ich mein' immer, das wär' kein rechter Tag, an dem ich nichts von ihm gesprochen hab". Und die Unterschrift „Deine Freundin Goethe" scheint auch den letzten Unterschied aufheben zu wollen. Aber auch Bettina muß erzählen, selbst wenn sie es gar nicht will: „es ist wunderlich zwischen uns beschaffen, wir sind nicht mehr so gesprächig wie sonst, aber doch vergeht kein Tag, ohne daß ich die Mutter seh". „Wie ich von der Reise kam, da musst' ich die Rolle des Erzählens übernehmen, und obschon ich lieber geschwiegen hätte, so war doch ihres Fragens kein Ende und ihrer Begierde mir zuzuhören auch nicht. Es reizt mich unwiderstehlich, wenn sie mit großen Kinderaugen mich ansieht, in denen der genügendste Genuß funkelt. So löste sich meine Zunge und nach und nach manches vom Herzen, was man sonst nicht leicht wieder ausspricht". Sie stellt Fragen über Dinge, die sie schon „zwanzigmal" gehört hat, und da sie wissentlich Verwechslungen und Irrtümer begeht, antwortet Bettina zwangsweise, zuerst nur um zu berichtigen, gerät aber fürs weitere, ohne es zu merken, in Fluß und erzählt schließlich so ausführlich, wie Frau Rath es nur immer wünschen kann.[25]

Catharina Elisabeth fühlte sich durch Bettines Begeisterung für den Sohn nicht zurückgesetzt. Im Gegenteil. Aber eben darum kann sie von Bettine verlangen, das überbordende Gefühl in Worte zufassen. So entstehen die szenischen Bilder, in denen Bettine, das, was in Begriffen nicht auszusprechen

---

25 Hans A. Hajek. Die Mythisierung der Frau Rath durch Bettina Brentano. Diss. (Masch.) Wien 1937, S. 48f.

ist, in zum Teil fiktiven Erzählungen präzise darstellt. Das gilt auch für die Darstellung von Goethes Frankfurter Zeit als Kind und Jugendlicher.

Was teilte Bettine Goethe von den Erzählungen der Mutter mit? Sie reagierte auf seine Bitte vom 25. Oktober 1810:

> Nun hast Du eine schöne Zeit mit der teuren Mutter gelebt, hast ihre Märchen und Anekdoten wiederholt vernommen und trägst und hegst alles im frischen belebenden Gedächtnis. Setze dich also nur gleich hin und schreibe nieder, was sich auf mich und die meinigen bezieht, und du wirst mich dadurch sehr erfreuen und verbinden. Schicke von Zeit zu Zeit etwas und sprich mir dabei von dir und deiner Umgebung. Liebe mich bis zum Wiedersehen.[26]

In der Antwort Bettines auf diese Bitte um ihre Sammlung von Mitteilungen, die zu seiner Autobiografie beitragen sollten, wird klar, wie Bettine widerständig – auch in der Begeisterung – blieb. Sie antwortete auf die Bitte am 4. November 1810: „Du hast doch immer eine Ursach mir zu schreiben. Ich habe aber nichts behalten noch in betracht gezogen als nur das Ende. Liebe mich bis zum Wiedersehen". Dann schreibt Bettine zu seiner Aufforderung: „Was du verlangst hat für mich (immer) den Wert, dass ich es der Gabe würdig achte. Ich gebe daher die Nahrung, das Leben zweier regen Jahre gern in deine Gewahrsam. Es ist wenig in bezug auf viel, aber unendlich, weil es einzig ist."[27] Welche Bedeutung gibt sie ihrem Bericht? Sie beschreibt das in diesem Brief an Goethe in folgenden Worten:

> Du selber könntest dich vielleicht wundern, dass ich Dinge in den Tempel eintrug, und mein Dasein durch sie weihete, die man doch aller Orten findet; an jeder Hecke kann man in der Frühlingszeit Blüten abbrechen, aber wie lieber Herr, so unscheinbar die Blüte auch ist, wenn sie nun nach Jahren immer noch duftet und grünt? Deine Mutter gebar dich in ihrem 17.Jahr und im 76ten konnte sie alles noch mitleben, was in deinen ersten Jahren vorging. Und sie besäete das junge Feld... mit diesen Blüten; und so kann ich dir wohlgefallen, dass ich gleichsam ein duftender Garten dieser Erinnerungen bin, worunter deiner Mutter Zärtlichkeit die schönste Blüte ist und – darf ich's sagen? Meine Treue die gewaltigste.[28]

Damit begann jene Korrespondenz, die die Goethe-Biographik beschäftigt hat. Es geht Bettine offenkundig nicht um eine Ereigniswahrheit. Sie nimmt in ihren Texten – in den Briefen wie in den Briefbüchern – eine literarische Inszenierung des Alltäglichen vor. Dieses Alltägliche erhält die doppelte Bedeutung, sowohl real als auch magisches Zeichen zu sein. Die Enträtselung der Zeichen verlangt die erinnernde Versenkung in die Geschehnisse als Chiffre mit vielfältiger Bedeutung. Diese magischen Bilder stellt Bettine in ihren Texten her. Sie verweist in ihren szenischen Bildern auf Wahrheit, die nach ihrer Auffassung nicht begrifflich gefasst werden kann. Modern gesprochen zeigt Bettine Konstellationen auf. Sie verfährt fiktiv und zugleich wahrheitsorientiert, nicht willkürlich oder phantastisch. Äußere Ereignisse werden als Konstellationen geschildert und werden, wo es Bettine notwendig er-

---

[26] Johann Wolfgang von Goethe an Bettine Brentano, 25.10.1810; Bettinas Leben und Briefwechsel mit Goethe (wie Anm. 6), S. 306.

[27] Bettine Brentano an Johann Wolfgang von Goethe, 4.11.1810; ebd., S. 309.

[28] Ebd.

scheint, entsprechend umgebaut oder Elemente werden fiktiv hinzugefügt, nicht um die beschriebenen Verhältnisse gefälliger zu machen, sondern um ihre Bedeutung herauszustellen.

Nach dieser Schreibstrategie überlieferte Bettina auch die Mitteilungen der Mutter über die Geburt und die Kindheit des Dichters. Hier setzen auch all jene Fragen an, die vor allem im 19. Jahrhundert, die Goethe-Biographen beschäftigten: Kann das wahr sein?

Die Erinnerungen der Catharina Elisabeth Goethe

Wenn wir uns Bettines Bericht über die Erinnerungen der Catharina Elisabeth ansehen, dann fällt auf, dass es drei dramatische, auffallende Ereigniszusammenhänge sind, die alle drei nach dem Muster der Auserwähltheit, der Jenseitigkeit mitten im Leben und der innigen Verbundenheit in einem geheimen Bündnis gestaltet sind. Es ist zunächst die Beziehung zum Vater, die sich so darbietet. Catharina Elisabeth erzählte Bettine von ihrem Vater. Bettine schrieb darüber an Goethe am 14. November 1811:

> Dein Großvater war ein Träumer, ein Traumdeuter, es ward ihm vieles über seine Familie durch Träume offenbar, er sagte einmal einen großen Brand, dann die unvermuthete Ankunft des Kaisers voraus. Daß er Stadtsyndicus werde, hat ihm ein ganzes Jahr vorher geträumt. es wurde aber nicht beachtet, er selbst hatte es wieder vergessen bis der Tag der Wahl herankam. Nur Deine Mutter hatte einen festen Glauben dran jedoch im Stillschweigen an demselben Tag nun da der Vater aufs Rathaus gegangen war, steckte sie sich nach ihrer eignen Aussage in einen unmenschlichen Staat, und frisierte sich bis an den Himmel. In dieser Pracht setzte sie sich mit einem Buch in der Hand in einen Lehnsessel. Die Schwestern und Mutter glaubten die Schwester Prinzeß (so wurde sie wegen ihrem Abscheu vor häußlicher Arbeit, und Liebe zur Kleiderpracht und Lesen, genannt) sey närrisch, sie aber versicherte Ihnen sie würden bald hinter die Bettvorhänge kriegen wenn alle Rathsherrn kämen Ihnen wegen dem Vater, der heute zum Syndicus gewählt würde, zu gratulieren; da nun die Schwestern sie noch mit einer ziemlichen Anzahl Schimpfnahmen, die damals wohl Mode seyn mogten, wegen ihrer dummen Leichtgläubigkeit beehrten, kam der Vater zum höchsten Erstaunen im Gefolge aller Rathsherrn zurück, als Syndicus.[29]

Versuchen wir, diesen Bericht zu deuten: Nichts spricht dagegen, dass dies die Mitteilungen der Catharina Elisabeth waren. Was steckt darin? Wir finden bei Catharina Elisabeth keine Krise der Adoleszenz, keinen Aufruhr gegen den Vater, aber eine sehr besondere Vaterbindung. Es zeigt sich, dass sie, die Tochter, die einzige ist, die die Weissagung des Vaters richtig einschätzt. Das heißt, dass zwischen dem Vater und der Tochter eine innigere Beziehung besteht als zwischen dem Vater und den übrigen Mitgliedern der Familie. Catharina Elisabeth hat die Phantasie des Vaters geteilt; Tatsache ist jedenfalls, dass diese Tochter ihm glaubte und seine Worte bewahrte. Auffallend ist das Moment der Einzigartigkeit, mit dem sich Catharina Elisabeth von den anderen Frauen der Familie abgrenzt – in ihrem innigen Einverständnis mit dem Vater. Niemand glaubt daran, dass er der Gewählte sein

---

[29] Johann Wolfgang von Goethe an Bettine Brentano, 14.11.1810; ebd., S. 319.

wird – nur sie. Sie sieht nicht in die Zukunft, vielmehr ist sie eine Gläubige oder, anders ausgedrückt, eine idealisierend Liebende.

Der stumme innere Bund des großen Auserwählten mit ihr wiederholt sich bei Catharina Elisabeth in einer weiteren Phantasie. Bettine im selben Brief:

Ihr Gedächtniß war nicht allein merkwürdig, sondern sehr herrlich, nie hat sich das Gefühl eines Eindrucks bei Ihr verlohren: so sagte sie mir, in dem sich ein Posthorn auf der Straße hören ließ, daß ihr dieser Ton immer mehr oder weniger eine schneidende Emfindung errege, die sie in ihrem 5ten Jahr ganz durchdrungen habe. Damals war Carl der 7te, mit dem Zunahmen der Unglückliche, in Frankfurth; an einem Charfreitag begegnete sie ihm, wie er mit der Kaiserinn Hand in Hand in langem schwarzem Mantel die Kirchen besuchte; beide hatten Lichter in der Hand, die sie gesenkt trugen, die Schleppen der Mäntel wurden von schwarzgekleideten Pagen nachgetragen. Himmel, was hatte der Mann für Augen! Sehr melancholisch, etwas gesenkte Augenwimpern; ich verließ ihn nicht, folgte ihm in alle Kirchen: über all kniete er auf der lezten Bank unter den Bettlern und legte sein Haupt eine Weile in die Hände; wenn er wieder empor sah, war mirs allemal wie ein Donnerschlag in der Brust. da ich nach Hauß kam, war meine alte Lebensweiße weg: ich dachte nicht so wohl an die Begebenheit, aber es war mir, als sey etwas großes vorgegangen; wenn man von ihm sprach, ward ich blaß und zittertewie ein Espenlaub; ich legte mich am Abend auf die Knie und hielt meinen Kopf in den Händen wie er, ohne etwas anders dabei zu emfinden als nur: wie wenn ein großes Thor in meiner Brust geöfnet wäre. – da er einmal offne Tafel hielt, drängte ich mich durch die Wachen und kam in den Saal, anstadt auf die Gallerie; es wurde in die Trompeten gestoßen, bei dem dritten Stoß erschien er, in einem rothen Mantel, den ihm zwei Kammerherrn abnahmen – er ging langsam, mit gebeugtem Haupt. ich war ihm ganz nah, und dachte an nichts, daß ich auf dem unrechten Plaz wäre; seine Gesundheit wurde von allen anwesenden großen Herrn getrunken und die Trompeten schmetterten dazu: da jauchzte ich laut mit, der Kaiser sah mich an und nickte mir. am andern Tag reißte er ab; ich lag früh morgens um 4 Uhr in meinem Bett, da hörte ich fünf Posthörner blasen, das war er, und so höre ich jezt nie das Posthorn ohne mich daran zu erinnern. Sie sagte mir daß sie's zum erstenmal in ihrem Leben erzähle; das war ihre erste rechte Leidenschaft und auch ihre letzte, sie hatte später noch Neigungen aber nie eine die sich ihr so mächtig angekündigt hätte, und gleich wie diese bei dem ersten Schritt ihr so ganz verschiedne Himmelsgegenden gezeigt hätte. Viel hatte sie einer Tante zu verdanken, die ihr über das bornierte Wesen ihres Häuslichen Lebens hinweg half in dem sie sonst gewiß erstickt wäre sagte sie. Dein Vater war ein schöner Mann, sie heurathete ihn ohne viel nachzudenken, sie wusste ihn auf mancherlei Art zum Vortheil der Kinder zu lenken.[30]

Es gibt eine strukturelle Übereinstimmung zwischen der Beziehung zum Vater und der Beziehung zum Kaiser. Sie besteht darin, dass der Vater und die Tochter sich gegenseitig lieben und dass der Kaiser und Catharina Elisabeth sich gegenseitig lieben. Dass der Kaiser der Stadtschultheißen-Tochter zugewinkt habe, dass das geheimnisvolle Einverständnis auch von seiner Seite (real) bestanden hat, liegt wohl außerhalb jeder Wahrscheinlichkeit. Es war das Bild der Phantasie und zugleich Abbild der tieferen Beziehung, die hier das Modell abgab, der Beziehung zum Vater. Über Catharina sagt diese Bemerkung manches aus.

Es ist die gleiche stille Übereinkunft, die die Vaterbeziehung auszeichnet. Die schlichte Vorstellung davon, was sich normalerweise im Leben abspielt,

---

30 Ebd., S. 323.

wird von beiden Geschichten überfordert. Dass Vater und Tochter das zweite Gesicht hatten („ihr war manches vorbedeutet"), dass der unglückliche Wittelsbacher der Schultheißen-Tochter zugewinkt habe, beides ist zu phantastisch. Beidemale ist die Beziehung im Irrationalen angesiedelt und beidemale mit einer strukturellen Übereinstimmung: Sie liebt und sie wird geliebt.

Für Johann Caspar bleibt keine Bedeutung übrig, allenfalls freundschaftliche Gleichgültigkeit. Über ihn gibt es nichts zu sagen. Betrachten wir noch einmal Bettines Mitteilung vom 14. November 1811: „Dein Vater war ein schöner Mann: sie heurathete ihn, ohne viel nachzudenken; sie wußte ihn auf mancherlei Art zum Vortheil der Kinder zu lenken."[31] Der Bericht fährt fort:

> Eine große Leidenschaft hatte er [J. C. Goethe] fürs Reißen: sein Zimmer war mit Landkarten behängt, in müssigen Stunden spazierte er mit den Fingern drauf herum und erzehlte dabei alle Merkwürdigkeiten; alle Abentheuer, die andern Reißebeschreibern begegnet waren; dieß war der Mutter eine angenehme Unterhaltung. als ihn späterhin der Schlag rührte, suchte sie sich in seine Geschäfte herein zu arbeiten; sie besorgte nach seiner Weisung das Meiste. zum zweitenmal rührte ihn der Schlag, er konnte nicht mehr selbst essen und nur sehr schwer sprechen: Sie übernahm alles. bis zu dieser Zeit war sie immer sehr bürgerlich und einfach gekleidet gewesen: einmal, bei Gelegenheit daß sie sich sehr putzte, äuserte Dein Vater große Freude darüber, er lachte und befand sich viel wohler als sonst; seitdem nahm sie die Gewohnheit an, sich von frühem Morgen schon den Kopf zu puzen. das wurde denn von vielen Menschen mißverstanden [...]. auf ihrem rechten Knie hatte sie einen weisen Stern abgebildet, so groß wie man die Sterne am Himmel sieht; ich sah das Maal bei Gelegenheit daß ihr Bein eingerieben wurde, sie hatte es verengt. Was sagst Du nun dazu, daß die Mutter in den Kaiser verliebt war? was sagst Du dazu, daß ich alles so wohl behalten, ihre Reden sogar behalten?[32]

Selbst wenn man die harmonisierend-verbindliche Redeweise über Goethes Vater und das Verhältnis der Goethe-Eltern zueinander so gelten läßt, wie es dasteht, wird doch der Unterschied dieser glanzlosen Eherealität zum Zauber der phantasierten Paar-Beziehung deutlich. Charakteristisch für Catharina Elisabeth ist, dass ihre Phantasien um Paare kreisen und um die erwiderte Liebe. Zugleich sind diese Phantasien auf imaginäre Paare bezogen, nicht auf ein reales Miteinander-Umgehen, sondern auf ein geheimnisvolles Einssein – unkörperlich wie der Blick des Kaisers, der ihr zutrinkt, märchenhaft unsichtbar, stumm auch die Verbindung zum Vater. Es ist ein Wissen von seinem Triumph. Es war ja *sein* Traum, für sie war es so, als sei es der *ihre*. Jesus gehört für Catharina Elisabeth durchaus in diese Reihe des Grandiosen hinein, wie ein Gedicht zeigt, das sie in einem Brief an Lavater 1774 zitiert: „Ich seh im Geiste Gottes Sohn / holdselig ihr entgegen eilen / um seinen höchst glorreichen Thron / mit ihr als seiner Braut zu teilen."[33]

Doch betrachten wir das Verhältnis zum Kaiser genauer in seiner Lebensentrücktheit. In ihrer späteren Ausgestaltung der Kaiserphantasie (so jeden-

---

31 Ebd., S. 324.

32 Ebd., S. 325.

33 Catharina Elisabeth Goethe an Johann Caspar Lavater, 26.10.1774; Johann Caspar Goethe, Cornelia Goethe, Catharina Elisabeth Goethe: Briefe aus dem Elternhaus (wie Anm. 2), S. 395.

falls verstehe ich die zweite Erzählung der Bettina in *Goethes Briefwechsel mit einem Kinde*) wird der Abschiedseindruck weiter ausgestaltet:

„Es war am 17. April, da hörte ich fünf Posthörner blasen, das war er, ich sprang aus dem Bett, vor übergroßer Eile fiel ich in die Mitte der Stube und tat mir weh, ich achtete es nicht und sprang ans Fenster, in dem Augenblick fuhr der Kaiser vorbei, er sah schon nach meinem Fenster, noch eh ich es aufgerissen hatte, er warf mir Kußhände zu und winkte mir mit dem Schnupftuch, bis er die Gasse hinaus war. Von der Zeit an habe ich kein Posthorn blasen hören, ohne dieses Abschieds zu gedenken, und bis auf den heutigen Tag, wo ich den Lebensstrom seiner ganzen Länge nach durchschifft habe und eben im Begriff bin, zu landen, greift mich sein weitschallender Ton noch schmerzlich an, und wo so vieles, worauf die Menschen Wert legen, rund um mich versunken ist, ohne dass ich Kummer darum habe. Soll man da nicht wunderliche Glossen machen, wenn man erleben muß, daß eine Leidenschaft, die gleich im Entstehen eine Chimäre war, alles Wirkliche überdauert und sich in einem Herzen behauptet, dem längst solche Ansprüche als Narrheit verpönt sind? Ich hab auch nie Lust gehabt, davon zu sprechen, es ist heute das erstemal. Bei dem Fall, den ich damals vor übergroßer Eile tat, hatte ich mir das Knie verwundet, an einem großen Brettnagel, der etwas hoch aus den Dielen hervorstand, hatte ich mir eine tiefe Wunde über dem rechten Knie geschlagen, der scharfgeschlagne Kopf des Nagels bildete die Narbe als einen sehr feinen regelmäßigen Stern, den ich oft darauf ansah während den vier Wochen, in denen bald darauf der Tod des Kaisers mit allen Glocken jeden Nachmittag eine ganze Stund eingeläutet wurde, ach, was hab ich da für schmerzliche Stunden gehabt, wenn der Dom anfing zu läuten mit der großen Glocke, es kamen erst so einzelne mächtige Schläge, als wanke er trostlos hin und her, nach und nach klang das Geläut der kleinen Glocke und der ferneren Kirchen mit, es war, als ob alle über den Trauerfall seufzten und weinten; und die Luft war so schauerlich, es war gleich bei Sonnenuntergang, da hörte es wieder auf zu läuten, eine Glocke nach der andern schwieg, bis der Dom, so wie er angefangen hatte zu klagen, auch die allerletzten Töne in die Nachtdämmerung seufzte; damals war die Narbe über meinem Knie noch ganz frisch, ich betrachtete sie jeden Tag und erinnerte mich dabei an alles." Deine Mutter zeigte mir ihr Knie, über dem das Mal in Form eines sehr deutlichen regelmäßigen Sternes ausgebildet war.[34]

Hier finden wir die Gesten gegenseitiger Vertrautheit nochmals und noch stärker der Wirklichkeit enthoben. (Konnte sie überhaupt von ihrem Zimmer die Friedberger Gasse überblicken? Die Zeichnungen vom Textorschen Anwesen und die Berichte davon zeigen es verborgen in einem Innenhof hinter den Häusern an der Straße.) Und die Form eines Sternes! In Bettines Phantasie war dies ein Zeichen der wahren Bestimmung, nicht mit Johann Caspar, sondern mit dem Kaiser ein Paar zu bilden. Der Stern spielt in der religiösen Symbolik im späten 18. Jahrhundert eine große Rolle. Der flammende Stern: Modell des Universal- und Zentralfeuers, welches alles belebt, erhält und auch zerstört. Symbolisiert wurden damit sowohl Gott wie das Leben, wie auch der individuelle Lebensfunken. Beachten wir auch: Der Tod kündigt sich Catharina in der Erzählung Bettinas durch das Schmerzen der Sternen-Narbe an. Auch andere Aspekte der Kaiser-Phantasie sind in der späteren Erzählung Bettinas mit verstärkenden Akzenten versehen. So betont sie die mystische Verbindung noch stärker. Während es im ersten Bericht die Kaiserin gibt, hat Bettina sie nun weggelassen. Und sie betont die Gegenseitigkeit in der Beziehung zwischen Catharina Elisabeth und dem Kaiser:

---

[34] Bettine Brentano an Johann Wolfgang von Goethe, o. D.; GW (Konrad), Bd. 2, S. 279f.

Der Kaiser sah mich an, er nahm den Becher, um Bescheid zu tun und nickte mir, ja, da kam mirs vor, als hätte er den Becher mir bringen wollen, und ich muß noch heute daran glauben, es würde mir zuviel kosten, wenn ich diesen Gedanken, dem ich so viel Glückstränen geweint habe, aufgeben müßte.[35]

Waren es nun Phantasien Bettines, die im Bericht dominieren? Oder waren es die Phantasien Catharina Elisabeths? Für zahlreiche Kommentare mag hier der von Elisabeth Mentzel stehen:

Wer den Kaiser damals gesehen, vergaß ihn nicht. Weshalb hätte ein lebhaft empfindendes Kind wie Elisabeth Textor sein Bild nicht auch immer im Gedächtnis behalten sollen! Zudem hörte sie ja auch im Vaterhause mit hoher Verehrung von Karl VII. reden, der dem Schöffen Textor für verschiedene Dienste sehr gewogen war und ihm auch mehrere Beweise seiner Huld zuteil werden ließ. Diese schwärmerisch kindliche Begeisterung für den Kaiser hat nun Bettine, verschiedene der Wahrheit und Wirklichkeit entsprechende Tatsachen geschickt benutzend, in eine unglückliche Liebe Elisabeths zu dem Reichsoberhaupt umgewandelt. Man hat bei der ganzen Erzählung den Eindruck, als ob sie viel älter und nicht die älteste, sondern die zweite Tochter ihrer Eltern sei. Und doch war das Mädchen noch nicht ganz elf und die jüngere, in die romantische Geschichte gleichfalls verwickelte Schwester noch nicht neun Jahre alt. Gewiß mag Frau Rat im späteren Leben beim Klange eines Posthorns oft an die damalige Abreise des unglücklichen Kaisers gedacht haben, allein gewiß nicht mit den ihr angedichteten, in einem langen Leben nicht verwundenen Empfindungen. Wie hätten zwei so schlicht und züchtig erzogene Kinder bereits mit elf und neun Jahren in derartigen Gefühlen schwelgen sollen! – Die Erzählung [Bettines; U. P.], auch sonst an Ungenauigkeiten reich, schweift weit über die Grenzen der Wirklichkeit hinaus.[36]

Elisabeth Mentzel stützt sich auf die von Goethe eingebrachte Verschiebung des Erlebnisses auf die jüngere Schwester. Recht hat sie gewiß darin, dass die Geschichte „über die Grenzen der Wirklichkeit“ hinausweist. Was sollten die Biographen mit der Vorstellung anfangen, diese ‘vorbildliche deutsche Hausfrau und Mutter’ habe vom Kaiser geträumt?

Und wie hat Goethe auf die ‘Geschichte vom Kaiser’ reagiert, auf die Frage, die Bettine ihm stellte: „Was sagst Du nun dazu, daß die Mutter in den Kaiser verliebt war? Was sagst Du dazu, daß ich alles so wohl behalten, ihre Reden sogar behalten?“[37] Wir erhalten keine Antwort. Aber zweierlei fällt auf: Ursprünglich hatte Goethe vor, seine Autobiographie mit der Krönung Karls VII. beginnen zu lassen (der ja auch Johann Caspar Goethe den Titel eines Kaiserlichen Rats verliehen hatte). Ernst Beutler schreibt:

Das erste war nun, daß Goethe sich Jahr auf Jahr in Stichworten einen Überblick über sein Leben niederschrieb. Er nahm dazu ein Oktavbändchen in Goldschnitt mit 76 Blättern. Es ist erhalten und beginnt: „1742 Carl VII. gekrönt 24. Januar, residirt zu Franckfurt.“[38]

---

35 Ebd., S. 280.

36 Elisabeth Mentzel: Frau Rat Goethe. Ein Lebensbild. Frankfurt a.M.: Neuer Frankfurter Verlag in Kommission 1908, S. 21.

37 Bettine Brentano an Johann Wolfgang von Goethe, 14.11.1810; Bettinas Leben und Briefwechsel mit Goethe (wie Anm. 6), S. 325.

38 Ernst Beutler: Dichtung und Wahrheit. In: E. B.: Essays um Goethe. 7., vermehrte Aufl. [Hrsg. von Christian Beutler.] Zürich/München: Artemis 1980, S. 634-710, hier: S. 637.

Doch dann verschwindet die Krönung aus der Autobiographie, und es bleiben auch die Erlebnisse der Mutter außer Betracht. Stattdessen rückt er ein ähnliches Erlebnis ein, das Catharina Elisabeths jüngerer Schwester Anna Maria zugeschrieben worden war, die wir auch in anderen Zusammenhängen als Vertreterin der Mutter vermuten dürfen. In *Dichtung und Wahrheit* heißt es von Anna Maria:

Zur Zeit öffentlicher Feierlichkeiten, wie bei Krönungen, war sie nicht zu Hause zu halten. Als kleines Kind schon hatte sie nach dem bei solchen Gelegenheiten ausgeworfenen Gelde gehascht, und man erzählte sich: wie sie einmal eine gute Partie beisammen gehabt und solches vergnüglich in der flachen Hand beschaut, habe ihr einer dagegengeschlagen, wodurch denn die wohlerworbene Beute auf einmal verlorengegangen. Nicht weniger wußte sie sich viel damit, daß sie dem vorbeifahrenden Kaiser Karl dem Siebenten, während eines Augenblicks, da alles Volks schwieg, auf einem Prallsteine stehend, ein heftiges Vivat in die Kutsche gerufen und ihn veranlasst habe, den Hut vor ihr abzuziehen und für diese kecke Aufmerksamkeit gar gnädig zu danken.[39]

Das war alles, was von der Kaiserthematik übrigblieb. Sie wurde auf eine andere Person verschoben. Dass Goethe den Faden nicht aufnahm, muss keineswegs bedeuten, dass er den Bericht Bettines für unwahr hielt; er war ja bereit, ihn als „Chronik einer Hausfreundin" zu publizieren. Den Einwänden der Biographen ist zuzugeben: konkret biographisch ist Catharina Elisabeths Erzählung irritierend. Aber die Geschichte ist anders zu verstehen, anders als im Sinne der äußeren Lebensrealität, nämlich als Ausdruck des illusionär-grandiosen Lebensentwurfs. Catharina Elisabeth schuf in dieser Erzählung ein Symbol, eine Chiffre, um zum Ausdruck zu bringen, was für sie Liebe war: die unkörperliche, phantastische Verbindung mit einem idealisierten, ins Großartige erhobenen Anderen. Nichts spricht dafür, dass Bettine die Erzählung erfunden hat. Sie entspricht der inneren Logik des Selbstentwurfs der Catharina Elisabeth.

Und das dritte Ereignis in dieser Linie ist: Der erstgeborene Sohn wird in diese Phantasie verborgener Größe einbezogen. Die Korrespondenz zwischen mütterlicher Größenphantasie im mystischen Gewand und dem Selbstbewußtsein des Sohnes bestimmt die Eröffnung von *Dichtung und Wahrheit*:

Am 28sten August 1749, mittags mit dem Glockenschlag zwölf, kam ich in Frankfurt am Main auf die Welt. Die Konstellation war glücklich: die Sonne stand im Zeichen der Jungfrau und kulminierte für den Tag; Jupiter und Venus blickten sie freundlich an. Merkur nicht widerwärtig; Saturn und Mars verhielten sich gleichgültig; nur der Mond, der soeben voll ward, übte die Kraft seines Gegenscheins um so mehr, als zugleich seine Planetenstunde eingetreten war. Er widersetzte sich daher meiner Geburt, die nicht eher erfolgen konnte, als bis diese Stunde vorübergegangen.[40]

---

39 Johann Wolfgang von Goethe: Werke. Hamburger Ausgabe in 14 Bänden. Bd. 9: Autobiographische Schriften I. Textkritisch durchgesehen von Lieselotte Blumenthal. Kommentiert von Erich Trunz. München: Deutscher Taschenbuch Verlag 1982, S. 42 (Dichtung und Wahrheit, 1. Buch).

40 Ebd.

Der Sohn beschreibt sich hier in den inneren Bildern der Mutter, die ihn prägten. Catharina schilderte die Geburt ihres ersten Sohnes als von den Sternen ausgezeichnetes Ereignis, als quasi sakrales Geschehen. Bettine im Brief an Goethe vom 4. November 1811:

> Sie war damals 18 Jahre alt und 1 Jahr verheirathet. 3 Tage bedachtest Du Dich, eh Du ans Weltlicht kamst, und machtest der Mutter schwehre Stunden; aus Zorn, daß Dich die Noth aus dem eingebohrnen Wohnort trieb, und durch die Mißhandlung der Amme kamst Du ganz schwarz und ohne Lebenszeigen. sie legten Dich in einen so genannten Fleischarden mit Wein und bäheten Dir die Herzgrube, ganz an Deinem Leben verzweiflend. Deine Großmutter stand hinter dem Bett; als Du zuerst die Augen aufschlugst, rief sie hervor: *Räthin! er lebt!* da erwachte mein mütterliches Herz und lebte seit dem in fortwährender Begeistrung bis zu dieser Stunde, sagte sie mir in ihrem 75ten Jahr.[41]

Fassen wir zusammen. Die magische Zahl drei: drei Tage lag sie in Wehen; das Kind kam als Totes zur Welt, wird aber wiedererweckt; der Ruf „er lebt" enthält ebenfalls eine sakrale Doppeldeutigkeit – er ist auferstanden; und das Erweckungserlebnis: „da erwachte mein mütterliches Herz und lebte seitdem in fortwährender Begeisterung bis zu dieser Stunde." Wir können auch sagen, Catharina verleiht ihrer Mutterschaft magisch-mystische Bedeutung – so ihre Phantasie; sie war bestimmt, ein schöpferisches Genie, den gottähnlichen Menschen hervorzubringen. Diese Vorstellung wird im Bericht Bettines so benannt:

> Sie sagte mir, dass sie sich in ihrem ganzen Leben nicht mit der ordinären Tagsweise habe begnügen können, dass ihre starke Natur auch wichtige und tüchtige Begebenheiten habe verdauen wollen und dass ihr dieß auch in vollem Maaße begegnet sey. Sie sey nicht allein um ihres Sohnes willen da, sondern auch ihr Sohn um ihretwillen, und wenn sie daß so gegeneinander halte, so wisse sie wohl, was sie zu denken habe, wenn sie die Ereignisße in den Zeitungen lese.[42]

In ihrem Kind schuf sie sich also einen hochbegabten Mitspieler.

Abschließende Bemerkung

Trotz der Generationendifferenz: Bettine und Catharina Elisabeth waren verwandte Naturen und so vermochten sie, sich zu verständigen und Serien von Spielen zu erfinden. Sie waren voneinander begeistert – verliebt. Das zeigt uns, ebenso wie ihre Anteilnahme am Schicksal anderer Menschen, dass ihre Größenphantasie ihnen half, lebendig zu bleiben und sich der weiblichen Verzichtkultur mit ihren isolierenden und masochistischen Tendenzen zu widersetzen.

Dass Bettine auf uns heutige so modern wirkt, liegt u. a. daran, dass sie sich selbst eine Bildungsgeschichte hergestellt hat, die modern als Selbstsozialisation bezeichnet werden kann. Wie wir gesehen haben, suchte sie sich in-

---

41 Bettine Brentano an Johann Wolfgang von Goethe, 4.11.1810; Bettinas Leben und Briefwechsel mit Goethe (wie Anm. 6), S. 312.

42 Bettine Brentano an Johann Wolfgang von Goethe, o. D.; ebd., S. 322.

tuitiv ihre Mentoren und Mentorinnen. Dazu zählte Catharina Elisabeth – nicht nur weil sie die Mutter des Dichters ist, sondern auch auf Grund ihrer Persönlichkeit; weil sie Bettine Halt gab, ohne sie einzuengen.

Bettine nimmt in ihren Briefen wie in den fiktionalen Texten eine literarische Inszenierung des Alltäglichen vor. Diese erhält aber die doppelte Bedeutung, sowohl real als auch magisches Zeichen zu sein. Nach diesem Muster überlieferte Bettine auch die Mitteilungen der Mutter über die Geburt und die Kindheit des Dichters. So erklärt sich der mystische Klang. Der literarischen Tradition heiliger Geschichten entspricht die Versenkung in die einzelnen Umstände der Vergangenheit. Kleinigkeiten werden in der Perspektive auf göttliche Vorbestimmung zum vorbedeutenden Zeichen in einer Heiligengeschichte. Die mystische Mutterschaft, der wir in den Beschreibungen Bettinas begegnen, ist keine Erfindung, sondern sie bestimmt auch das Selbsterleben der Mutter des Dichters zu der Zeit als Bettine sie aufsucht.

Nach meiner Deutung leistet Bettine gegen eine Mythisierung von Goethes Mutter als Ikone der Hausfrau und Mutter deutlich Widerstand. Die Mythisierung des 19. Jahrhunderts hat aus der Figur der Catharina Elisabeth die Mutter im Dienste des Sohnes, die fröhliche Hausmutter gemacht. Zudem hatte der Dichter selbst Anregungen in diesem Sinn gegeben und zugleich zahlreiche Dokumente vernichtet.

Am Mythos ist richtig, dass die Beziehung zum Sohn Catharina Elisabeth am stärksten betrifft. Sie ist dem Sohn gegenüber von geduldiger Opferwilligkeit, sie reagierte auf seine Zurückhaltung ohne Empfindlichkeit. Sie stellt ihre Rolle dem Herzog, der Herzoginmutter, der Öffentlichkeit gegenüber, ganz nach seinen Bedürfnissen ein. Sie ist mit ihm verbunden durch ihre Erzählerinnenrolle. Sie nimmt sich zugleich völlig zurück. Zu dieser Situation im Dienste des Sohnes gehört auch die Bereitschaft, als „Mutter Aja" die ins Haus gebrachten Freunde aufzunehmen. Allerdings deutet sich hier bereits die starke Wechselbeziehung an. Sie ist – wie die Beispiele zeigen – eigenständiger Mittelpunkt der „sacra familia"[43]. Sie selbst wählt die Rolle und führt sie aus. Dabei zeigt sich ihre Neigung zur Inszenierung einer Rolle und die Neigung, sich selbst als Mutter zu stilisieren. Hat man von einer anderen Dichter-Mutter je gehört?

So trifft Bettine die komplexere historische Wahrheit. Sie dekonstruiert in den Szenen das Bild von der beschränkten Frohnatur und Mutter durch die Darstellung von Widersprüchen und Ambivalenzen.

---

[43] Vgl. Doris Hopp/Wolfgang Bunzel: Catharina Elisabeth Goethe (wie Anm. 1), S. 140.

Hartwig Schultz

„Frankfurt [...] das Prädikat des ersten Staats in der Welt zugestehen“

Frankfurt, Demagogen und die „souveräne Macht“ bei Bettine von Arnim

Ihre Ideen zur Neugestaltung des Staates formuliert Bettine 1843 in einem Buch mit dem Titel *Dies Buch gehört dem König*, dessen zentraler Abschnitt aus fiktiven Gesprächen besteht, in denen aktuelle politische Fragen diskutiert werden. Der König, dem dieses Buch mit der Formulierung im Titel zugeeignet ist, ist Friedrich Wilhelm IV. von Preußen, mit dem Bettine bereits vor seiner Inthronisation 1840 Kontakt aufgenommen hatte, als es ihr darum ging, den befreundeten Brüdern Grimm, die zu den entlassenen Göttinger Sieben gehörten, eine Stellung zu verschaffen. Ihr Einsatz bei dem Kronprinzen war erfolgreich, er versprach, sich für die beiden in Berlin einzusetzen und löste dieses Versprechen nach seiner Inthronisation auch umgehend ein.

Die von Bettine und zahlreichen Intellektuellen in Berlin getragenen Hoffnungen, daß mit seinem Regierungsantritt eine Liberalisierung in Preußen einsetzen und beispielsweise eine Verfassung formuliert würde, erfüllten sich jedoch nicht, und Bettines Buch legt den Finger auf diese Wunde. Sie geht dabei sehr geschickt vor, schildert zunächst eine Begegnung von Goethes Mutter[1] mit der Mutter Friedrich Wilhelms, der legendären Königin Luise, eine historisch belegte Begegnung, von der Frau Rat Goethe Bettine im Gespräch offensichtlich berichtet hatte. Friedrich Wilhelm IV. ist nach der Lektüre dieses ersten Abschnitts entzückt und schreibt der Autorin einen begeisterten Brief, betont allerdings, er habe nur den Anfang gelesen.

Diesem Abschnitt folgen in Bettines Buch politisch hochbrisante Teile, die sich äußerst kritisch mit den Verhältnissen in Preußen, das als Staat allerdings nicht benannt wird, auseinandersetzen. Bettine übergibt das Wort auch in diesem Teil ihres Widmungsbuches der Frau Rath Goethe, die mit einem Pfarrer und dem Bürgermeister von Frankfurt diskutiert. Indirekt – aber dennoch außerordentlich effektiv – ist der Adressat des Buches, der preußische König Friedrich Wilhelm IV. von Preußen angesprochen, und Kritik und Forderungen betreffen die politische Situation von 1843 in Preußen und nicht in Frankfurt. Die Freie Reichsstadt, nach Auflösung des Reiches nur Freie

---

[1] Ich unterscheide im folgenden zwischen der realen „Frau Rat“ und der literarischen Figur Bettines im ‘Königsbuch’: „Frau Rath“.

Stadt genannt, dient ihr jedoch als Muster und Vorbild. Ein kluger Kunstgriff also, der das Buch zugleich einem leichten Zugriff der preußischen Zensur entzieht, denn vordergründig geht es um ein Land Nirgendwo.

Am politischen Leben der Freien Reichsstadt Frankfurt hatte Bettine zwar nie aktiv teilgenommen, sieht man von ihren Bemühungen ab, den Frankfurter Senat zur Realisation ihres Goethe-Denkmals zu bewegen. Doch sie stammte dorther, hatte in der Jugend – auch vom Wohnsitz ihrer Großmutter Sophie von La Roche, von Offenbach her, wo sie eine Zeitlang als junges Mädchen lebte – beobachten können, wie die Menschen in der Freien (Reichs-)Stadt miteinander umgingen, wie sie zur Regierung standen, welches Bewußtsein ihr Verhalten prägte, usw. Wieweit dabei auch der Blickwinkel von Goethes Mutter in die Texte des 'Königsbuchs' eingeht, ist schwer zu sagen. Aus den erhaltenen Briefen und Berichten ist abzulesen, daß sich die beiden in der kurzen Zeitspanne, in der Bettine unmittelbar mit Frau Rat Kontakt hatte, außerordentlich gut verstanden und ein Herz und eine Seele waren. Sie hatten beide das Herz auf dem rechten Fleck, sprachen, wie ihnen der Schnabel gewachsen war (nämlich im Frankfurter Dialekt), nahmen kein Blatt vor den Mund und wie dergleichen Redensarten lauten mögen, mit denen schlagfertige und volkstümliche Frauen wie Frau Aja und Bettine sehr treffend charakterisiert werden. Das Plädoyer für den „gesunden Menschenverstand" etwa, das bei den politischen Fragen eine große Rolle spielt, wird man beiden Frauen zuordnen können. Selbst die etwas anmaßenden Äußerungen wie: „Wär ich Kaiser …"[2], „man rufe mich einst zum Kaiser aus!"[3] und „Deutscher Kaiser zu sein, davor wollt ich mich gar nicht fürchten"[4] (Worte, die Bettine ihrer Frau Rath im Buch in den Mund legt), und Bettines grundsätzliche Feststellung: „ein jeder ist geboren König zu sein und Priester der eignen göttlichen Natur"[5] sind den beiden artverwandten Frauen zuzuordnen, die man ohne Abwertung auch als „Frankfurter Originale" bezeichnen könnte.

In den dreißiger und vierziger Jahren hatte Bettine zu ihren älteren Brüdern Franz und Georg kontinuierlich Kontakte, und ihr Halbbruder Franz fuhr eine Zeit lang täglich zum Frankfurter Regierungssitz, dem Römer, denn er war seit 1816 Senator und von 1827 bis zu seinem Tode 1844 Schöffe der Stadt. Ihr Thema ist, wenn sie die Frankfurter Verhältnisse als Muster beschreibt – das haben auch die Zensoren bemerkt und dann die Verbreitung

---

2 Bettine von Arnim: Dies Buch gehört dem König. Nach dem Text der Erstausgabe hrsg. von Wolfgang Bunzel. München: Deutscher Taschenbuch Verlag 2008 (= dtv, Bd. 13720), S. 325.

3 Ebd.

4 Ebd., S. 77.

5 Bettine von Arnim: Goethe's Briefwechsel mit einem Kinde. Nach dem Text der Erstausgabe hrsg. von Wolfgang Bunzel. München: Deutscher Taschenbuch Verlag 2008 (= dtv, Bd. 13719), S. 283.

des Buches in Berlin zu verhindern gesucht –, das restaurative Preußen der vierziger Jahre. Frau Rath spricht, so merkt der Leser von 1843 auch bei ihren allgemeinen Ausführungen über Regierung, Kaiser und Volk, von den Verhältnissen und Diskussionsgegenständen des Vormärz in Berlin.

Was konnte Bettine aus den gesellschaftlichen Verhältnissen in Frankfurt lernen? Wie stellt sie das Leben der Frankfurter Bürger in ihrem ‘Königsbuch’ dar? In Frankfurt gab es kein Fürstenhaus, hier herrschte nicht wie in Weimar, Weilburg, Bad Homburg oder Darmstadt eine Fürstenfamilie. Die höchste Instanz war fern und gegenwärtig zugleich: Freie Reichsstädte unterstanden bis zur Auflösung des Reiches unmittelbar dem Reich, und dessen Kaiser residierte nicht in Frankfurt, sondern wurde dort lediglich gekrönt. Bettine war sieben Jahre alt und lebte noch im Haus zum Goldnen Kopf, als der letzte Kaiser, Franz II., 1792 gekrönt wurde und dann nur noch bis zur Auflösung des Reiches 1806 regierte. Ob und wie sie die Feierlichkeiten wahrgenommen hat, ist nicht bekannt, sicherlich ist sie in ihrer Wahrnehmung der Ereignisse durch die Schilderung Goethes oder seiner Mutter zur Wahl Josephs II. am 3. April 1764 beeinflußt. In *Dichtung und Wahrheit*, einer Autobiographie, die bekanntlich, was Goethes Geburt, Kindheit und Jugend betrifft, auf Erzählungen der Frau Rat beruht, die über Bettine an Goethe gelangten, spielt die Krönung Josephs II. eine zentrale Rolle. Die breiten Schilderungen in Goethes Memoiren lassen erkennen, welch große, wenngleich ausschließlich repräsentative Rolle, die höchste Instanz im Bewußtsein der Frankfurter Bürger spielte. Tatsächliche Macht im Sinne von Polizei- und Regierungsgewalt ging von diesem fern von Frankfurt residierenden höchsten Repräsentanten jedoch nicht aus. Der Bürger konnte sich auf ihn berufen, ihn verehren, aber er brauchte ihn nicht konkret zu fürchten. Die Gerichte beriefen sich in formelhaften Wendungen auf den Kaiser, an dessen Hof diese in seinem Namen formulierten Urteile jedoch vermutlich nicht einmal in Kopie gelangten.

Das Ansehen Frankfurts und die Unabhängigkeit der Stadt, die auch ihren Bürgern zu einem beachtlichen Selbstbewußtsein verhalf, lebte von dem Bezug auf die ferne allerhöchste irdische Gewalt, wobei ich immer noch vom 18. Jahrhundert spreche. Da Bettine Frau Rat Goethe als Diskutantin einführt, die bis 1808 lebte, ist ihr kein Anachronismus vorzuwerfen. Problematisch wird es nur, als von Demagogen die Rede ist: Die Demagogenverfolgung setzte erst 1819 nach den Karlsbader Beschlüssen ein und intensivierte sich nach der Revolution von 1830 und dem Hambacher Fest von 1832 noch einmal. Als Bettine 1843 ihr ‘Königsbuch’ schrieb, war dies ein gerade in Preußen hochaktuelles Thema, das erst 1848 gegenstandslos wurde.

Das bedeutet, die Demagogen können nicht Gegenstand der Gespräche der historischen Frau Rat gewesen sein. Bettine ist in diesem Punkt anachronistisch, sie befindet sich plötzlich im vierten Jahrzehnt des 19. Jahrhunderts und spricht ein in Preußen *1843* hochaktuelles Thema an, wenn sie ihre Frau Rath im Buch die Forderung in den Mund legt:

Warum soll die souveraine Macht nicht mit den Demagogen gemeine Sache machen? – Warum nicht zum Teufel? – Was haben andre Mächte der souverainen Macht da drein zu reden? – Was für Bedingungen dürfen sie *Ihr* machen? – Wirf die Bedingungen ab du souveraine Macht. Sag an daß du nicht mehr *willst* Sclave sein! Ein freier Demagoge! Nur dem Ideal unterwerfe dich was die Vernunft vor dir enthüllt. *Diesem* erfülle die Bedingungen! – Die Demagogen das ganze Volk stelle als Handlanger dabei an, die alten Hebeböcke, das alte Radwerk, das alte Getriebe der alten Staatsmaschine unter das alte Eisen zu werfen![6]

Der Frankfurter Bürgermeister antwortet in ihrem Buch darauf: „Wie soll das werden? – das läuft wohl auf eine Constitution hinaus!" Bettine läßt Frau Rath dementieren:

Ei was! – Macht das Blut Rechte geltend gegen das Herz? – Kann der Geist eine Grenze ziehen zwischen sich und der Seele? – Bin ich König so ist das Volk mein Blut. Das echte Volksblut ist demagogisch, es strömt mir durchs Herz, ich bin sein Geist, ich umfasse seine Seele![7]

Mit ihrem Plädoyer für die verfolgten Demagogen rennt Bettine bei Friedrich Wilhelm IV. allerdings bereits offene Türen ein. Zwar nimmt der preußische König keine „Demagogen" in seine Regierungsmannschaft auf, aber er hat z.B. die Maßnahmen, die sein Vater 1819 im Zuge der „Demagogenverfolgung" gegen den „Turnvater Jahn" erlassen hatte, bereits mit seinem Regierungsantritt wieder aufgehoben und ab 1842 auch das öffentliche Turnen unter seiner Leitung wieder gestattet.

Wie nun sieht die Ordnung des Frankfurter Stadtstaates aus, die Bettine in ihrem Buch dem König von Preußen als Muster empfiehlt? Der Frau Rath legt sie die Worte in den Mund:

Wissen Sie Herr Pfarrer und vergessen Sie ja nicht daß Frankfurt ein Freistaat ist, wo jede Wirksamkeit Bürgertugend sein muß, oder sie hätte ihren Zweck verfehlt. [...] Was aber ordentlich in der Freiheitscultur wird gehalten das muß auch wie der Obstbaum glauben ans Frühlingswetter! [...] Aber die liebe Sonn wird mit jedem Tag gewaltiger! – sie wird Recht behalten. Schwellen die Knospen und blühen, – dann wird die Sonne sie auch reifen und eine reiche Ernte wird sein! und das ist das freie Bürgerthum was sich immer mehr veredelt. – Nun mögen Sie sagen oder denken was Sie wollen, so ein Verhalten nenne ich eine große Staatspolitik, wo dies Bürgerthum in seiner Blüthe geschützt ist, und diese Politik ist auch auf Naturrecht begründet und kann den andern Staaten zum Muster dienen! [...] *die Freiheit Aller macht den Einzelnen frei.* Das Volk ist der Höhenpunkt nach dem der Lauf der Sterne berechnet wird.[8]

Welche Rolle spielt der Kaiser in diesem Staatsgebilde freier Bürger? Bevor er überhaupt gewählt wird, muß er sich – nach der Darstellung in Bettines Buch – seine Legitimation von den Bürgern der Freien Reichsstadt holen:

Also denk ich daß Frankfurt der größte Staat, zwar nicht im Territorium, denn das ist nicht über die Maaßen, sondern im Geist ist. Und mit Recht haben die Kaiser es respectirt als Centrum des freien Willens, daß wenn sie zur Krönung hier anlangten, sie die Erlaubniß einholen ließen dazu,

---

6 Bettine von Arnim: Dies Buch gehört dem König (wie Anm. 2), S. 294.
7 Ebd., S. 294f.
8 Ebd., S. 320f.

und der Frankfurter Rath erst zusammen kam um im Namen der Bürgerschaft zu beschließen daß er zur Krönung eingelassen werde. Und wenn sie aber dies nicht zugaben so drückten sie den Gesammtwillen dadurch aus daß er nicht zum Kaiser sei angenommen.[9]

Das klingt wie eine Umsetzung sehr moderner Verfassungen: alle Macht geht vom Volke aus, und es wäre eine Art repräsentativer Demokratie, wenn die Senatoren „im Namen der Bürgerschaft“ handeln und beschließen und einen Kaiser ablehnen könnten. Tatsächlich gibt es in Bettines Buch keine präzisen Angaben zur politischen Willensbildung in Frankfurt, zu Wahlverfahren, Rechten und Pflichten in diesem System freier Bürger. An eine Entmachtung des Kaisers zugunsten einer konsequenten Demokratie ist auch gar nicht gedacht. Sonst wären Bettines Ideen von einer Fürstenerziehung und die mehrfach wiederholten Überlegungen, selbst als König oder Kaiser zu handeln, sinnlos. Im ‘Königsbuch’ äußert Frau Rath in diesem Sinne:

Ja man rufe mich zum Kaiser aus! – Ich werde meine Kammern und gesetzgebenden Körper und wie die Regierungsgemächer als heißen mögen aus lauter ehrlichen Gemüthern und fähigen Köpfen zusammen setzen die hier in der republikanischen Pflanzschule sich für das Reich erziehen. Frankfurt wird mein Absteigquartier sein, in Frankfurts Mauern werd ich mich für mein deutsch Reich krönen lassen. Aus der Frankfurter Mitte werd ich meine Staatsdiener wählen; und das wird mir das ganze Heer von Vorurtheilen, von Verblendung, Blödsinn, thörichtem Eigensinn, Bosheit, Hoffart und Selbstsucht, und was dergleichen schlechte Laster die sich um den Thron lagern, in die Flucht schlagen in seiner politischen Unschuld und ich müßte ja dann den Teufel im Leib haben wenn ich Frankfurt nicht wollt das Prädikat des ersten Staats in der Welt zugestehen.[10]

Keine Rede ist hier von einem formal geregelten Plebiszit. Dabei gibt es im realen Frankfurt bereits Wahlen. Die Bürger wählten Vertreter einer „gesetzgebenden Versammlung“, von der dann 20 Senatoren und auch zwei Bürgermeister bestimmt werden. Ein allgemeines Wahlrecht ist dies allerdings noch nicht, denn nur die Bürger dürfen wählen. Das Bürgerrecht aber erhielt nicht jeder Bewohner Frankfurts, und wer es einmal hatte, konnte es auch behalten, wenn er gar nicht mehr in Frankfurt lebte.

Der prominenteste Bürger, den man auch in der Ferne gern als Frankfurter Bürger behalten hätte, ist Goethe. In Weimar etabliert verzichtete er jedoch auf dieses Bürgerrecht, weil es ihm jährliche Kosten verursachte.

Frau Rath, alias Bettine, will die Grundstruktur des Staates mit dem Kaiser an der Spitze nicht antasten, sondern empfiehlt eine kluge Personalpolitik, bei der die republikanisch gesonnenen Frankfurter die korrupte Kamarilla ablösen. Diese Empfehlung richtet sich direkt an den preußischen König und besagt: Löse die mächtigen konservativen Minister, zu denen übrigens als Justizminister auch Bettines Schwager Savigny gehörte, ab und ersetze sie durch fortschrittliche Kräfte.

---

9 Ebd., S. 324f.
10 Ebd., S. 325f.

Für eine revolutionäre Umwälzung des Systems in Preußen plädiert sie nicht, allenfalls für eine „Revolution von oben". Die Distanzierung von Umsturzideen im 'Königsbuch', die Bettine meiner Auffassung nach nicht aus Angst vor einer Zensur ihres Buches vornimmt, wird wieder am Beispiel Frankfurt artikuliert: „Weltumwälzungen sind der freien Stadt Frankfurt einmal nicht ins Schicksalsbuch geschrieben"[11], äußert der Pfarrer. Darauf reagiert Frau Rath zunächst mit Widerspruch, erläutert dann jedoch, was sie unter Weltumwälzung versteht: „Sperr auf das Maul und sag A, A! dann ist der erste Buchstab da! – und dann kommt B und dann kommt C, so ist die Welt umgewälzt"[12].

Das klingt nun eher nach Evolution und ist kaum als Bekenntnis zu einem revolutionären Umsturz zu lesen. Ich nehme an, das Bild mit dem Alphabet leitet sich ab von der sprichwörtlichen Redewendung: Wer A sagt, muß auch B sagen. Das spräche für eine Geschichtsphilosophie, die davon ausgeht, daß der Gang der Geschichte kaum aufzuhalten ist und fast zwanghaft eigenen Gesetzen folgt. Aber das ist nur eine mögliche Interpretation. Es läßt sich auch behaupten: die Ordnung, die hier zugrunde liegt – das Alphabet –, ist geradezu ein Musterbeispiel für gesellschaftliche Konvention. Dann läßt sich Bettines Äußerung so deuten: Was andere eine „Weltumwälzung" nennen, ist im Grunde ein lächerlich kleiner Schritt, wie der von einem Buchstaben des Alphabets zum nächsten; er ergibt sich wie selbstverständlich, und auch im kleinen Frankfurter Stadtstaat stellen sich neue Ordnungen ein, die anderswo nur mit gewaltigen Kämpfen erreicht werden.

Das Beispiel zeigt die Mehrdeutigkeiten von Bettines Metaphern, die nicht allein mit der Sorge vor Zensureingriffen erklärt werden können. Bettine denkt in Bildern, sie scheut eine präzise begriffliche Klärung, die Reifung der freien Bürger Frankfurts erläuterte sie an einem Naturbild, dem Apfelbaum, wobei die Ausdeutung des Naturbilds so originell ist, daß sie sich von den konventionellen organologischen Bildern eines Franz Xaver von Baader oder Adam Müller, in denen der Staat als ganzes mit einem Baum verglichen wird, weit entfernt.

Wichtiger als die etwas kryptischen Äußerungen zur Revolution scheinen mir Bettines Überlegungen zur „Vox populi" im 'Königsbuch', die mir zu erklären scheinen, warum sie auf demokratische Elemente des Frankfurter Stadtstaates mit dem Wahlrecht der Bürger nicht näher eingeht. Denn bei ihrem Beispiel zur „Vox populi" erfahren wir etwas über Bettines differenziertere Erkenntnisse über das Verhalten des Volkes, die vielleicht erklären, warum sie nicht für ein strikt demokratisches System plädiert. Die Unzuverlässigkeit der Vox populi ist ein wichtiges Gesprächsthema des Buches. Frau Rath scheint zunächst eine sehr positive Meinung von dieser Stimme des

---

[11] Ebd., S. 319.
[12] Ebd.

Volkes zu haben, denn nachdem sie den Staat als „herrische[n] Sclavenhändler" verdammt hat, der dem Volk „den Knechtsinn" „einquält", heißt es: „Die *Vox populi* zeugt gegen den Staat, der das Volksherz vergiftet"[13]. Dann wird jedoch entscheidend eingeschränkt:

> Wie soll die Volksstimme gelten wo noch kein öffentlicher Geist kein Gemeinsinn in ihr widerhallt? – so ist denn die *Vox populi* [...] die Stimme von wilden Hunden, sie bellen wie toll um ihn her der mit Gewalt in den Abgrund gestürzt wird. Wölfe sinds, sie begleiten ihn mit gierigem Blick, sie wollen sein Blut lecken dem betäubt von ihren Flüchen die Besinnung in Fasern martervoller Verzweiflung zerrissen ist. Und dies Bellen, Heulen und Grinzen, ist das die *Vox Dei?* Nein[14].

Wer hier von Volkesstimme gehetzt wird, ist der Bürger, der gegen Gesetze verstieß, der Verbrecher, der nach Meinung von Bettine selbst ein Opfer falscher Erziehung und damit ein Opfer des Staates ist. Die Volkesstimme sondert den Sünder aus, peinigt ihn mit Rufmord, will beim Strafvollzug Blut sehen und verhält sich damit wie ein Bluthund oder Wolf, der seine Beute hetzt und ins Verderben treibt. Das heißt, die Mehrheitsmeinung, möge sie sich nun in einer Stimmabgabe im Sinn einer demokratischen Wahl oder in der Ahndung von Verbrechen artikulieren, führt nicht automatisch zum allgemeinen Besten. Es bedarf vielmehr der Erziehung zum „Gemeinsinn", zum „öffentlichen Geist". Vorläufig, so ist Bettines Meinung im Hinblick auf den preußischen Staat von 1843, steht dieser Prozeß der Volkserziehung noch aus, und der Staat, in dem sie lebt, erzieht die Bürger nicht zur Freiheit sondern zu Untertanengeist, zu Sklaverei, zu Knechtssinn. Bettine stellt die Frage:

> Ist der Staat dem Volk ein treuer Vater, entwickelt er seine Kräfte, respectirt er seine natürlichen Anlagen, bethätigt er seine Energie, sichert er ihm sein Recht der Freiheit und freut sich seiner Stärke, oder rügt er vielmehr an ihm [dem Volk] seine Entwicklung ins Freie, Große, Göttliche. [...] Was ist der Staat dem Volke?

Die Antwort lautet: „Ein herrischer Sclavenhändler der Tauschhandel mit ihm treibt, und darum den Knechtsinn ihm einquält; der Machtsprüche verhängt über es"[15]. Nach Bettines Meinung ist die Entwicklung „ins Freie, Große, Göttliche" in jedem Menschen – und damit im Volke – angelegt. Es bedarf nur der Unterstützung und Freisetzung dieser im Menschen wohnenden positiven Kräfte. Der Drang zum Licht, zur eigenen Veredelung, zum Göttlichen – so ist Bettines vielfach belegte Auffassung, die auch im Bild des aufblühenden Apfelbaums steckt – ist jedem menschlichen Individuum angeboren.

Im Frankfurter Stadtstaat – so ist das Fazit im 'Königsbuch' – hat sich diese Selbstveredlung des Bürgers vollzogen, dort hat keine Macht von oben diese Entwicklungen gestört, deshalb ist hier die „republikanische Pflanz-

---

13 Ebd., S. 212.
14 Ebd.
15 Ebd., S. 211f.

schule" der Nation. Im Preußen der 1840er Jahre aber steht diese Entwicklung noch aus, und dort erhofft sich Bettine den neuen Geist und die Stärkung der bürgerlichen Freiheit innerhalb der bestehenden Monarchie mit Hilfe des 1840 an die Macht gekommenen Königs. Unmittelbar wird dies im Begleitbrief deutlich, den sie Friedrich Wilhelm IV. mit dem 'Königsbuch' überreichen läßt:

die Volksbegeisterung [ist] ein Flügelpferd [...], das mit seinem Feuerhuf die Wolken zerstampft, um sich Licht zu verschaffen. [...] Wie groß ist es, Fürst zu sein einem Volke, das in Anlage, im Willen und im Zweck der Geschichte einen großen Fortschritt zu tun berufen ist und das nicht mehr durch den getrübten Widerschein seiner Begriffe kann an sich irre werden. Der Beruf eines so kritischen Momentes flößt Ehrfurcht ein vor dem König, der ihn zu lösen hat, und Liebe. [...] Dem Volk Genius sein, es umfassend stärken und erleuchten zur kühnen Tat, das ist des Königs Beruf, [...]. Der Genius nur kann Fürst sein! Und unser König – wollte der unumschränkter Genius sein! Stieg das Ideal der Zeiten in seinem Geist uns auf! – All dies ist mir durch den Kopf gegangen, als ich mein Buch schrieb.[16]

Das erste Bild, das Bettine benutzt, zeigt schon, daß sie die Rolle des Volkes keineswegs als passiv einschätzt: Mit einem Flügelpferd, einem Pegasus, der auf dem Wege zum Licht ist, wird die Volksbegeisterung verglichen. Der Monarch wird von dieser Begeisterung getragen, er wird zum Genius des Volkes, heißt es weiter unten, er stärkt das Volk zu kühner Tat. Zugegeben: Sehr präzise Vorstellungen zum Zusammenwirken von Volk und König, die sich zu einem Verfassungsmodell destillieren ließen, enthalten auch diese Darstellungen Bettines nicht. Wenn Bettine von „Volksbegeisterung" spricht, so geht sie offensichtlich von einem emotional bestimmten Identifikationsprozeß aus.

Im zweiten Band des 'Königsbuchs', den *Gesprächen mit Dämonen* von 1852, finden sich noch eine Reihe von Äußerungen, die darauf hindeuten, daß ein Zusammengehörigkeitsgefühl entstehen soll: Das Volk identifiziert sich mit seinem Monarchen, entdeckt sein besseres Selbst in dieser Person und ist dann bereit, ihm treu zu dienen. Hier schwingt die romantische Idee des Volkskönigstums mit, die wir auch bei Joseph von Eichendorff und beim preußischen König selbst finden. Die Harmonie von König und Volk ist – nach dieser Auffassung – der Familienharmonie vergleichbar und läßt sich

---

16 GW (Konrad), Bd. 3, S. 456f. Das launige, aber nichtssagende Antwortschreiben wurde zuerst in Ursula Püschels Dissertation abgedruckt. Darin heißt es: „Ich habe Ihr Buch nicht allein erhalten sondern es auch noch nicht gelesen; dasselbe aber angeschaut und zweyerley schon begriffen 1) daß es *dem König* gehört, 2) daß es die Offenbarungen Ihrer Muttergottes enthält. Beydes steigert meinen Dank für die reiche Gabe zu einem: qualificirten, wie Ihr Schwager Savigny sagen würde. Wie er steigt oder fällt wenn ich ihr Buch gelesen haben werde weiß ich nicht"; Ursula Püschel: Bettina von Arnims politische Schriften. Diss. (Masch.) Humboldt-Universität. Berlin (Ost) 1965, S. 305f. Nach einer gründlicheren Lektüre des gesamten Werkes hatte der König die indirekte Kritik an seiner Regentschaft bemerkt, und es kam zu einer nachhaltigen Verstimmung. Friedrich Wilhelm IV. ließ auch seinen Plan, eine Art Dichterkolonie in Potsdam zu errichten, fallen und stellte nur für Ludwig Tieck ein (noch heute erhaltenes, neben der Friedenskirche lokalisiertes) Haus zur Verfügung.

nicht durch eine schriftliche Verfassung erzwingen und regeln. Obwohl Bettine im politischen Spektrum des Vormärz weit von diesem konservativen Dichter und preußischen Beamten Joseph von Eichendorff entfernt ist, so vermeidet doch auch sie einen nachdrücklichen Hinweis auf das in der öffentlichen Diskussion vielfach diskutierte Verfassungsversprechen, auf dessen Verwirklichung unter Friedrich Wilhelm IV. die liberalen Kräfte in Preußen hoffen und pochen. Ich glaube dennoch, daß Bettines Auffassungen eine konstitutionelle Monarchie implizieren, zumal Karl August Varnhagen von Ense in seinem Tagebuch mehrfach davon berichtet, Bettines Forderung nach einer „Konstitution“ würde immer stärker. An eine Abschaffung der Monarchie und konsequente Demokratisierung allerdings denkt sie nicht.

Das beruht unter anderem darauf, daß sie ein Leben ohne Leitfiguren, ohne den Genius auf dem Flügelpferd, nicht denken kann. Goethe ist für sie eine dieser Leitfiguren, die sie mit der Publikation ihres Briefwechsels und dem Entwurf eines Denkmals stützen will. Sie gehört neben Rahel Varnhagen zu den Urhebern des Goethe-Kults, obwohl die linken Rezensenten von Bettines Goethe-Buch dieses Werk völlig anders verstanden, indem sie eine scharfe Kritik des „Dichterfürsten“ herauslasen. Von Friedrich Wilhelm IV. hofft Bettine lange Zeit, daß er in die Rolle des *politischen* Genius hineinwachsen, also zu einer Leitfigur im politischen Bereich – für Preußen und ganz Deutschland, nach dem ‘Dämonenbuch’ sogar für Europa – werden könnte. Sie geht davon aus, daß das Volk eine repräsentative Persönlichkeit braucht, mit der es sich emotional identifizieren kann. Was für die Frankfurter Bürger der Kaiser war, sollte für die preußischen Bürger Friedrich Wilhelm IV. werden.

Was wären die Aufgaben eines solchen „Genius“ im politischen Bereich? Neben der Entwicklung von zündenden Ideen und dem Vorleben von Idealen wäre die Repräsentation eine der Hauptaufgaben dieses Monarchen, denn die Gemeinschaft der freien Bürger entwickelt sich, so glaubt sie, aus eigner Kraft in Freiheit zum Guten, zum Licht, zum Göttlichen. Die Ausübung von Zwang und Gewalt erübrigt sich, solange die leitende Persönlichkeit mit ihrer Aura, ihrem Genius, ihrer Überzeugungskraft das Volk in seinen Bann zieht und so indirekt leitet und zur Entfaltung der eigenen Kräfte hinführt.

Hätten wir in unserer Geschichte nicht so leidvolle Erfahrungen mit solchen „Führerpersönlichkeiten“ und der entfachten „Volksbegeisterung“ gemacht, wir könnten dieses Modell eines Staatsgebildes trotz seiner Unschärfen vermutlich eher würdigen als wir das heute tun können. Es bleibt jedoch zu berücksichtigen: Bettine konnte diese, unsere Erfahrungen noch nicht haben. Sie greift auf das Frankfurter Modell zurück, und hier ist die oberste Instanz bis zur Auflösung des Reiches der Kaiser, der den Frankfurter Bürgern eine Selbstverwaltung ermöglicht: es ist allein die in gelegentlichen Besuchen oder eben bei der Krönung aufflammende Begeisterung des Volkes für den repräsentativ herausgeputzten Würdenträger, die wirksam wird. Mit dem

Bezug auf den Kaiser kann der Bürger bei Auseinandersetzungen mit den unteren Machtinstanzen – ähnlich wie Goethes *Götz von Berlichingen* – sogar argumentieren: ein Modell, das möglicherweise für Bettines Verhalten in Preußen auch bedeutsam wurde, da sie sich niemals von den unteren Gewalten, von Polizei und Gerichten, einschüchtern ließ und stets über die Presse oder über Briefe oder offene Briefe in der Presse an die höchste Instanz plädierte (bei gleichzeitiger Verhöhnung und Mißachtung der unteren Instanzen).

Das, was man „Untertanengeist" nennt, also die Furcht beim puren Anblick von Uniformen oder amtlichen Schriftstücken und Verlautbarungen, kannte Bettine nicht, sie ist so etwas wie die Verkörperung von Zivilcourage. Den gleichen Geist sah sie bei den Frankfurter Bürgern, die tatsächlich unter ganz anderen Umständen aufwuchsen als die auf „Ruhe und Ordnung" eingeschworenen, der Bürokratie und dem Militär unterworfenen Bürger Preußens. Für Frankfurt waren Könige und Kaiser keine willkürlich herrschenden Tyrannen, es waren überhaupt keine Machtträger, sondern Identifikationsfiguren, in die das Volk seine Wünsche und Träume hineinprojizierte, ähnlich wie die englischen oder holländischen Monarchen heutzutage. Die Frage, ob derartige Identifikationsfiguren im Staat sinnvoll oder gar notwendig sind, brauche ich nicht zu beantworten. Jedoch belegen die genannten modernen Monarchien, daß solche Instanzen demokratischen Strukturen nicht unbedingt schaden; negative Auswirkungen auf die Rechte der Bürger und die Freiheiten im Staate sehe ich nicht, da Könige und Präsidenten dieses Typs im politischen Alltag keine Machtmittel besitzen, um ihre Popularität und Aura zum Schaden des Ganzen auszunutzen. Soweit war es in Preußen 1840-1843 aber keinesfalls: Der König hatte hier absolute Macht, er war keine bloße Repräsentationsfigur.

Auch Bettines Modell des Volkskönigs geht – das lehrt die genaue Lektüre des 'Königsbuchs' – über die reine Repräsentation hinaus. Für sie ist es wichtig, daß der König den Willen des Volkes versteht, ihn zu seinem eigenen macht und mit seiner Autorität durchsetzt. Wie das im einzelnen geschehen kann und sich in verfassungsartigen Regelungen niederschlagen könnte, wird nicht klar. Bettine entwickelt ihre Vorstellungen ex negativo: Sie sieht, was in Preußen falsch läuft. Nach ihrer Meinung, die durchaus von seriösen Historikern geteilt wird, ist es eine mächtige Mittelschicht von Beamten und Ministern, die den Ton in Preußen angibt und den König daran hindert, die Stimmung im Volke wahrzunehmen und soziale Mißstände (wie die um sich greifende Armut in den Vorstädten Berlins) zu erkennen und durch Reformen Abhilfe zu schaffen. Deshalb ist ihr Modell darauf angelegt, diese Mittelschicht von Bremsern und böswilligen Egoisten möglichst zu entmachten und eine tragfähige Brücke vom Volk zum Monarchen zu bauen, wobei sie über die möglichen Folgen einer Stärkung des Königs nicht weiter reflektiert. Daß sich der Willen der Bürger – unabhängig von der Identifikation mit dem

Leitbild König – auch in der öffentlichen Meinung, in einer freien Presse und in der Wahl von Vertretern artikuliert, ist für sie selbstverständlich und wird im ‘Königsbuch’ nur am Rande diskutiert. Angesichts des Defizits an „öffentlichem Geist“ und der Allmacht der Kamarilla sind ihre Hoffnungen auf Veränderungen auf diesem demokratischen Wege jedoch eher gedämpft, und sie ruft den König selbst als einen Verbündeten des Volkes auf.

Was enthält der nachrevolutionäre Text, der zweite Band des ‘Königsbuchs’, die 1852 erschienenen *Gespräche mit Dämonen*, zu diesen Fragen? Die Rolle der Autorin wird mit dem Titel und den Erläuterungen am Anfang sogleich dargestellt. Als halbgöttliche Ratgeberin, als guter Dämon – im Sinne der positiven, antikisierenden Wortbedeutung – spricht Bettine zu einem schlafenden König. Das Bild scheint einerseits äußerst politisch und provozierend: Der preußische König erscheint schlaff wie ein „Madensack“ (so Bettines Bild in einem nicht veröffentlichten Text). Die Art, wie hier Politik gemacht wird, ist jedoch ebenfalls sehr aufschlußreich: Bettine dünkt sich nun überlegen; sie geht nach 1848 davon aus, daß die Revolution erfolgreich war und der König nur überleben kann, wenn er selbst revolutionär wird. Hören wir in die Dialoge des Buches hinein. Als beratender Dämon flüstert sie dem König ins Ohr: „Könntest du den Geist der Revolution in dich aufnehmen, dann wärst du auch der Genius des Volkes, der sich selbst einsetzt und Gesetze ausströmt, die den Geist befruchten!“ Darauf der schlafende König: „Kannst du mich revolutionär machen, so sei es dir erlaubt.“[17]

Eine Interpretation solcher Passagen fällt uns Germanisten leichter als den Historikern. Denn Bettine beschäftigte sich nicht mit den Staatstheorien ihrer Zeit, sie operiert zeit ihres Lebens mit den Begriffen und Ideen der Frühromantik. So wie sie die Fragmente von Novalis zum Philister genau kannte und den Philisterbegriff – wie auch Eichendorff – in die politische Diskussion der dreißiger, vierziger und fünfziger Jahre des 19. Jahrhunderts einführt, so hat sie auch den Aphorismus gelesen, den Novalis in der Aphorismensammlung *Blüthenstaub* 1798 unmittelbar vor die Philister-Definition einrückte. Er scheint mir für Bettines Denken eine derartige Schlüsselfunktion einzunehmen, daß ich ihn vollständig zitieren möchte. Über die Anführer der Staaten lesen wir bei Novalis:

> Fast immer hat man den Anführer, den ersten Beamten des Staats, mit dem Repräsentanten des Genius der Menschheit vermengt, der zur Einheit der Gesellschaft oder des Volks gehört. Im Staat ist alles Schauhandlung, das Leben des Volks ist Schauspiel; mithin muß auch der Geist des Volks sichtbar seyn. Dieser sichtbare Geist kommt entweder, wie im tausendjährigen Reiche, ohne unser Zuthun, oder er wird einstimmig durch ein lautes oder stilles Einverständniß gewählt. Es ist eine unwidersprechliche Thatsache, daß die meisten Fürsten nicht eigentlich Fürsten, sondern gewöhnlich mehr oder minder eine Art von Repräsentanten des Genius ihrer Zeit waren, und die Regierung mehrentheils, wie billig, in subalternen Händen sich befand.

[17] GW (Konrad), Bd. 3, S. 291.

Ein vollkommner Repräsentant des Genius der Menschheit dürfte leicht der ächte Priester und der Dichter [...] seyn.[18]

Damit wird deutlich, was gemeint ist, wenn Bettine dem preußischen König empfiehlt, zu einem „Repräsentanten des Genius der Zeit" zu werden. Der Genius der Zeit nach 1848 wird nach Bettines Meinung von neuen revolutionären Vorstellungen geprägt. Für Novalis und Bettine sind Fragen nach Konstitution, Machtkontrolle und Wahlen durch das Volk nicht bedeutsam, ein wirklich demokratisches Element und das Festschreiben in einer Verfassung werden ausdrücklich als unwesentlich abqualifiziert. Und so „novalisiert" sie in ihren Dialogen des 'Dämonenbuchs' weiter: „König ist Ideal der Volksgesamtheit, das zeigt, was das Volk vermag, gestützt von einem Mann, und was ein Mann vermag, getragen von dem Volk."[19]

Die gleiche Vorstellung von einem 'Volkskönig' legt Bettine in ihrem 'Dämonenbuch' einem Vertreter des vierten Standes in den Mund. Basis dieses Königtums sind ein Gefühl der Gemeinsamkeit und – auf Seiten des „Proletariers" – Ergebenheit, Treue und Verehrung, jedoch ist die Einsicht des Rechts und die „gleichübende Menschlichkeit" des Königs eine wesentliche Voraussetzung für diese geradezu mystische Einheit von Volk und Herrscher, dessen Gefahrenmomente Bettina nicht reflektiert:

Proletarier: Das Volk sehnt sich nach Großem und hoffte es zu finden in dir. In der Auferstehung des Rechts in deiner Brust, in deiner gleichübenden Menschlichkeit an Freund und Feind sollte die Volksfreiheit sich begründen. Deutsche Volkswürde, deutsche Freiheit und Treue sollten nicht mehr in leerem Schall aufgehen. Auf unsern souveränen Platz der Völkereinheit wollten wir uns schwingen, dann wär es dir möglich, mit starkem Arm und beruhigend die Erde zu fassen und uns zu führen, wohin du willst, wenn du gewährst, daß wir uns *dein* fühlen.[20]

Während die Berufung auf das Naturrecht und die Kritik an der Kamarilla den Auffassungen der Liberalen und Frühsozialisten entsprachen, reaktiviert Bettine hier zugleich die traditionellen Auffassungen von einem auf Treue und Glauben gebauten Verhältnis von Monarch und Volk.

---

[18] Athenaeum. Eine Zeitschrift von August Wilhelm und Friedrich Schlegel. Hrsg. in zwei Teilen und mit einem Nachwort versehen von Bernhard Sorg. Dortmund: Harenberg Edition 1989 (= Die bibliophilen Taschenbücher, Bd. 575), S. 107f. [Ersten Bandes Erstes Stück, S. 93f.]

[19] GW (Konrad), Bd. 3, S. 321.

[20] Ebd., S. 388.

Hildegund Keul

Brot teilen nach Recht und Gerechtigkeit

Bettine von Arnims „Schwebe-Religion“ und ihre sozial-politische Bedeutung

Armut bewegt. Mit diesen Worten lässt sich ein wichtiges Anliegen in Leben und Werk der Schriftstellerin Bettine von Arnim beschreiben. Sie hat sich bewegen lassen von Menschen, die in Not und Bedrängnis waren. Sie war empört, wenn Menschen Ungerechtigkeit widerfuhr – ob dies aus Unachtsamkeit geschah oder häufig sehr gezielt und absichtlich. Bettine von Arnim hat ein aufmerksames Gespür für Fragen der Armut. Wo und warum werden Menschen Lebensressourcen entzogen; wo und wodurch wird ihr Lebensraum beschränkt; wo wird ihnen die Luft zum Atmen, das Obdach zum Wohnen, die geistige und materielle Nahrung zum Leben geraubt? Die Schriftstellerin richtet ihre Aufmerksamkeit auf solche Fragen. Besonders bemerkenswert ist, dass sie hierzu eine neue Wissensform hervorbringt: sie schreibt eine Sozialreportage, die erste überhaupt in der deutschen Literatur.[1]

Leben und Werk der Schriftstellerin entsteht im Spannungsfeld existentieller Kontraste. Sie stellt sich dar als naturverbunden und sozialrevolutionär, mütterlich und exzentrisch, standfest und leichtfüßig zugleich. Sie ist das spielende Kind und die weise Alte. Ihr Leben und Schreiben verbindet Romantik und Religion, Mystik und Politik, Natur und Kunst. Als Jugendliche kommt sie in Berührung mit der Welt der Romantik; mit Fünfzig wird sie vom Jungen Deutschland gefeiert. Durch ihre Heirat gehört sie dem Adel an, setzt sich dann aber konsequent für die Armen und Marginalisierten ihrer Gesellschaft sowie für sozial-politische Veränderungen ein.

Für Bettine von Arnim ist in Fragen der Armut charakteristisch, dass sie sozial-politisches Engagement und Religion elementar verbindet.[2] Nach ihrer Auffassung ist es Aufgabe der Religion, „Menschwerdung“ in umfassendem Sinn zu gewährleisten und Menschen in ihrem Abenteuer der Berührung zu unterstützen. Wo dies in Staat oder Religionsgemeinschaft behindert wird, erhebt sie ihre prophetische Stimme. Zwar kann man Fragen der Armut aus unterschiedlichen Perspektiven betrachten, z. B. sozialgeschichtlich, politisch,

---

1 Vgl. Ursula Liebertz-Grün: Ordnung im Chaos. Studien zur Poetik der Bettine Brentano-von Arnim. Heidelberg: Winter 1989 (= Beiträge zur neueren Literaturgeschichte, Bd. 92), S. 139.

2 Zu Bettine von Arnims Religionsbegriff vgl. Hildegund Keul: Menschwerden durch Berührung. Bettina Brentano-Arnim als Wegbereiterin für eine Feministische Theologie. Frankfurt a.M./Berlin/Bern/New York/Paris/Wien: Lang 1993 (= Würzburger Studien zur Fundamentaltheologie, Bd. 16).

kulturell. Da die Verbindung von sozialem Engagement und Auseinandersetzung mit Fragen der Religion bei Bettine von Arnim charakteristisch ist, möchte ich im Profil des vorliegenden Tagungsbandes theologische Perspektiven erschließen. Denn Religion ist bei der Schriftstellerin keineswegs etwas Nebensächliches. Vielmehr zeigen ihre Werke eine religiöse Dimension, in der die entscheidende Triebkraft ihres sozialen, kulturellen und politischen Engagements liegt. Daher bringe ich gern meine Perspektiven als Theologin und Religionswissenschaftlerin ein, wenn es um das geht, was Bettine von Arnim in einem Brief an Wilhelm Grimm am 25. März 1839 schreibt: damals und heute „herzhaft in die Dornen der Zeit zu greifen“[3].

1. Der Glaube an die Auferstehung – eine Lebenskunst. Bettine von Arnims Entwurf einer „Schwebe-Religion“

Die Frage nach der Verbindung von Religion und Politik ist bei Bettine von Arnim naheliegend und berechtigt. Biografisch kann man dies an vielen Punkten fest machen, die ihr Leben durchgängig markieren. Die Schriftstellerin stammt aus einem katholischen Elternhaus: der Vater Peter Anton Brentano, ein italienischer Kaufmann aus Tremezzo am Comer See, war katholisch ebenso wie ihre Mutter Maximiliane. Erzogen wurde sie u. a. von Sophie La-Roche, die eine starke pietistische Prägung sowie ihre katholische Ehe auszeichnen. Im Ursulinen-Kloster in Fritzlar erhält sie einen Teil ihrer schulischen Bildung, die auch religiöse Bildung sowie eine katholische Religionspraxis umfasst.

Als Erwachsene heiratet sie den evangelischen Achim von Arnim. Sie befreundet sich mit Menschen, die die Diskurse um Religion und Christentum ihrer Zeit prägen – beispielsweise mit dem Philosoph und Naturwissenschaftler Franz Baader[4], mit dem Theologen und späteren Bischof Johann Michael Sailer, der sie nachhaltig mit seinen Bibelstudien und seiner ökumenischen Überzeugung beeinflusst, sowie mit dem evangelischen Theologen und Religionsphilosophen Friedrich Schleiermacher. Ein Drama ihrer Jugendfreundin Günderode, *Mahomed*, handelt von Religionsstiftung. In Briefen schreibt Bettine von Arnim über Johann Gottlieb Fichte, Joseph Görres, Friedrich Wilhelm Schelling. In ihrem Berliner Salon wird *Das Leben Jesu* von David Friedrich Strauß (1835) diskutiert, das einen Umbruch in der christlichen Bibelrezeption markiert. Ihre Freundschaften und Bekanntschaften, ihre Gesprächspartner und diejenigen, über die sie in ihren Briefen schreibt, lesen

---

3 Bw Grimm, S. 77.

4 „Durch Baader ist Bettine wohl auch in die theosophisch-mystische Sprach- und Gedankenwelt Jacob Böhmes und Saint-Martins eingeführt worden“; Der Briefwechsel zwischen Bettine Brentano und Max Prokop von Freyberg. Hrsg. und kommentiert von Sibylle von Steinsdorff. Berlin/New York: de Gruyter 1972 (= Quellen und Forschungen zur Sprach- und Kulturgeschichte der germanischen Völker N.F., Bd. 48), S. 7.

sich wie ein *Who is Who* im Religionsdiskurs der ersten Hälfte des 19. Jahrhunderts. Sie ist in diesen Diskursen verortet und vertritt hier ihre eigenen Thesen. In den letzten Lebensjahren arbeitet sie an einer Biografie über Clemens Brentano und ist mit dessen Hinwendung zur katholischen Welt befasst, für die Luise Hensel und Anna Katharina Emmerick stehen.

Die Schriftstellerin zeichnet sich durch einen wachen Geist und einen weiten Blick aus. Sie passt in kein Raster und fügt sich nicht in vorhandene Schablonen. Auch konfessionell lässt sie sich nicht festlegen, ihre Religiosität hat etwas Vagabundierendes. Mit katholischer Herkunft und protestantischer Ehe ist sie eine Grenzgängerin christlicher Konfessionen, die scharfzüngig Kritik an Theorie und Praxis übt – wenn sie sich beispielsweise in einem Brief an Achim von Arnim über die „blutigen Lappen" auslässt, die ihr Bruder Clemens aus Dülmen mitgebracht hat und „die durchaus keine Wunderkraft an sich haben"[5].

Religiöse Fragen im Spannungsfeld von Zustimmung und Abgrenzung, Enthusiasmus und Skepsis, Kritik und Engagement beschäftigen Bettine von Arnim als Romantikerin und Schriftstellerin. Aber was sind religiöse Fragen, was ist überhaupt Religion? Eine der Wortwurzeln von „Religion" ist das Lateinische „re-ligio" und bedeutet: sich an etwas binden, sich in den Dienst einer höheren Sache oder in den Dienst Gottes stellen. Hier geht es um das, was dem Leben Orientierung gibt, was sein Ziel vor Augen führt und ihm damit Zugkraft verleiht. In Religionsfragen, so sagt es die Religionswissenschaft, dreht sich alles darum, was Menschen heilig ist. Was ist ihnen so wichtig und liegt ihnen so am Herzen, dass sie bereit sind, hierfür Geld, Zeit und Energie, vielleicht die eigene Gesundheit und sogar das eigene Leben (Martyrium) oder das Leben anderer („Heiliger Krieg") zu opfern? Dabei muss es keineswegs so sein, dass diese Opfer als schreckliche Last angesehen werden. Vielmehr sind es gerade diese Opfer, die im Dienst eines größeren Ganzen stehen, die dem Leben Aufschwung und Stärke verleihen.

In der Welt des Profanen geht das Leben seinen Gang. Es ist die Welt des Alltags, die aus zu benutzenden Werkzeugen und lauter nützlichen Dingen besteht. Hier herrschen Arbeit und Disziplin, Ordnung und ein sparsamer Umgang mit vorhandenen Ressourcen. Man folgt den Regeln der Ökonomie und kann viele Güter erwirtschaften. Für die Nützlichkeit des Profanen zahlt der Mensch jedoch einen hohen Preis. Denn die Vergegenständlichung der Welt kündigt die fraglose Gemeinschaft mit allem Lebendigen auf. Sie zerstört die intime Verbundenheit und die unmittelbare Kommunikation – das, was Bettine von Arnim mit ihrem Schlüsselbegriff „Berührung" nennt. Alles wird dem Mensch zum Werkzeug: ein Stein, ein Tier, ein Artgenosse. Die Arbeit versetzt ihn in die Logik der Objekte, bis der Mensch sich selbst zum Gegenstand wird. „Der, der den Weizen anbaut, ist kein Mensch: er ist der

5 Bw Arnim II, S. 477f. (Brief vom 31. August 1824)

Pflug dessen, der das Brot ißt. Und sogar der Akt des Essens selber ist letztlich bereits die Feldarbeit, der sie die Energie liefert."[6]

Die Welt des Profanen hat etwas Dröges, denn man muss funktionieren und eingespurten Abläufen folgen fast wie eine Maschine. Damit geben sich Menschen nicht ohne weiteres zufrieden. Mitten in der Profanität streben sie nach einem Aufflammen des Lebens, nach Intimität und Kommunikation. Deswegen überschreiten sie die profane Welt der toten Gegenstände und wollen partizipieren an diesem Leben, das sich verschwendet, das hier und jetzt lebt, ohne sich darum zu kümmern, was morgen kommt. So entsteht die Welt des Heiligen, die sich nicht der Nützlichkeit unterwirft, sondern dem sich verschwendenden Leben hingibt. In der Welt des Heiligen werden die Ressourcen, die der profane Alltag mühsam erzeugt, mit vollen Händen ausgegeben. Das Heilige folgt der Anti-Ökonomie des Festes, wo Verschwendung vorherrscht, damit das Leben in höchstmöglicher Intensität ausbricht – „effer-versence de la vie" nennt dies Georges Bataille. Denn hier geht es darum, jene Intensität und Intimität an Leben zurückzugewinnen, die die profane Welt der Arbeit, der Umgang mit Werkzeugen und Instrumenten, verloren hat.

In den Schriften Bettine von Arnims ist immer wieder von dieser Welt des Heiligen zu lesen – von dieser unbändigen Sehnsucht nach Leben, nach der Intensität des Hier und Jetzt, nach Verbundenheit und vor allem: Berührung. Die Welt des Profanen nennt sie den „Mottenfraß der Häuslichkeit" und klagt:

> [...] viel schwerer ist es, im Getümmel aller verkehrten Lebensanstalten sich selber nicht zu verlieren oder sich nicht hinreißen zu lassen zu allen Verkehrtheiten, wozu ich auch die rechne, daß man mit solchem Eifer für manches leibliche Bedürfnis sorgt, daß man der Seele oder dem Gemüt aufs Maul schlägt, wenn es einmal muckst und auch etwas verlangt, oder sich selbst so abspannt, daß man nichts mehr verlangt, als was der zufällige Tag mit sich bringt, und nicht ein Glied rühren mag nach etwas Freude und Neues-Leben-geben-dürfen.[7]

Dieser Profanität hält sie entgegen: „ein ganz anderes, viel tieferes Leben [...] fordert noch zu ganz anderen Dingen auf"[8]. Sie begeistert sich für „Kinder, Helden, Greise, Liebende und Frühlingsgestalten" und ist davon überzeugt, „dass der Jugendrausch eine erlaubte Sache ist, oder vielmehr eine Bedingung unserer ganzen Existenz"[9].

Nicht die Starrheit, sondern der Tanz; nicht die Isolation, sondern die Berührung steht im Mittelpunkt ihres Denkens, Glaubens und Handelns:

> Aber meine Seele ist eine leidenschaftliche Tänzerin, sie springt herum nach einer innern Tanzmusik, die nur ich höre und die andern nicht. Alle schreien ich soll ruhig werden, und Du [der

---

[6] Georges Bataille: Theorie der Religion Aus dem Französischen übersetzt von Andreas Knop. Hrsg. und mit einem Nachwort versehen von Gerd Bergfleth. München: Matthes & Seitz 1997 (= Batterien, Bd. 59), S. 38.

[7] Bw Arnim II, S. 585.

[8] Ebd., S. 275.

[9] Karl Obser: Bettine von Arnim und ihr Briefwechsel mit Pauline Steinhäuser. In: Neue Heidelberger Jahrbücher 12 (1903), Heft 2, S. 102.

Bruder Clemens] auch, aber vor Tanzlust hört meine Seele nicht auf Euch, und wenn der Tanz aus wär dann wärs aus mit mir. Und was hab ich denn von allen, die sich witzig genug meinen mich zu lenken und zu züglen? Sie reden von Dingen die meine Seele nicht achtet, sie reden in den Wind. Das gelob ich vor Dir daß ich nicht mich will züglen lassen, ich will auf das Etwas vertrauen was so jubelt in mir, denn am End ists nichts anders als das Gefühl der Eigenmacht, man nennt das eine schlechte Seite, die Eigenmacht. Es ist ja aber auch Eigenmacht daß man lebt.[10]

Der Tanz ist eine zentrale Metapher ihrer Religiosität. Sie ist verbunden mit „Berührung“ und „Schwebe“, die den Tanz konstituieren. Diesen Begriffen kommt eine Schlüsselfunktion zu, weil die Schwebe den Moment der Loslösung aus der Isolation bezeichnet, die zur Berührung führt und den Tanz eröffnet. Die Berührung überwindet die Isolation der profanen Welt und verbindet das abgegrenzte, auf sich fixierte Ich „neugierig“ mit fremden Welten. In der Berührung kommen Eigensinn und Weltsinn zusammen, hier bricht das Leben aus und ist in allen Fasern des Leibes und in allen Winkeln des Geistes zu spüren. In der profanen Welt ist der Mensch ein vereinzeltes Wesen, das arbeitet und in der Logik der Zwecke funktioniert. Die Kommunikation des Heiligen überschreitet die dort herrschenden Grenzen, stellt Verbundenheit her, indem sie sich dem Leben selbst anheim gibt.

Da Bettine von Arnim in ihren Schriften immer wieder diese Welt des Heiligen thematisiert, ist es nicht verwunderlich, dass sie auch explizit über Religion spricht. Dies geschieht unter anderem an prominenter Stelle im Briefroman *Die Günderode,* der auf Briefen aus ihrer Jugendzeit gründet und den sie viel später, 1839, überarbeitet. Hier gibt sie ihrem eigenen Religionsbegriff einen Namen und nennt ihn „Schwebe-Religion“[11]. Ihrer Freundin Karoline schreibt sie: „ach wir wollen was recht großes tun – wir wollen nicht umsonst zusammen getroffen haben in dieser Welt – laß uns eine Religion stiften für die Menschheit, bei ders ihr wieder wohl wird – ein Sein mit Gott“[12]. Allein dieser kurze Satz verweist auf die Verortung in den Religionsdebatten der Romantik. Hier ist *Religionsstiftung* ein Thema, wenn Novalis für die Erneuerung des Christentums in Europa eintritt und Schleiermachers „Reden über die Religion“ auf die Begründung einer neuen Kirche zielen. Ende der dreißiger Jahre verhandelt Bettine von Arnim mit Moriz Carriere „über Religionswechsel, Stiftung und Änderung“[13].

„Schwebe“, ein zentraler Begriff der Romantik, bezeichnet den Moment, wo etwas in Bewegung kommt, etwas aufbricht und Berührung mit Neuem eröffnet. Die Bezeichnung „Schwebe-Religion“ ist treffend für Bettine von Arnim, auch im Blick auf ihre vagabundierende Religiosität. Nichts ist der Schriftstellerin in Religionsfragen mehr zuwider als Unbeweglichkeit, Starrheit, ein Sich-Verschanzen hinter Mauern und Barrikaden. „Denn was soll

[10] GW (Schmitz/von Steinsdorff), Bd. 1, S. 61.
[11] Ebd., S. 449.
[12] Ebd., S. 445.
[13] Zitiert nach GW (Oehlke), Bd. 5, S. 696.

mir Religion wenn sie stocken bleibt?"[14] Beweglich zu sein, fähig zum Ortswechsel, zur Grenzüberschreitung ist hier entscheidend: „jeder soll neugierig sein auf sich selber, und soll sich zu Tage fördern wie aus der Tiefe ein Stück Erz oder ein Quell"[15]. Neugierig sein auf andere und auf sich selbst – das fordert dazu heraus, das Abenteuer der Menschwerdung einzugehen, das in der Berührung geschieht. So wird das Leben zum Tanz, der die leichtfüßige Schwebe genauso braucht wie den sprungbereiten Stand.

Die Religiosität Bettine von Arnims ist vagabundierend und gründet zugleich auf dem christlichen Gottesglauben. Neuschöpfung ist hier angesagt, und zwar nicht erst am Ende des Lebens, sondern bereits mitten drin. „Und wie sollt doch einer aus dem Schlamm des Philistertums herauskommen als von frischem sich in die Hände Gottes geben, der hat nicht umsonst den Menschen aus Lehm gemacht, da er ihn nur anzuspeien braucht daß er wieder feucht wird um ihn von Grund auf neu durchzukneten und seine erste reine Gestalt wiederzugeben."[16] Auf das Leben kommt es der Schriftstellerin an, darauf dass es sich entfalten kann und zum Blühen kommt. Das Christliche hieran ist der Glaube, dass das Leben sogar aus dem Tod Auferstehung erfährt. Dieser Glaube ist *nicht nur* etwas Dogmatisches. Viel mehr geht es darum, diesen Glauben alltäglich als Lebenskunst zu praktizieren. „Was könnte Dich doch verzagen machen? – sieh doch wie viel Leben verdirbt, aber doch ists nur scheinbar, es steht mit verschwisterten Gewalten wieder auf und versuchts von neuem."[17]

Zu dieser Lebenskunst der Auferstehung gehört bei Bettine von Arnim, sich für die Armen und Bedrängten aller Art zu engagieren. Sie ist bereit, großzügig aus ihren eigenen Ressourcen abzugeben und zu opfern. Damit es der Menschheit „wieder wohl wird", setzt sie ihre Zeit und Kreativität ein, wo die Lebenschancen von Menschen willkürlich beschnitten werden. Sich für die Armen und Bedrängten, für die persönlich in Not geratenen oder gesellschaftlich marginalisierten Menschen einzusetzen, war ihr in diesem Sinn heilig. Auch das sagt die Religionswissenschaft: Menschen können das, was sie in der profanen Welt produzieren, in den Dienst dessen stellen, was ihnen heilig ist. Dann aber erhält ihr Alltag Aufschwung und Zugkraft. Wenn Menschen von dem Projekt begeistert sind, nehmen sie die Mühen auf sich, die mit ihm verbunden sind. Sie opfern bereitwillig aus den Reichtümern ihrer Arbeitswelt, denn dies eröffnet das Hier und Jetzt des lebendigen Lebens. Dies ist die Gegengabe, die sie empfangen. Das Werkzeug von etwas Heiligem zu sein, setzt eine berauschende Ekstase frei.

Das Heilige, um das Bettine von Arnims Leben und Schreiben kreist und in dessen Dienst sie sich stellt, ist dieses „herzhaft in die Dornen der Zeit zu

---

14 GW (Schmitz/von Steinsdorff), Bd. 1, S. 571.
15 Ebd., S. 468.
16 Ebd., S. 513.
17 Ebd., S. 721.

greifen". Weil sie sich für Menschen in Bedrängnis engagiert, erlangt ihr Leben Orientierung und Intensität. Hier verbinden sich das Profane und das Heilige und potenzieren ihre Wirkungsmacht.

2. Gravuren des Christentums in Fragen der Armut – die Lebensmacht des Teilens

Welche Gravuren hat das Christentum in Leben und Werk der Schriftstellerin eingeschrieben – und welche Gravuren trägt sie in den Diskurs um das Christentum ihrer Zeit ein? Hier kann man verschiedene Aspekte untersuchen wie ihre Religionskritik, ihre Verortung im Religionsdiskurs der Romantik, ihre Auseinandersetzung mit dem Judentum. Ich richte den Blick auf Fragen der Armut, weil diese für die Verbindung von sozial-politischem Wirken und schriftstellerischem Werk eine Schlüsselfunktion einnimmt. Die Aufmerksamkeit für Erfahrungen der Armut verbindet Bettine von Arnim mit dem Christentum. Sich von Armut bewegen zu lassen, gehört wesentlich zur christlichen Lebenskunst – obwohl das Christentum selbstverständlich kein Monopol hierauf hat. Die Evangelien bezeugen, dass Jesus konsequent auf die Armen gesetzt hat. Dabei griff er auf jüdisch-prophetische Traditionen zurück, die ihm als Juden vertraut waren.

„Selig, ihr Armen, denn euch gehört das Reich Gottes" (Lk 6,20), verheißt das Neue Testament. Diese Verheißung ist ein Affront gegenüber einer Gesellschaft, die Menschen allein nach ihrem finanziellen Reichtum bemisst und denkt, dass diese Ordnung der Dinge auch vor Gott gültig sei. Diesem Denken widerspricht Jesus, der selbst ein mittelloser Wanderprediger war und vielen Menschen in Not und Bedrängnis begegnete. Kranke und Sterbende, Hungernde und Gefangene, marginalisierte Fischer und geächtete Prostituierte erhielten seine Aufmerksamkeit. Als er von einem jungen Mann gefragt wird, wie er das ewige Leben gewinnen kann, empfiehlt Jesus ihm, sein Hab und Gut zu verkaufen und den Erlös den Armen zu geben. „Eher geht ein Kamel durch ein Nadelöhr, als dass ein Reicher in das Reich Gottes gelangt." (Mk 10,25) Armut hat etwas Lähmendes und stößt Menschen schnell ins Verstummen. Aber gerade deswegen gibt es das Aufstehen aus der Armut, den Widerstand und das Nein dem gegenüber, was in der Armut ohnmächtig macht. Jesus setzt darauf, dass Menschen der Armut nicht ausweichen, sondern dass sie sich von ihr berühren und bewegen lassen. Armut in all ihren Facetten ist daher ein zentrales Thema des christlichen Glaubens.[18]

Allerdings ist die Geschichte des Christentums durchzogen von einer Blutspur. Hass und Gewalt haben auch hier gezielt Armut erzeugt. Aber nur durch dessen Gegenteil konnte das Christentum bis heute lebendig bleiben:

---

[18] Vgl. Hildegund Keul: Armut bewegt. Die spirituelle Herausforderung einer neuen Armutsbewegung. In: Erbe und Auftrag. Benediktinische Zeitschrift 86 (2010), S. 255-266.

durch seine Option für die Armen, die den Teufelskreis der Armut zu durchbrechen versucht – so z. B. im 13. Jahrhundert, als die Geldwirtschaft eingeführt wurde und unzählige Menschen mit einer „Armutsbewegung" antworteten. Es sind solche Bewegungen, die sich mit Blick auf soziale Not und mit dem Evangelium in der Hand das Christentum lebendig halten.

Bettine von Arnims soziales Engagement und ihre politischen Positionierungen sind von dieser christlichen Tradition geprägt und führen sie fort. Dem Anhäufen von finanziellen Reichtümern gegenüber ist sie skeptisch: „wenn sich ein Reisender viel Besitztum anschafft so hat er erst die Not alles unterzubringen, und hat er sich an Überflüssiges gewöhnt, so muß er einen Bagagewagen hinter sich drein fahren haben"[19]. Einen Wendepunkt erfährt ihr Leben, als im Sommer 1831 in Berlin die Choleraepidemie ausbricht – wenige Monate, nachdem ihr Mann Achim von Arnim gestorben war und für sie eine Neuorientierung anstand. Die Witwe und Mutter von sieben Kindern erlebt die Armut sehr nah, aus der die damalige Epidemie wächst. Die verheerende Krankheit kann sich schnell ausbreiten, weil sie in den Armenvierteln auf katastrophale Wohnverhältnisse und auf medizinische Unwissenheit bei den Ärzten stößt. Bettine von Arnim schützt ihre Familie, indem sie ihre Kinder zu Verwandten nach Frankfurt schickt. Sie selbst bleibt aber in Berlin, um ihren Teil im Kampf gegen die Seuche beizutragen – gemeinsam mit dem evangelischen Theologen Friedrich Schleiermacher, der als „Armenverweser" tätig ist. Sie besorgt ein homöopathisches Mittel, betreibt zusammen mit anderen Frauen Geldsammlungen, kauft Kleidung und Nahrung für die Armen, verschafft erwerbslosen Handwerkern Arbeit und geht gegen Wucherer vor, die sich an der Seuche bereichern wollen.

Erst die Choleraepiedemie weckt bei Bettine von Arnim die Aufmerksamkeit für soziale Fragen. Zuvor hatte sie im Kreis von Menschen gelebt, die an Kunst und Wissenschaft interessiert sind und zum gehobenen Bürgertum oder zum Adel gehören. In dem Briefwechsel mit ihrem Ehemann Achim von Arnim ist nichts von den unsäglichen Armensiedlungen Berlins zu lesen, und ihr Umgang mit Bediensteten zeigt alles andere als soziales Bewusstsein. Als sie aber durch die katastrophale Not herausgefordert wird, überschreitet sie die Grenzen ihrer Herkunft und Heirat. Einen großen Teil ihrer Zeit und Kraft setzt sie zukünftig für die Armen ein. Sie engagiert sich für einzelne Personen wie für die Mutter des Schneidergesellen Otto, der bei einer Razzia von Soldaten lebensgefährlich verletzt wurde und starb.[20] In ihrem vielfältigen Engagement zeichnet sie vor allem Eines aus: Sie stellt ihre Sprachfähigkeit den Armen und Marginalisierten zur Verfügung. Dies zeigen das 'Königsbuch', ihre Arbeiten am 'Armenbuch' genauso wie die 'Polenbroschüre'.

---

[19] GW (Schmitz/von Steinsdorff), Bd. 1, S. 625f.

[20] Vgl. Bettine von Arnims Armenbuch. Hrsg. von Werner Vordtriede. Frankfurt a.M.: Insel 1981 (= insel taschenbuch, Bd. 541), S. 43.

Der Beitrag von Hartwig Schulz im vorliegenden Band erschließt das 'Königsbuch' auf seine staatspolitische Positionierung hin. Mit ihr verbunden sind soziale Fragen, denn neben politischen Streitpunkten wie der Meinungs- und Medienfreiheit ist es die wachsende Armut im Land, die die Schriftstellerin dazu bewegt, ihr 'Königsbuch' zu schreiben. Bettine von Arnim weist hier nachdrücklich auf die bittere Armut hin und stellt auch die Ursachen von Not und Verzweiflung dar. Sie wendet sich dagegen, dass das Volk als „Straßenpöbel" und „Schlamm der Menschheit"[21] beschimpft wird. Die Protagonistin des 'Königsbuches', Frau Rath Goethe, verteidigt das sogenannte „Raubgesinde" und die „Verbrecher", indem sie feststellt, dass die Ursache des Verbrechens nicht nur persönliche, sondern auch strukturelle Ursachen hat. Überspitzt, wie es dem Stil der Protagonistin entspricht, heißt es: „So ist der Verbrecher immer die Sündenschuld des Staates. [...] Der Verbrecher selbst ist das Opfer!"[22] Als Gegenmittel für die Verbrechen der Armen schlägt Frau Rath die Einrichtung einer „Verbrecheruniversität" vor, denn Wissenschaft und Kunst können im Gegensatz zu den „Zucht-, Schweig- und Isolierhäusern" der Justiz die Menschen von Raub und Mord abhalten.[23] Der politischen Obrigkeit hält sie entgegen: „Wenns gegen den Feind gilt dann findet Ihr sie [die Armen] in ihren Schlupfwinkeln, dann zieht der Staat ihnen Montur an und läßt sie in Reih und Glied aufmarschieren! wenn der Landesvater will losdonnern, dann sind sie euch gut als Futter für die feindlichen Kanonen."[24] Hier zeigt sich der Teufelskreis der Armut: weil die Hungerleider machtlos sind, werden sie auch noch als Kanonenfutter missbraucht. Armut potenziert sich.

Dabei sind nicht nur die Betroffenen selbst betroffen, sondern die verheerenden Machtwirkungen der Armut breiten sich in den Familien und Sozialstrukturen aus. Frau Rath, die in Bettine von Arnims Werk selbst den Prototyp der „Weisen Alten" verkörpert, zeigt dabei besondere Sympathien für die alten, aber widerständigen Frauen, die der Herrschaft ein Dorn im Auge sind:

> Die alten Weiber sind euch ein Greuel; ihr freches Angrinsen möchtet ihr ihnen eintränken, sowie sich Gelegenheit dazu findet, werdet ihr nicht säumen. Wer sind diese alten Weiber? – Es sind die, deren Söhne, deren Männer im Krieg Kanonenfutter wurden, oder als Krüppel heimkamen! sie sind Raubgesindel geworden, die ihrigen zu ernähren, das war ihrer erregten Rache, Bosheit und Tücke willkommne Genugtuung! Es war ihnen Ersatz dafür, daß man sie völlig im Staat ignorierte [...] sie behandelt wie die Hunde.[25]

Bereits Franziskus von Assisi hatte zu Beginn des 13. Jahrhunderts den Zusammenhang von Armut, Reichtum und Gewalt erkannt, als er in Bezug auf seine Ordensgemeinschaft schrieb: „wollten wir etwas besitzen, so müssten wir auch Waffen zu unserer Verteidigung haben. Daher kommen ja die

---

21 GW (Schmitz/von Steinsdorff), Bd. 3, S. 206.
22 Ebd., S. 200.
23 Vgl. ebd., S. 241.
24 Ebd., S. 206.
25 Ebd.

Streitereien und Kämpfe, die die Liebe zu Gott und zum Mitmenschen hindern. Darum wollen wir in dieser Welt nichts Irdisches besitzen."[26] So radikal ist Bettine von Arnim nicht, dass sie allen irdischen Besitz ablehnen würde. Aber sie weiß von den verheerenden Machtwirkungen des finanziellen Reichtums, der in den Händen weniger angesammelt wird. Sie schreibt, dass sich die Herrschenden des Landes an den Armen versündigen, wenn sie „dem reißenden Tier des Luxus in den Rachen werfen was das gerechte Erbteil jener unterdrückten Erdenbürger ist"[27]. Stattdessen empfiehlt sie, vorhandene Ressourcen so zu teilen, dass sie nicht dem Luxus einiger weniger, sondern dem Leben aller dient. Im Anhang zum 'Königsbuch' heißt es:

> Soll der Adel Euch adeln den mit Wucherglück der Bürger seiner Abkunft zum Hohn im adlichen Gute sich ankauft; so mach er statt Luxus-Anlagen von Tempel und Grotte und tanzenden Wassern, – Anlagen für Heimatlose, und sein Sommerplaisir die inglish cottage mach er zur deutschen Hütte worin deutsche Armut sich erholt; den englischen Rasen teil er aus zu Feldern für Kartoffel und Brot und er ist Edelmann, wer wird widersprechen.[28]

Hier schreibt Bettine von Arnim etwas fort und in ihre eigene Zeit hinein, was die Geschichte des Christentums auszeichnet: der Glaube daran, dass das Teilen eine eigene Lebensmacht freisetzt. Wenn reiche Menschen freiwillig auf ihre Reichtümer verzichten und ihre Ressourcen mit denjenigen teilen, die unfreiwillig in Armut leben, so durchbrechen sie den vorherrschenden Diskurs der Ökonomie. Dieser behauptet, dass Menschen umso freier und glücklicher werden, je mehr Geld sie anhäufen und für sich allein verbrauchen. Die freiwillige Armut aber folgt einer Antiökonomie: sie ruft nicht zum Anhäufen, sondern zum Teilen auf. Dabei macht sie die überraschende Erfahrung, dass Lebensressourcen nicht kleiner werden, sondern wachsen, wenn man sie teilt. In der Bibel erzählt das Wunder der Brotvermehrung (vgl. Mt 14,15-21) von dieser Lebensmacht des Teilens. Im Verlauf der Kirchengeschichte sind es die Heiligen wie Nikolaus von Myra und Martin von Tours im 4. Jahrhundert, Franziskus von Assisi, Mechthild von Magdeburg und Elisabeth von Thüringen im 13. Jahrhundert, die für das Teilen einstehen und dafür vom Volk als Heilige verehrt werden. Denn wo Menschen ihre Lebensressourcen miteinander teilen, da blüht das Leben auf.

Bettine von Arnim schreibt in diesem Sinn, wenn sie zum Teilen aufruft. Und sie kritisiert das Christentum, wenn es selbst nicht nach diesem Prinzip handelt. „Laßt die guten Christen die nicht einmal verstehn einen Laib Brod nach Recht und Gerechtigkeit auszuteilen, einstweilen in ihrem Traumleben fortstolpern, wo sie meinen tun, den Weltgeist im Zaum zu halten, und halten

---

[26] Zitiert nach Franz von Assisi: Geliebte Armut. Ausgewählt und eingeleitet von Gertrude und Thomas Sartory. [Hrsg. von Abt Emmanuel Jungclaussen.] Freiburg i.Br./Basel/Wien: Herder 1999 (= Kleine Bibliothek spiritueller Weisheit), S. 56.

[27] GW (Schmitz/von Steinsdorff), Bd. 3, S. 216.

[28] Ebd., S. 330. Varnhagen schreibt im Juni 1848 ihren Vorschlag nieder: „der König möchte 'den hier beabsichtigten Dom in tausend Hütten in Schlesien bauen!'" – ein Aphorismus, der in Berlin die Runde macht; vgl. Bettine von Arnims Armenbuch (wie Anm. 20), S. 43.

sich doch nur bei den eigenen Eselsohren.“[29] Damit erinnert sie die Kirchen und die Theologie an ihre Aufgabe: Wie will man Eucharistie feiern und den Heiligen Leib empfangen, wenn man nicht einmal in der Lage ist, einen Laib Brot nach Recht und Gerechtigkeit zu teilen?

Behutsam und zugleich nachdrücklich geht sie dem nach, was religiös und gesellschaftlich verschwiegen wird. Sie schreibt, weil sie damit die Armut sichtbar machen kann, z.B. wenn sie 1844 in Zeitungen dazu aufruft, ihr konkrete Berichte über die soziale Situation zuzusenden. Die herrschende Politik hat kein Interesse daran, dass die wachsende Armut öffentlich bekannt wird. Bettine von Arnim legt ihr die Worte in den Mund: „da müssen wir verhüten, daß nichts in öffentliche Blätter kommt, was das alberne Volk uns zur Last legt, da müssen wir gleich jed Wahrheit mit Majestätsverbrechen belegen“[30]. Die Armen selbst aber haben kaum die Möglichkeit, ihre Situation und die politischen Zusammenhänge gesellschaftlich zum Thema zu machen – allein schon, weil ihnen der Zugang zu den Medien fehlt. Außerdem gilt Armut als Schande, so dass sie sich eher versteckt als öffentlich präsentiert. Eine Schriftstellerin hat jedoch diese Möglichkeit, die Bettine von Arnim ausgiebig nutzt. Sie schaut hin, analysiert und schreibt – mit „Energie und Mut zur Wahrhaftigkeit“[31]. Damit rückt sie die Armut aus ihrem Verstummen heraus und gibt ihr eine Stimme. Am 16. August 1849 schreibt sie, schon einmal zurückblickend auf ihr Leben, an Pauline Steinhäuser:

> ich habe nie etwas unternommen, was nicht ein Muss in mir gewesen wäre, und bin zum wenigsten nicht unfruchtbar für die Menschheit gewesen, denn viele haben ihre Köpfe noch auf dem Rumpf sitzen, denen sie gewiss verloren waren, wenn ich nicht mit beinah übernatürlicher Anstrengung dagegen gekämpft hätte![32]

3. Armut bewegt – die Bedeutung Bettine von Arnims für heute

Warum ist es theologisch und gesellschaftlich weiterführend, sich heute mit Bettine von Arnim zu befassen? Als erster Punkt ist das Thema Völkerverständigung zu nennen. Bettine von Arnim beobachtet die sozialen Unruhen und politischen Veränderungen in der Mitte des 19. Jahrhunderts mit großer Aufmerksamkeit und wird dabei über die Grenzen des eigenen Landes hinaus verwiesen. In der spannungsgeladenen Atmosphäre der Revolutionszeit, angeregt auch durch die polnische Schriftstellerin und überzeugte Demokratin Julia Molinska-Woykowska, die sich damals in Berlin aufhält, verfasst Bettine von Arnim ein Schreiben zugunsten des polnischen Volkes. Die sogenannte ‘Polenbroschüre’, unter Pseudonym erschienen im Jahr 1849, ist ein enga-

---

[29] GW (Schmitz/von Steinsdorff), Bd. 3, S. 128.
[30] Ebd., S. 174.
[31] GW (Schmitz/von Steinsdorff), Bd. 1, S. 727.
[32] Karl Obser: Bettine von Arnim und ihr Briefwechsel mit Pauline Steinhäuser (wie Anm. 9), S. 119.

giertes Dokument der Völkerverständigung. Sie setzt sich für Gerechtigkeit zwischen dem deutschen und polnischen Volk ein und wendet sich gegen die Unterdrückung eines Volkes durch das Militär eines Nachbarstaates. – Dass Bettine von Arnim damit ein hochbrisantes Thema klarsichtig angeht, zeigt sich ein Jahrhundert später im heimtückischen Beginn des 2. Weltkrieges, dessen Machtwirkungen bis ins 21. Jahrhundert gehen. Für die Nachbarländer Deutschland und Polen ist Völkerverständigung und Versöhnung ein bleibendes Thema, und schon Bettine von Arnim hat festgestellt, „dass von ihrem [der Völker] Aneinanderhalten das Schicksal der Welt abhänge"[33]. Für die Schriftstellerin ist charakteristisch, dass sie die Zusammenhänge zwischen Armut und Gewalt, Hunger und Krieg aufgedeckt, die auch heute vielerorts wirksam sind. Frieden ist ohne soziale Gerechtigkeit nicht realisierbar.

Der zweite Punkt ist Religionskritik und Religionsdialog. Bettine von Arnim tritt in Fragen der Religion souverän auf und hält auch hier viel von Freiheit und Großmut. Im 'Königsbuch' wendet sich die Frau Rat an den Pfarrer: „Sie werden doch nicht daran glauben, daß Gott wie ein Krämer die Sünden abwägt."[34] Indem Bettine von Arnim durch die christlichen Konfessionen vagabundiert, verbindet sie diese zugleich und plädiert für Toleranz und Lernbereitschaft. Außerdem schaut sie über Religionsgrenzen hinweg und setzt sich im Blick auf das Ghetto in Frankfurt, das von menschenunwürdiger Bedrängnis gezeichnet ist, für die Juden und Jüdinnen ein:

> Und die Juden emporbringen nach so langem Darben, da müssen sie auch vorsichtig und zärtlich behandelt werden wie die ausländischen Pflanzen [im Treibhaus] und genährt mit dem, was die Seele groß macht, und muß ihnen keine Laufbahn verschlossen bleiben als nur, die sie erniedrigen kann.[35]

Fängt das Bild mit einer in heutigen Ohren verharmlosend klingenden Pflanzenmetapher an, so ist die Forderung danach, dass ihnen jede Laufbahn offen stehen soll, im Blick auf die vom Nationalsozialismus versuchte „Endlösung" des Judentums eine widerständige Perspektive. Auch in der heutigen Zeit, wo Religionen wieder stärker in der öffentlichen Debatte stehen und weltweit manche Blutspur ziehen, ist der Religionsdialog eine entscheidende Handlungsoption.

Und zum dritten nochmals der Punkt, der dieses Engagement initiiert: Armut bewegt. Für die heutige Zeit, wo Armut zunimmt und erneut zum drängenden Thema wird, gewinnt das Werk Bettine von Arnims an Bedeutung. Was geschieht, wenn Menschen verschiedenster Herkunft und unterschiedlichster kultureller Prägung sich von der Armut bewegen lassen, sich in Bewegung setzen, aufbrechen aus eingespurten Lebensbahnen, um mitten in

---

33 Bettina von Arnims Polenbroschüre. Im Auftrag der Deutschen Akademie der Künste eingeleitet und hrsg. von Ursula Püschel. Berlin (Ost): Henschel 1954, S. 128.

34 GW (Schmitz/von Steinsdorff), Bd. 3, S. 196.

35 GW (Konrad), Bd. 3, S. 269. – Dabei soll nicht verschwiegen werden, dass sie mit spitzer Zunge und dem Antisemitismus voll entsprechend in einem Brief an Achim von Arnim über den Juden Singer schreibt; vgl. Bw Arnim II, S. 513.

der Armut neue Reichtümer des Lebens zu entdecken? Das Gewaltsame und Gefährliche an der unfreiwilligen Armut ist, dass sie sich potenziert und auf immer weitere Lebensbereiche zugreift. Sie reduziert Lebensmöglichkeiten, beschneidet sie immer mehr, bis sie an die Grenze des Todes drängt. Diesen Teufelskreis beschreibt Bettine von Arnim, als sie 1844 Material für ihr 'Armenbuch' sammelt, dessen Publizierung wegen der unsäglichen Machtwirkungen des Weberaufstandes unterblieb. Und sie setzt sich zum Ziel, die Spirale der Armut zu durchbrechen und damit zu verhindern, dass die Macht der Armut übermächtig wird. Ihre querlaufende Idee einer „Verbrecheruniversität" verweist auf den Zusammenhang von Armut, Reichtum und Bildung, die in den heutigen europäischen und weltweiten Migrationsströmen Relevanz gewinnen. Bettine von Arnim setzt klare Lebenszeichen in heutige Fragen der Armut hinein.

Bettine von Arnim ist eine Lehrmeisterin der „Frühlingsbegeisterung". Beharrlich erinnert sie daran, dass die Profanität der Arbeitswelt und die Finanzmacht des Kapitals zwar machtvoll sind, aber nicht übermächtig werden dürfen. Mit der Feder in der Hand ist sie eine Kulturschaffende, die die Wissensform der Sozialreportage in die Literatur einführt. Die Lektüre ihrer Texte stellt vor die Frage, wie sich Kultur und Gesellschaft heute in Fragen der Armut positionieren und welche Ressourcen sie zur Verfügung stellen, um die Übermacht finanzieller Armut zu brechen.

In der Theologie und in der Literaturwissenschaft[36] wird Bettine von Arnim noch relativ wenig beachtet. Hier zeigt sich reichlich Forschungsbedarf und Entdeckungspotential. In einer Geschichte des Christentums, die Fragen der Armut in den Mittelpunkt rückt, nimmt sie – kaum wahrgenommen – einen prominenten Platz ein genauso wie in der Geschichte der europäischen Kulturen. Und sie erinnert mit visionärer Kraft daran, „daß ich an die Zukunft denken muß, wie an einen großen freien Plan auf dem die Welt ganz unabhängig von Meinungen und Willensstreit sollte neu geboren werden"[37].

---

36 Safranski beispielsweise grenzt Bettine von Arnim aus seiner Romantik-Analyse aus und erwähnt sie nur beiläufig an einer Stelle, wo es nicht um sie, sondern um andere Männer der Romantik geht; vgl. Rüdiger Safranski: Romantik. Eine deutsche Affäre. Frankfurt a.M.: Fischer Taschenbuch Verlag 2009 (= Fischer Taschenbuch, Bd. 18230), S. 186.

37 GW (Schmitz/von Steinsdorff), Bd. 1, S. 119.

Pia Schmid

Bettine von Arnim und die Soziale Frage

Bettine von Arnim war eine wache Beobachterin ihrer Zeit. Das galt auch für die Soziale Frage, die sich in den 30er und 40er Jahren des 19. Jahrhunderts immer vehementer stellte. Zwei Projekte verfolgte sie in diesem Zusammenhang: zum einen das 'Königsbuch', genauer das Buch mit dem merkwürdigen Titel *Dies Buch gehört dem König*, das 1843 erschien,[1] zum anderen das 'Armenbuch', an dem sie vor allem 1844 arbeitete, ein nie zu Ende geführtes Projekt, das als Konvolut vorhanden ist und in Teilen publiziert wurde.[2]

Im 'Königsbuch' behandelte Bettine von Arnim die Soziale Frage in Gesprächen mit der Frau Rat Goethe, mit einem Arzt und anderen, denen sie ihre Anschauungen in den Mund legte. Im 'Armenbuch' verfuhr sie anders, hier wollte sie vordringlich Material, Fakten über die Situation der Armen zusammenstellen.[3] Ich werde den Anhang zum 'Königsbuch' ins Zentrum stellen, die von Heinrich Grunholzer verfassten „Erfahrungen eines jungen Schweizers im Voigtlande". Dabei handelt es sich um Besuchsprotokolle über 33 Familien, die in den so genannten von Wülcknitzschen Familienhäusern im Voigtland lebten, einem Armendistrikt im Norden von Berlin. Die Bedeutung dieses Anhangs liegt darin, eine der ersten Sozialstudien zur Lage der Armutsbevölkerung in einer großen Stadt zu sein, in heutiger Diktion ließe sich auch von Anfängen qualitativer empirischer Sozialforschung sprechen.

Es wird also im Weiteren um eine seinerzeit vergleichsweise neue Art von Text, um eine Sozialstudie gehen, die Bettine von Arnim angeregt und deren Entstehen sie mit großem Interesse begleitet hatte. In einem ersten Schritt werde ich auf die sog. Soziale Frage in der ersten Hälfte des 19. Jahr-

---

1 „Der eigenartige Titel *Dies Buch gehört dem König* erklärt sich daraus, daß Bettine bereits vor dem Schreiben des Buches die Zustimmung Friedrich Wilhelms IV. zur Publikation eingeholt hatte. Während der Auseinandersetzung um die Wiedereinstellung der Brüder Grimm hatte sie Kontakt zum Kronprinzen und seinem einflussreichen Berater Alexander von Humboldt gewonnen. So konnte sie wie in einer 'Nische' – unter dem Schutz der mächtigsten Männer von Preußen – ihr Buch schreiben." Katalog 1985, S. 107.

2 Vgl. dazu: Wolfgang Frühwald: Die Not der schlesischen Weber. Zu Bettine von Arnims Armenbuch 1844. In: Katalog 1985, S. 269-280; Heinz Härtl: Bettinas 'Armenbuch'. Das überlieferte Material und seine Edition. In: Jb BvA 3 (1989), S. 127-136.

3 Geplant war das 'Armenbuch' als Materialsammlung über die Situation der schlesischen Weber, das Armenlisten und Berichte enthalten sollte; Bettine von Arnim hatte einen entsprechenden Aufruf, in dem sie die Zusendung von Material erbat, in überregionalen Zeitungen veröffentlicht und auch Material erhalten. Allerdings kam es nie zur Veröffentlichung, weil das Buchprojekt von den Ereignissen eingeholt wurde, dem Aufstand der schlesischen Weber, der bekanntlich militärisch niedergeschlagen wurde.

hunderts eingehen, um dann die „Erfahrungen eines jungen Schweizers im Voigtlande" zu behandeln: Wie, so die Fragen, kam Bettine von Arnim dazu, diesen Anhang in ihr 'Königsbuch' aufzunehmen und was wird darin berichtet? Abschließend soll Bettine von Arnim selbst zu Wort kommen mit ihrer 1845 geschriebenen Erzählung vom „Heckebeutel".

1. Die Soziale Frage in den 30er und 40er Jahren des 19. Jahrhunderts

Die Soziale Frage in der ersten Hälfte des 19. Jahrhunderts war nicht die Frage des Industrieproletariats – dies entstand erst noch, sondern die der Handwerker, der Tagelöhner, der ländlichen und städtischen Unterschichten, für die es immer schwieriger wurde, ein Auskommen zu finden. Von Verarmung bedroht, stiegen sie zunehmend in die Armutsschicht ab. „Armut", so Thomas Nipperdey, „wurde ab etwa 1830 ein Massenphänomen, nicht mehr individuelles, sondern kollektives Schicksal."[4]

Diskutiert wurde diese Verarmung immer größerer Teile der Bevölkerung von den Zeitgenossen als Pauperismus. Ursache der Verarmung bildete vor allem das Bevölkerungswachstum seit dem ausgehenden 18. Jahrhundert in Verbindung mit einer stagnierenden Wirtschaft und steigenden Lebensmittelpreisen. Immer mehr Menschen waren von Unterbeschäftigung bzw. Entlohnung unterhalb des Existenzminimums betroffen, also davon, dass sie nicht genügend Arbeit fanden bzw. für ihre Arbeit, wie die schlesischen Weber, immer schlechter bezahlt wurden und von ihrer Arbeit kaum noch leben konnten.[5] Im Lebensalltag der Betroffenen stellte sich das dar als Zwang, immer mehr zu arbeiten, wenn Arbeit vorhanden war, und dafür immer weniger Entlohnung zu erhalten.

Der Pauperismus stellte das gravierendste ordnungspolitische Problem der Zeit dar. Er löste heftige Debatten über seine Ursachen aus, bei denen sich im Wesentlichen zwei wissenschaftliche Positionen gegenüberstanden. Die eine Position, paradigmatisch in Friedrich Engels *Lage der arbeitenden Klasse in England* (1845) formuliert, sah den Pauperismus als „notwendige Begleiterscheinung der anlaufenden Industrialisierung". Pauperismus wurde hier „zum Synonym für die Lage des jungen Industrieproletariats, Pauperismus ist Pro-

---

4 Thomas Nipperdey: Deutsche Geschichte 1800-1866. Bürgerwelt und starker Staat. München: C.H. Beck 1983, S. 220. – Dem Berliner Statistiker Dieterici zufolge lebten in Krisenzeiten wie dem Jahr 1846 mit seiner Missernte 50 bis 60 Prozent der preußischen Bevölkerung am Rande der Hungergrenze. Vgl. Ulrich Wehler: Deutsche Gesellschaftsgeschichte. Bd. 2: 1815-1845/49. München: C.H. Beck 1987, S. 288. Siehe auch Christoph Sachße und Florian Tennstedt (Hrsg.): Bettler, Gauner und Proleten. Armut und Armenfürsorge in der deutschen Geschichte. Ein Bild-Lesebuch. Frankfurt a.M.: Fachhochschulverlag 1998, S. 158ff.

5 „Überschlägig kann man rechnen, dass nur für 80 % des vorhandenen Arbeitskräftepotentials (ca. 45% der Bevölkerung) Stellen vorhanden waren." Thomas Nipperdey: Deutsche Geschichte 1800-1866 (wie Anm. 4), S. 221.

letarisierung, das produktionskapitalistische Fabrikwesen ist der Verursacher". Für die andere Position stellte der Pauperismus „primär ein Ergebnis der zerfallenden spätfeudalen Agrargesellschaft, der unzureichenden 'Tragfähigkeit' ihrer Landwirtschaft und des Arbeitsplatzmangels angesichts eines unerhörten Bevölkerungswachstums" dar, wobei die Industrie im Gegensatz zu der ersten Position nicht als Verursacher, sondern als perspektivische „Rettung vor der Katastrophe"[6] gesehen wurde.

Eine weitere Perspektive auf den Pauperismus findet sich in Lexika der Zeit. So ist im 'Brockhaus' zu lesen, dass sich

> [...] die Ursachen und Quellen der Armuth [...] unter zwei Hauptclassen bringen [lassen], nämlich: selbstverschuldete, als Hang zur Trägheit, Faulheit und Müßiggang, und die daraus entstehende Neigung zur Unordnung, zu Spiel, zu Völlerei, Verschwendung, Wollust etc., wo auf unerwartete Unglücksfälle nichts zurückgelegt, sondern alles Erworbene sogleich vergeudet wird.[7]

Die andere Art des Pauperismus stelle die „unverschuldete Armuth" dar, die gefasst wurde „als Mangel an Verdienst bei sinkenden Gewerben und beim Höhersteigen der zum Unterhalte nothwendigen ersten Lebensbedürfnisse; Unglücksfälle durch Feuer- und Wassernoth, durch Betrug und Diebstahl wegen Mangels an Polizeiaufsicht über Gauner und Herumstreicher, durch Krieg etc."[8] Diese Unterscheidung in selbstverschuldete und nicht selbstverschuldete Armut stellte ein im 18. Jahrhundert gängig gewordenes Interpretament des zunehmenden gesellschaftlichen Problems der Verarmung dar, wobei die Bürger um 1840 davon ausgingen, dass der größte Teil der Armen sich seine Armut selbst zuzuschreiben hatte.

Wir müssen davon ausgehen, dass Bettine von Arnim die beiden oben referierten zeitgenössischen Lehrmeinungen zur Armut – Pauperismus als vom Industriekapital verursacht versus Durchgangsstadium zu besseren Zeiten – genauso bekannt waren wie die gängige Unterscheidung in selbstverschuldete und nicht selbstverschuldete Armut. Ihr war sicherlich auch klar, dass ihre Zeitgenossen, zumal die aus Adel und gehobenen Bürgertum, vorzugsweise den Armen selbst und keineswegs den sozialen Verhältnissen die Schuld an dem immer weniger übersehbaren Phänomen der Verarmung gaben. Eine Sichtweise, gegen die sie, wie wir an ihrer Erzählung wie auch im 'Königsbuch' sehen werden, dezidiert Stellung bezog.

---

6 Ulrich Wehler: Deutsche Gesellschaftsgeschichte. Bd. 2: 1815-1845/49 (wie Anm. 4), S. 283f.

7 [Stichwort:] Pauperismus. In: Allgemeine deutsche Real-Encyklopädie für die gebildeten Stände. Conversations-Lexikon. Leipzig: Brockhaus [11]1864, Bd. 2, S. 720f., hier: S. 720; in der 10. und 9. Auflage finden sich nahezu gleiche Formulierungen. – Die unverschuldeten Armen werden oft als so genannte „Hausarme" von gut situierten Familien mitversorgt. Vgl. etwa die Schilderung des Weihnachtsfestes in der ersten Generation der *Buddenbrooks* bei Thomas Mann.

8 [Stichwort:] Pauperismus. In: Allgemeine deutsche Real-Encyklopädie für die gebildeten Stände. Conversations-Lexikon (wie Anm. 7), Bd. 2, Sp. 720.

2. *„Erfahrungen eines jungen Schweizers im Voigtlande"*

Die „Erfahrungen eines jungen Schweizers im Voigtlande" bilden den Abschluss des 'Königsbuches'.[9] Das 'Königsbuch' hatte zwei Adressaten, den König und das Publikum. Mit Friedrich Wilhelm IV. (1795-1861) verband das liberale Bürgertum große Hoffnungen, die weitestgehende richtete sich auf die Einlösung des Verfassungsversprechens. Die Hoffnung richtete sich aber vor allem darauf, dass der König sich von der reaktionären Politik abkehren würde, Pressefreiheit oder zumindest eine Lockerung der Zensur gewähren würde. Was die preußische Zensur angeht, so müssen wir uns darüber klar sein, dass jedes Buch Bettine von Arnims die Zensur passieren musste. Ihr *Frühlingskranz* war 1844 erst nach Schwierigkeiten freigegeben worden. Mit der Berufung der Brüder Grimm an die Berliner Universität hatte der König den in ihn gesetzten Erwartungen durchaus entsprochen. Wilhelm und Jacob Grimm, alte Freunde Bettine von Arnims, waren im November 1837 als zwei der bekannten Göttinger Sieben entlassen und des Landes verwiesen worden, weil sie öffentlich gegen die Außerkraftsetzung der Verfassung durch König Ernst von Hannover protestiert hatten. Sie nach Berlin zu berufen, hatte Friedrich Wilhelm IV. schon als Kronprinz versprochen, auch auf Fürsprache Bettine von Arnims, und dass er sein Versprechen gehalten hatte, veranlasste Bettine von Arnim wohl zu weitergehenden Hoffnungen. „Sie sieht in dem König eine integrierende Figur, die gesellschaftlich ausgleichend eingreift im Sinne eines 'sozialen Königs', sieht ihn aber zugleich umgeben von einer reaktionär-pietistischen Hofkamarilla, die ihm den Blick für die realen Verhältnisse im Land verstellt."[10] Damit stand sie in der Tradition der Denkfigur vom guten König, dessen Fehler ausschließlich auf das Konto seiner Umgebung gehen, die ihn falsch berät. Bettine von Arnim war nicht nur, wie anfangs gesagt, eine wache, sondern zugleich auch eine königstreue Beobachterin ihrer Zeit. Mit ihrem Buch wollte sie den König wachrütteln, ihm vor Augen führen, wie es in seinem Land aussah. Er sollte etwas tun, für Verbesserungen sorgen. Sich selbst verstand Bettine von Arnim dabei als seine Beraterin.

---

9 Zum 'Königsbuch' vgl. Ursula Liebertz-Grün: *Dies Buch gehört dem König*. In: Jb BvA 3 (1989), S. 59-80.

10 Johann Friedrich Geist/Klaus Kürvers: Das Berliner Mietshaus 1740-1862. Eine dokumentarische Geschichte der „von Wülcknitzschen Familienhäuser" vor dem Hamburger Tor, der Proletarisierung des Berliner Nordens und der Stadt im Übergang von der Residenz zur Metropole. München: Prestel 1980, S. 214f. – In einem undatierten Brief hatte Bettine von Arnim Friedrich Wilhelm IV. geschrieben: „Weil ein Herrscher nicht alles vermag, so braucht er Minister, zum Raten, zum Helfen und zum Vollziehen. Wenn diese aber ihre Leidenschaften regieren lassen statt ihrer Ergebenheit, wenn sie sich als Mitregenten betrachten, so werden sie auch bald kein Maß mehr halten. Und endlich werden sie es für übel befinden, wenn der Herrscher auch in der geringsten Sache nur einen Willen haben will. Euer Majestät stehen unbewußt auf diesem Standpunkt, die Minister sind empört, wenn der König eine andre Willensmeinung als die ihrige äußert. Sie bilden eine Phalanx, um zu verhindern, dass er irgend gegen ihren Willen etwas durchsetze ..."; GW (Konrad), Bd. 5, S. 373.

Der zweite Adressat, das gebildete bürgerliche Publikum, sollte genauso wachgerüttelt werden; es sollte für die Soziale Frage, die Lage von Armen, aber auch die der Gefangenen sensibilisiert werden, es sollte sehen, dass etwas getan werden müsse, auch von ihnen.

Im Weiteren wird es um den Anhang an das 'Königsbuch' gehen, um die „Erfahrungen eines jungen Schweizers im Voigtlande", die Einblicke in die Lage der Berliner Armutsbevölkerung in den so genannten von Wülcknitzschen Familienhäusern bieten.[11] Diese Besuchsprotokolle hat Bettine von Arnim nicht selbst verfasst, es lässt sich auch nicht nachweisen, dass sie den Ort, die Familienhäuser, und die Menschen, um die es in den Besuchsprotokollen geht, jemals selbst aufgesucht hat.[12] Die Besuchsprotokolle verdanken sich vielmehr dem Umstand, dass Bettine von Arnim 1843, als sie an ihrem 'Königsbuch' schrieb, den jungen Schweizer Studenten Heinrich Grunholzer (1819-1873) kennen lernte und ihn, salopp gesagt, auf das Thema ansetzte, das ihn aber, wie wir sehen werden, bereits selbst beschäftigte.

Heinrich Grunholzer war ein 24jähriger Schullehrer, der „als Lehrer an der neu eingerichteten Sekundarschule in dem kleinen Industriestädtchen Bauma, nahe bei Zürich, angestellt war, wo er vor allem Arbeiterkinder unterrichtete"[13]. Nach Berlin war er gekommen, weil ihm vom Züricher Erziehungsrat, der Schulbehörde, 1842 ein einjähriger Urlaub gewährt worden war, „um sich an der Universität in Berlin in Philosophie, Philologie und Pädagogik weiterbilden zu können"[14]. Grunholzer war politisch und sozial interessiert und ist dem Liberalismus zuzurechnen.[15]

---

11 Zur Geschichte der Familienhäuser und zur öffentlichen Diskussion über sie haben Geist und Kürvers eine ausgezeichnete Studie vorgelegt, auf die ich mich im Weiteren immer wieder beziehen werde. Vgl. Johann Friedrich Geist/Klaus Kürvers: Das Berliner Miethaus 1740-1862 (wie Anm. 9), S. 200-248 und 273-323 (Kapitel 10.1 mit der systematischen Analyse der Grunholzer-Protokolle). – 1823 unter einem Baron von Wülcknitz erbaut und erstmals – noch feucht – bezogen, hießen diese Familienhäuser, die zu dieser Zeit größten Berliner Mietshäuser, die „von Wülcknitzschen Familienhäuser"; 1843 gehörten sie einem Rentier namens Heyer. Erstmals waren sie 1831 in den Blick der Öffentlichkeit geraten, weil hier aufgrund völlig unzureichender hygienischer Verhältnissen und ärztlicher Versorgung die Cholera besonders viele Todesopfer gefordert hatte. Die Bürger sahen in diesem Gebiet bzw. den Familienhäusern vor allem einen Ansteckungsherd; vgl. ebd.

12 Ebd., S. 215.

13 Ebd., S. 218.

14 Ebd. Grunholzer hatte seine Ausbildung an der Lehrerbildungsanstalt in Küssnacht erhalten. „Diese Anstalt ist Teil einer nach 1831 begonnenen Schulreform, die im Kanton Zürich als Versuchsprojekt durchgeführt wird und auf ein von der Kirche unabhängiges, staatliches und allgemein zugängliches Schulsystem zielt, in dem sämtliche Volksbildungsanstalten von der Volksschule bis zur Universität organisch miteinander verbunden sind. [...] Am 6.9.1839 kommt es in Zürich im Zusammenhang mit der Berufung des Religionskritikers und Hegelschülers David Friedrich Strauß an die dortige Universität zum gewaltsamen Putsch gegen die seit 1830 regierende fortschrittlich-liberale Partei, deren Hauptverdienst die Durchführung der Schulreform war. Zu den ersten Maßnahmen der neuen Regierung gehören die Entlassung von Thomas Scherr, dem Leiter der Lehrerbildungsanstalt in Küssnacht, und die Einführung einer Gesinnungsprüfung der Schullehrer, von denen ein offenes Glaubensbekenntnis zur Kirche gefordert wird. So kommt es, dass die Lehrer des Kantons Zürich den

Wir wissen sogar genau, wann und wie Bettine von Arnim und Heinrich Grunholzer sich kennen lernten, und zwar aus dessen Tagebuch. Es war am 24. Februar 1843 im Salon der Grimms:[16]

[Ich] machte […] eine besonders interessante Bekanntschaft. Ich stund, das Glas in der Hand, und sprach mit einem andern. Auf einmal höre ich an einen Becher klingeln mit den Worten: „Gesundheit du!" Ich schaute mich um und sah eine kleine Frau mit hellen Augen und zerzaustem Haar, die sah mich an und sagte. „Der will nicht mit mir Gesundheit trinken." – „Ich trinke gern auf die Gesundheit der Brüder Grimm", sagte ich und dachte, die kleine Person müsse verrückt sein. Bald nachher sagte mir Becker[17]: „Jene Kleine ist die berühmte *Bettine von Arnim.*" Ich staunte und gab mir alle Mühe, das „Kind", mit welchem Goethe korrespondierte, anzusehen, so genau als möglich. Sie erzählte, wie ihr Professor Weiß in Leipzig Vorwürfe gemacht, daß sie ihr Buch [die *Günderode*; P. S.] den Studenten gewidmet habe, daß sie geantwortet, er sei schuld, wenn er keine Führer mehr fände und sie alle Hoffnung der besseren Zeiten auf die Studierenden setzte etc. Dann setzte sie sich auf das Sofa, zog die Knie an, lehnte den Kopf an die Wand und foppte den Minister Hassenpflug, der neben ihr saß und ihr versprechen sollte, im Falle er Cultusminister werde, den Studenten Freiheit zu verschaffen. Beim Weggehen küßte sie die beiden Grimm und drückte uns die Hand.[18]

Bereits zwei Tage später besuchte Grunholzer mit zwei Freunden Bettine von Arnim, und dies ohne eingeladen zu sein. In seinem Tagebuch hielt er Gespräche fest und gab auch seinen Eindruck von Bettine von Arnim wieder:

Sie ist derb, klar, männlich fest. Man muß es sich gefallen lassen, wenn auf unbesonnene Antwort folgt: „Sie sind noch unerfahrener Jüngling", oder wenn man schweigt. „Was gucken sie sich mich an? Dürfen sie nicht heraus mit der Sprache?" Dagegen nimmt sie den heftigen Wider-

Kern des Widerstandes gegen die konservative Regierung, woran Heinrich Grunholzer, zunächst wegen seiner persönlichen Verbundenheit mit Scherr, maßgeblich beteiligt war." Ebd.

15 Er war vermutlich einer jener Gäste Bettine von Arnims, der jenen „Republikanern" und „Weltverbessern" des Arnimschen Salons der 1847/48er Jahre ähnelte, die in den Augen der Töchter nicht zu ihren Freunden passten, was, wie Maxe von Arnim berichtete, dazu führte, dass es eine Zeitlang „im Hause Arnim [...] zwei Salons [gab], einen demokratischen und einen aristokratischen. Links vom Saal in unseren Räumen empfingen wir unsere Freunde, rechts in ihren Zimmern Bettina ihre 'edlen Weltverbesserer'"; zitiert nach Wolfgang Frühwald: Die Not der schlesischen Weber. Zu Bettine von Arnims Armenbuch 1844 (wie Anm. 2), S. 269f.

16 Grunholzer war zu der Abendgesellschaft gebeten worden, nachdem er zuvor als Abgeordneter einer Gruppe von etwa 50 jungen Männern, Studenten, die den Brüdern Grimm vor deren Haus eine Huldigung gebracht hatten, d. h. bei Fackelschein (patriotische) Lieder gesungen hatten, das Wort ergriffen hatte. Er hielt fest, dass er sich in der Gesellschaft der Familie Grimm „unsäglich wohl fühlte"; Johann Friedrich Geist/Klaus Kürvers: Das Berliner Mietshaus1740-1862 (wie Anm. 10), S. 219.

17 Der erwähnte Becker gab auch eine Schilderung Bettine von Arnims: „Als wir hinauf kamen, wurden wir bald auf ein kleines altes Frauchen aufmerksam, die wie eine Fledermaus, der sie an struppigem Ansehn wenig nachstand, unstet umherschlüpfte. [...] Sie hat eigentlich gar nichts Weibliches an sich und ist in ihren Manieren schrecklich häßlich, aber ihr Gesicht ist trotz aller sich darauf kreuzenden Runzeln sehr schön und plastisch, ihr Auge ist feurig, fest und durchdringend. Sie gefiel mir eigentlich wenig den Abend, weil sie so schrecklich viel Unsinn schwatzte." Ebd., S. 219f. Nach einem Besuch bei ihr mit Grunholzer und einem weiteren Studenten änderte er allerdings seine Meinung. „Da habe ich denn wirklich Respekt vor der Frau bekommen und ihrem sittlichen Ernste, den ich bei ihr nicht gesucht." Ebd.

18 Ebd.

spruch nicht übel. Auf dem Sofa macht sie es sich ganz bequem. Wir weilten 2 volle Stunden bei ihr (von 4-6). Die Unterhaltung machte auf mich einen besseren Eindruck als auf meine Freunde, weil Bettinas Ansichten mit den meinigen übereinstimmten und diejenigen meiner Freunde nicht.[19]

Beim seinem nächsten Besuch, etwa zwei Wochen später (20.3.1843), sprach Bettine von Arnim mit dem jungen Mann über ihr 'Königsbuch'. Wenige Tage darauf (25.3.1843) erfuhr Grunholzer vom Wirt seines Stammlokals, der Vorsteher eines Hilfsvereins war, „von den Familienhäusern im Voigtland (vor dem Hamburger Tor), wo sich die Armen eingewohnt haben“[20]. Die Schilderungen einzelner Schicksale und der Verhältnisse in den Familienhäusern müssen ihn tief beeindruckt haben, denn er notierte den Entschluss, „Berlins Armut kennen[zu]lernen“ und ist fest überzeugt, „daß es zu großen Eigentumsrevolutionen kommen werde“[21]. Grunholzer verstand das Armutsproblem von Anfang an als ein politisches und soziales Problem. Am nächsten Tag (26.3.1843) besuchte er Bettine von Arnim ein weiteres Mal. Dabei erzählte er ihr vermutlich auch, was er von dem Gastwirt über die Familienhäuser erfahren hatte, und von seinem Vorsatz, „Berlins Armut kennen[zu]lernen“. Im Tagebuch notierte Grunholzer: „Sie schreibt an einem größeren Buche [dem 'Königsbuch'; P. S.], aus welchem sie mir das Gespräch über die Verbrecher vorlas. Ich schnitt ihr Federn dabei.“ Darauf folgt ein wichtiger Satz: „Ich muß ihr eigenes Material verschaffen.“[22]

Dies „eigene Material“ bilden die Besuchsprotokolle, die Grunholzer in den nächsten vier Wochen zu Papier brachte.[23] Ob die endgültige Fassung von ihm selbst oder von Bettine von Arnim stammte, lässt sich, so Johann Friedrich Geist und Klaus Kürvers, nicht ermitteln.[24] Auf jeden Fall war es Bettine von Arnim sehr wichtig, diese Besuchsprotokolle im Anhang des 'Königsbuchs' der Öffentlichkeit (und dem König) zugänglich zu machen, und sie hat sie verschiedentlich als den wichtigsten Teil ihres 'Königsbuchs' bezeichnet.[25] Von ihr selbst stammt ein kurzer Vorspann, mit dem der Autor Grunholzer allerdings nicht ganz zufrieden war.[26] Grunholzer hat von Bettine von Arnim übrigens ein Honorar von 50 Talern erhalten, damit hatte er nicht gerechnet und war sehr erfreut darüber.[27]

---

19 Vgl. ebd., S. 221
20 Ebd.
21 Ebd.
22 Ebd.
23 Für die Zeit vom 29.3. bis zum 6.4.1843 hält er diese Beobachtungen auch im Tagebuch fest, so dass man den ersten Eindruck mit der Druckfassung vergleichen kann.
24 Vgl. Johann Friedrich Geist/Klaus Kürvers: Das Berliner Mietshaus 1740-1862 (wie Anm. 10), S. 221.
25 So hielt Grunholzer in seinem Tagebuch unter dem Datum 8.4.1843 folgenden Bemerkung Bettine von Arnims fest: „Ich bin Ihnen so gut; Ihre Berichte sind mehr wert als mein ganzes Buch“; ebd., S. 228.
26 „Die Vorrede, welche Bettina zu meinem Bericht gesetzt hat in ihrem Buche (dies Buch gehört dem König), gefällt mir nicht ganz. Es sind konfuse Sätze darinnen.“ Ebd., S. 238.
27 Vgl. ebd.

Um noch einmal auf die Bedeutung der Besuchsprotokolle als Anfänge von Sozialstudien, von qualitativen empirischen Erhebungen zu kommen: Heinrich Grunholzer war nicht der erste, der Sozialstudien bzw. Besuchsprotokolle vorlegte. Das hatten, um zwei Beispiele zu nennen, vor ihm schon Johann Hinrich Wichern (1808-1881) und Flora Tristan (1803-1844) getan. Wichern hatte in einer Rede auf der Grundlage eigener Besuchsprotokolle die Verhältnisse der Hamburger Armenbevölkerung im Viertel St. Georg, dem Gängeviertel, dargestellt; für ihn stellte sich deren Situation als 'Entartung' dar, Ursache war für ihn vor allem die mangelnde Religiosität unter den Armen, was ihn aber nicht daran hinderte, präzise die Situationen zu Papier zu bringen, die er bei den Armenfamilien vorfand.[28] Flora Tristan hatte in ihren *Promenades des Londres, ou l'aristocratie et les prolétaires anglais* (1840) über die Situation von Arbeiterinnen und Arbeitern in englischen Industriestädten berichtet; ihrem Buch lagen ausführliche eigene Beobachtungen in Londoner Slums zu Grunde.[29] Grunholzer war auch nicht der erste, der auf die Zustände in den Familienhäusern aufmerksam machte.[30] Er war aber der erste, der systematisch deren Bewohner nach ihren Erfahrungen mit ihrer Armut befragte, sie modern gesprochen, als Experten in eigener Sache ansprach, ohne zu skandalisieren.

Bevor Grunholzer selbst zu Wort kommen soll, werde ich kurz auf das „Voigtland" und auf die Familienhäuser eingehen. Das Voigtland lag im Norden Berlins, vor dem Hamburger Tor. Seit den 1740er Jahren bebaut, hatte sich das Gebiet zu einer Armenvorstadt entwickelt. Die insgesamt sechs Familienhäuser waren von einem Baron von Wülcknitz Anfang der 1820er Jahre errichtet worden, weswegen sie auch die von Wülcknitzschen Familienhäuser genannt wurden.[31]

---

28 Vgl. Johann Hinrich Wichern: Sämtliche Werke. Bd. 4/1. Berlin: Lutherisches Verlags Haus 1958, S. 97-116 (*Ansprache auf der Gründungsversammlung des Rauhen Hauses vom 12. September 1833 in Hamburg*).

29 Friedrich Engels wird sich in seiner Schrift *Die Lage der arbeitenden Klasse in England* (1845) maßgeblich auf Flora Tristans *Promenades* stützen.

30 Geist und Kürvers haben ausführlich rekonstruiert, was bis zum Erscheinen des 'Königsbuchs' über die Familienhäuser publiziert worden war. Am Anfang steht der *Bericht über die innere Verfassung, den physischen und moralischen Zustand der Bewohner der von Wülcknitzschen Familienhäuser und deren Mängel nebst Gutachten zur Abhülfe derselben* vom Armenarzt Thümmel im Auftrag des Magistrats verfasst; er wurde in 50 Exemplaren für den amtsinternen Gebrauch gedruckt. Auszüge dieses Berichtes sickerten durch und erscheinen in Nr. 241 des *Berliner Intelligenz-Blatts* vom 7. Oktober 1828; siehe Johann Friedrich Geist/Klaus Kürvers: Das Berliner Mietshaus 1740-1862 (wie Anm. 10), S. 194-199. Der Arzt hatte in seinem abschließenden Gutachten 12 Mängel festgehalten, die dringend zu beheben wären, was zum größten Teil bis 1843 nicht geschehen war. 1831, im Zusammenhang mit der Choleraepidemie werden die Familienhäuser, in denen es zu zahlreichen Todesfällen gekommen war aufgrund der mangelhaften hygienischen Verhältnisse, in der Presse erwähnt, u.a. 1842 in der bekannten *Rheinischen Zeitung*; vgl. ebd., S. 200-213.

31 Das Areal umfasste 13 Gebäude, sechs davon waren die so genannten Familienhäuser, die vier oder fünf Stockwerke hatten. Beim Erstbezug 1823 waren die Räume nicht ausgetrocknet und noch so feucht, dass das Wasser von Decke und Wänden rann – und sie blieben

Hier wohnten etwa 2500 Personen in ca. 400 Wohnungen, also rund sechs Personen pro Wohnung, wobei Wohnung eine eher euphemistische Bezeichnung wäre: es waren Stuben von 16 bis 26 Quadratmetern mit je zwei schmalen Fenstern.[32] Auf dem Gelände gab es ein Gebäude mit 50 Abtritten[33]. Für die Wasserversorgung standen zwei Brunnen zur Verfügung.[34] Beim Gang zum Brunnen riskierte man, vom Inspektor auf Mietrückstände, und die hatten etwa drei Viertel der Bewohner,[35] angesprochen zu werden; war man drei Monate im Rückstand, wurde man exmittiert und kam ins Arbeitshaus unter Einbehaltung sämtlichen Besitzes. Für einen Weber hieß das, dass er seinen Webstuhl und damit sein Arbeitsmittel verlor.

Wir müssen davon ausgehen, dass die Leserinnen und Leser des 'Königsbuchs' das Voigtland nicht aus eigener Anschauung kannten, es sei denn, sie waren in einem der dort aktiven privaten Wohltätigkeitsvereine engagiert, etwa dem Krankenverein. Man ging nicht ins Voigtland, es war ein berüchtigter Bezirk, modern gesprochen eine *no-go-area* wegen der Armut, auch Kriminalität, und wohl auch, weil dort, im Berliner Norden, bis 1842/43 der Galgen gestanden hatte.[36] Ins Blickfeld auch der besseren Leute war das Voigtland 1831 bei der erwähnten großen Choleraepidemie geraten, die dort und vor allem in den Familienhäusern wegen der völlig unzureichenden sanitären und hygienischen Verhältnisse besonders viele Opfer gefunden hatte.

Begegnen konnten die Leserinnen und Leser Männern, Frauen und Kindern aus dem Voigtland in der Stadt allerdings durchaus, etwa als Sandjungen, die den Scheuersand in die Haushalte lieferten, oder als Marktträgerinnen, das waren Mädchen oder Frauen, die Bürgersfrauen beim Einkauf die Körbe hinterher trugen. Leute aus dem Voigtland konnten aber auch dann ihren Weg kreuzen, wenn diese, was streng verboten war, in der Stadt bettelten. In den Protokollen erschien das als in die Stadt „für Brot gehen". Dabei setzten sich die Armen der Gefahr aus, verhaftet und ins Arbeitshaus gebracht zu werden.

Zurück zu Heinrich Grunholzer, der, um es zu wiederholen, als erster *systematisch* die Lebenssituation der Bewohner der Familienhäuser erforschte und diese dafür befragte. In vier Wochen suchte er insgesamt 33 Wohnungen auf, verteilt über alle Tage der Woche, und hielt seine Beobachtungen zuerst im Tagebuch fest, auf dessen Grundlage er den Bericht erstellte. Dabei ging Grunholzer so vor, dass er die Armen in ihren Wohnungen aufsuchte. Vorzu-

---

feuchte und dumpfe Wohnungen; vgl. ebd., S. 96.

32 Diese Quadratmeterzahlen gelten für das so genannte „Lange Haus", in dem sich mit 312 von 426 Stuben etwa drei Viertel des vermietbaren Wohnraums der von Wülcknitzschen Familienhäuser befand. Vgl. ebd., S. 102, 107

33 Diese Zahl gilt für 1827, was bei der damaligen Bewohnerzahl von 2108 Personen bedeutete, dass für 44 Personen ein Sitz zur Verfügung stand; vgl. ebd., S. 99.

34 Vgl. ebd., S. 100.

35 Vgl. ebd., S. 276.

36 Vgl. ebd., S. 48-52.

stellen ist sich das so, dass er durch die Korridore der Familienhäuser ging und sich entweder spontan entschied, etwa wenn er hörte, dass ein Weber hinter der Tür arbeitete, oder er erkundigte sich beim Inspektor der Familienhäuser, wo er besonders arme Familien antreffen könnte. Er klopfte an und fand, sicher auch, weil er gelegentlich Geld gab, – hatte Bettine von Arnim es ihm zur Verfügung gestellt? – in aller Regel Menschen, die ihm bereitwillig erzählten, wie sie in die Familienhäuser geraten waren. Niemand wohnte gerne dort. Dem Einzug war immer ein sozialer Abstieg vorausgegangen: man konnte sich die Mieten in der Stadt nicht mehr leisten, wegen der Höhe, aber auch, weil sie halbjährlich im Voraus zu begleichen war, während man in den Familienhäusern monatlich zahlte, was den meist prekären Einkommensverhältnissen entgegen kam.[37]

Grunholzer sah sich in den Wohnungen, genauer: den Stuben um, er hielt Ausstattung, Zustand, Arbeitsgeräte fest, fragte nach den beruflichen Umständen, den Erwerbsmöglichkeiten und Höhe sowie Zusammensetzung des Familieneinkommens, weiter nach Ausgaben für Miete, Nahrung, Feuerung und Kleidung. Er trug also in erster Linie Sozialdaten zusammen, aber er hielt auch fest, wie er aufgenommen worden war und oft auch, was für einen Eindruck die Befragten auf ihn gemacht hatten.

Im Folgenden werde ich Heinrich Grunholzer selbst mit vier Darstellungen zu Wort kommen lassen; ausgewählt habe ich diese Beispiele unter dem Gesichtspunkt der Unterschiedlichkeit. Bei seinem dritten Besuch in den Familienhäusern ließ Grunholzer sich von deren Inspektor die ärmsten Familien nennen und kam so zu dem Schuhmacher Schadow.[38] Grunholzer schrieb:

Im Dachstübchen Nr. 76 wohnt ein Schuster, *Schadow*. Ich sah lange Zeit durch die gespaltene Türe ins Zimmer. Er arbeitete fleißig; die Frau saß am Boden und nähte einige Lumpen zusammen; zwei kleine, halbnackte Kinder saßen am Boden und spielten mit einer alten Tabakspfeife. Als ich eintrat, war Schadow ganz erschrocken; er hatte mich für den Inspektor gehalten, dem er Miete schuldig ist, und sah sich gern enttäuscht. Das Zutrauen der Unglücklichen hat man sich bald erworben: es dauerte nicht lange, so erzählte mir der Mann seine ganze Lebensgeschichte; daß er dabei nicht viel von seinen Fehlern sprach, schien mir sehr verzeihlich und zum Teil überflüssig, da ich an ihm ja leicht merken konnte, daß er den Branntwein liebt und seine Frau sehr unordentlich ist. Sch. ist der Sohn armer Eltern; er konnte Berlin nie verlassen, weil er dieselben bis zu ihrem Tode unterstützen mußte. Er verheiratete sich früh, etablierte sich in der Stadt und machte gute Geschäfte. Seine Familie vermehrte sich schnell, worauf er bei seinen Ausgaben zu wenig Rücksicht nahm und was daran schuld gewesen sei, dass er in der Stadt nicht mehr wohnen konnte. (Große arme Familien werden von den Hausbesitzern nicht geduldet.) 1836 zog er ins Familienhaus. Fünf seiner Kinder starben an den Pocken, und während sie krank waren, fehlte es ihm an Arbeit. Von niemandem unterstützt, geriet er dadurch so in Schulden, daß er mehrmals aus dem Hause geworfen werden sollte. Er verkaufte Hausgeräte und Kleider und ist jetzt so entblößt von allem, daß er nicht einmal ein Hemd besitzt. Durch Arbeit kann er sich nicht wieder aufschwingen, weil es ihm an Leder fehlt und die Flickarbeit, die er den Leuten im Familienhause macht, schlecht bezahlt wird. Zudem hat er mit zwölf anderen Schustern, die am gleichen Orte wohnen, zu konkurrieren. Ich sah es selbst, wie seine Frau um Arbeit ausging und er unterdessen die Kinder hütete. Es war drei Uhr abends, und er hatte an demselben Tag erst zwei

---

[37] Vgl. ebd., S. 278.
[38] Vgl. ebd., S. 274.

Silbergroschen verdient; den einen gab er wieder aus für Zwirn, für den anderen kaufte er Brot. Das Kleine fing an, vor Hunger zu weinen. Sch. hatte soeben einen Schuh geflickt und gab ihn der Frau mit den Worten: „Trage ihn fort, laß dir einen Sechser dafür geben und bring dem Kind ein Semmelbrot; es hungert." Die Frau kam mit leerer Hand zurück; das Mädchen, dem der Schuh gehörte, konnte nicht bezahlen. Das Kind weinte noch immer, und Vater und Mutter weinten mit. Ich half mit einigen Groschen aus der augenblicklichen Verlegenheit. Schnell sagte Sch. zu seiner Frau: „Nun geh, hole für sechs Pfennig Brot, für drei Pfennig Kaffee und für drei Pfennig Holz; das übrige lege in den Schrank, ich will es dem Inspektor bringen; vielleicht hält er die Klage noch zurück." Es war ihm ein Stein vom Herzen genommen, er schaute zum Fenster hinaus und meinte, es könnte doch ein fruchtbares Jahr geben. Dann fing er auch an, zu politisieren: es schade ihm viel, daß von den Schuhfabrikanten in Spandau so wohlfeil gearbeitet werde, daß nur die großen Bäcker den Brotpreis bestimmen; am meisten aber, daß der Hausherr so viel Abgaben bezahlen und deshalb die Wohnungen so teuer vermieten müsse; in einem freien Land gebe es gewiß nicht so viele Arme. – Bald war die Frau wieder zurück. Es wurde Feuer gemacht im Ofen und Brot verteilt. Die Kinder warteten aber mit ihrem Teilen nicht, bis der Kaffee fertig war. –

Sch. wird nicht unterstützt. Es heißt: man gebe den Leuten im Familienhause nicht gerne; es seien da so viele Arme, dass die Armendirektion derselben nicht mehr los würde, wenn sie einmal zu helfen anfinge. Sollte Sch. nichts bekommen wegen seiner Liederlichkeit, so wäre dies sehr ungerecht. Wo die Not so groß ist, muß man tätig unterstützen, nicht moralisieren, bis die Leute vor Hunger sterben. Auch ist zu bedenken, dass die Hoffnung, wieder aufzukommen, Kraft gibt zur Bekämpfung des Leichtsinns.[39]

Der Schuhmacher Schadow stellt einen Extremfall dar. Grunholzer hat in seinem Tagebuch notiert, er sei der „ärmste Mann, den [er] je gesehen habe"[40]. Das lag sicher auch daran lag, dass er und seine Familie keinerlei öffentliche Unterstützung erhielten und er so gut wie keine Arbeit fand, vielleicht auch an seinem Lebenswandel – Stichwort: Branntwein. Dem Sozialforscher avant la lettre trübte das allerdings nicht die Sicht auf die objektiven Verhältnisse, die unter anderem davon bestimmt waren, dass es für zwölf Flickschuster bei einer derart armen Kundschaft wie der in den von Wülcknitzschen Familienhäusern nicht ausreichend Arbeit geben konnte bzw., wie in dem Bericht vermerkt, eine arme Kundin einem armen Schuster die Arbeit, die er für sie verrichtet hatte, nicht bezahlen konnte.

Ein ganz anderes Bild bot sich Grunholzer bei der Witwe Möltner:

Die Stube der Witwe *Möltner* sieht gut aus. Die Hausgeräte sind in gutem Zustande und sehr rein gehalten. Möltner war ein Schuster, gab das Handwerk auf, arbeitete als Tagelöhner, ergab sich dem Trunke, infolgedessen er vor drei Jahren starb. Die Witwe bezieht für ihre zwei Kinder zweieinhalb Taler monatlich Pflegegeld. Über die Erziehung der Kinder wird von den Vormundschaftsbehörden sorgfältig gewacht. Das dreizehnjährige Mädchen arbeitete in einer Tabaksfabrik von fünf Uhr morgens bis sieben Uhr abends; von sieben bis neun besuchte es die „Nachhülfeschule". Seit einiger Zeit geht es aber mit Damen in der Stadt auf den Markt. Gleiche Dienste verrichtet die Mutter. An einzelnen Tagen verdienen sie auf diese Weise in wenigen Stunden bis auf 25 Silbergroschen; zuweilen aber auch nichts. Die Miete wird regelmäßig bezahlt aus den Pflegegeldern: An Nahrungsmitteln leidet die Familie in diesem Augenblicke keinen Mangel. Die Frau darf aber nur einige Tage krank werden, so fehlt es an Brot.[41]

---

[39] GW (Konrad), Bd. 3, S.231f.
[40] Zitiert nach ebd., S. 480.
[41] Ebd., S. 240.

Die materielle Situation dieser Bewohnerin des Familienhauses – Grunholzer vermerkte den guten Zustand des Hausgeräts – war entschieden besser als die des Schusters Schadow. Das lag vor allem an dem Pflegegeld der Armenbehörde für die beiden Kinder. Damit konnte auf jeden Fall die Miete bestritten werden; außerdem arbeiteten die Mutter und die dreizehnjährige Tochter, beide „gehen mit Damen", d. h. sie tragen gut situierten Frauen deren Einkäufe nach Hause.[42] Grunholzer schließt mit der folgenden Beschreibung an:

Eine viel dürftigere und weniger unterstützte Witwe wohnt im Keller Nr. 12 des gleichen Hauses. Ihr Mann, Grenzaufseher *Kayser*, ist vor elf Jahren gestorben. Erst seit einem Jahre bezieht sie Pflegegeld, und zwar nur für den älteren Knaben, der bald das Alter erreicht, wo jenes gesetzlich entzogen wird. Sie ernährt sich mit Spulen, wobei im Durchschnitt dreidreiviertel Silbergroschen täglich verdient werden. Oft fehlt es an Arbeit. – Man darf sich hier durch den Anblick der wohlerhaltenen Hausgeräte nicht täuschen lassen über die Lage der Familie. Diese Frau hungert lieber einen Tag, als daß sie Bettzeug oder Kleider verkaufte, weil sie diese nie wieder ersetzen könnte. Auch läßt sie die beiden Knaben nicht in zerrissenen Kleidern umhergehen. Lieber flickt sie aus zwanzig Stücken ein Paar Hosen zusammen. Bei Tische muß es schmal zugehen. Heute Mittag wurde vier Personen für sechs Pfennig Hafergrütze gekocht und das Brot so spärlich ausgeteilt, daß es der größere Knabe verdrießlich zurückgab und aus dem Zimmer lief. – Witwe K. beklagt sich darüber, daß man sich zu sehr erniedrigen müsse, wenn man etwas von der Armendirektion erhalten wolle. Sie habe genug geweint, bis sie für ein Kind das Pflegegeld erhalten; lieber wolle sie Hunger leiden, als sich zum zweiten Male Faulheit und Leichtsinn vorwerfen zu lassen. – [...]
Die Frauen [die Witwe Kayser lebt mit ihrer verwitweten, kinderlosen Schwester zusammen; P. S.] erzählten mir von einer Gesellschaft, die im Familienhause Betstunde halten. Man dürfe sich nur für diese einschreiben lassen, so werde man von reichen Damen unterstützt. Sie halten aber nichts auf das Sektenwesen und wollen mit heuchlerischem Gebete kein Geld verdienen. Ebenso gehöre der Lehrer an der untern Knabenschule einer Sekte an und suche Anhänger unter den Armen im Familienhause. Er fordere eine Selbstprüfung, die alle Zeit zur Arbeit wegnehme; deshalb können sie sich nicht an ihn anschließen. So kommt es, daß die frommen Wohltäter an der Tür der beiden Witwen, die keine Betschwestern sein wollen, vorübergehen.[43]

Diese Bewohnerin erhielt zwar auch Pflegegeld für eines ihrer Kinder, aber erst seit einem Jahr und das Ende der Unterstützung war absehbar. Auch sie arbeitete, sie spulte Garn in Heimarbeit, allerdings ließ sich nicht immer Arbeit finden. Weiter ist hier zu erfahren, dass Arme bei ihrem Ersuchen um Unterstützung mit Demütigungen seitens der Armenbehörde rechnen mussten, konkret dem Vorwurf, leichtsinnig und faul zu sein, also ihre Armut selbst verschuldet zu haben.[44] Und wir erfahren von der Moral, dem Stolz dieser armen Frauen: mit 'heuchlerischen Gebeten' an private Wohltätigkeit heranzukommen, kam für sie nicht infrage. Dass trotz dieser dürftigen Lage

---

42 Dass die Dreizehnjährige 14 Stunden täglich in einer Tabakfabrik gearbeitet hatte, sechs Tage wöchentlich, zeigt, dass das preußische Regulativ vom 9. März 1839 (Regulativ über die Beschäftigung jugendlicher Arbeiter), mit dem die Kinderarbeit von 9-16 Jährigen auf maximal 10 Stunden täglich begrenzt worden war, keineswegs eingehalten wurde.

43 GW (Konrad), Bd. 3, S. 240f.

44 Hierher gehört auch die Praxis der Waisenbehörde, Kindern bei der Einsegnung – auf Ersuchen – Kleider zu spenden, denen man am Schnitt ansah, dass sie von dieser Behörde kamen, also die Träger von ihr anhängig waren, wie er bei seinem Besuch bei der Witwe Kessler erfahren hatte; vgl. ebd., S. 246.

die Hausgeräte wohl erhalten sind, zeugt von dem Bemühen, nicht in völlige Armut abzugleiten: die Witwe Kayser wusste, dass sie einmal verpfändete Gegenstände – zum Pfandleiher zu gehen, war das gängige Verfahren, wenn kein Geld im Haus war – nie wieder würde auslösen können und deshalb sparte sie da, wo es möglich war, am Essen, vor allem bei sich selbst.

Der folgende Bericht ist von Interesse, weil Grunholzer hier ausführlicher als in den vorherigen Berichten Gespräche und seinen persönlichen Eindruck notierte:

In Nr. 5 wohnt *Unger*, ein recht geschickter Weber. [...] Ich unterhielt mich lange mit Unger und seiner Frau; er ist ein so verständiger und braver Mann, und so heiter und freundlich, daß es mir ganz wohl zumute wurde. Ich dachte nicht mehr an jenes ungünstige Zahlenverhältnis[45], sah das Stroh nicht unter der leichten Bettdecke und achtete nicht mehr auf die Lumpen, in welche die Kinder gehüllt waren. Ich hörte keine Klage; der Hausvater trieb eifrig das Weberschiffchen hin und her und erzählte mir scherzend, daß es ihm mit den Kindern gehe, wie dem bekannten Schuster Flick, der ein Kleines fortragen wollte und zwei zurückbrachte. Die Mutter hielt das kleinste Kind auf der Schürze und trieb das Spulrad. Dabei erzählte sie vergnügt, daß zwei Kinder die Schule besuchen und recht viel lernen. Es zeigt sich auch hier, daß die Armen ihre größte Freude an den Kindern haben und fest darauf rechnen, daß diese durch den Schulunterricht aus dem Elend gerissen werden. – Ist es nicht barbarisch, daß man heutzutage die Fruchtbarkeit der Armen tadelt? Ich hörte schon oft sagen: Warum zeugen die Leute so viele Kinder, wenn sie diese doch nicht ernähren können![46]

Grunholzer fand auch hier eine Familie, deren Einkünfte, soviel der Mann webte und die Frau spulte, und das taten sie ununterbrochen während seines Besuchs, für den Lebensunterhalt nicht ausreichten. Aus seiner Sympathie für das Ehepaar Unger machte er keinen Hehl. Die beiden beeindruckten ihn mit ihrer offensichtlichen Klaglosigkeit wie auch ihrer Munterkeit, besonders mit der Freude an ihren Kindern und den Hoffnungen, die sie für diese hegten.

Etwa vier Wochen recherchierte Grunholzer im Voigtland und hätte seine Untersuchung gerne noch weiter geführt, aber nachdem sich herumgesprochen hatte, dass er gelegentlich Geld schenkte, wurde er wohl derart von Frauen und Kindern verfolgt, dass er seine Besuche einstellte. Abschließend schrieb er:

Es sind indessen die angeführten Beispiele weder ausgesucht noch ausgemalt, so daß sich leicht auf die übrigen Bewohner der Familienhäuser schließen läßt; und für einmal ist deutlich genug nachgewiesen, wie man die Leute durch alle Stufen des Elendes in den Zustand hinabsinken läßt, aus welchem sie sich, selbst mit erlaubten Mitteln, nicht wieder herausarbeiten können; und daß mit den als Almosen hingeworfenen Zinsen der Armengüter keinem aufgeholfen wird.[47]

Mit diesem Resümee bezog Grunholzer deutlich Stellung gegen die gängige zeitgenössische Unterscheidung zwischen selbstverschuldeter und nicht

---

45 Grunholzer hatte erfragt, was die Familie verdiene und für Miete, Feuerholz und Nahrung brauche: „Wenn diese Leute nur zweimal essen am Tage, so beläuft sich die monatliche Ausgabe (zwei Taler Miete eingerechnet) auf sieben Taler fünfzehn Silbergroschen, während die Einnahme im günstigsten Falle nur sechs Taler zehn Silbergroschen beträgt.“ Ebd., S. 230.

46 Ebd.

47 Ebd, S. 249.

selbstverschuldeter Armut. Die Armut, die er im Voigtland vorgefunden hatte, hatte er als Ergebnis schwieriger, je unterschiedlicher immer prekärer werdender Verhältnisse beschrieben, genauer: von Verarmungsprozessen, auf die kommunale Armenpolitik wie auch private Wohltätigkeit völlig unzureichend reagierten. Dabei argumentierte er mit Familienbudgets:[48] Er ging so vor, dass er in gut soziographischer Manier die Einkünfte aus der Erwerbstätigkeit der einzelnen Familienmitglieder und gegebenenfalls der Unterstützung durch die Armenbehörde sowie durch private Wohltätigkeit (Pflegegeld für Waisen, Unterstützung für Invalide, einmalige Geldleistungen, Armensuppen) erhob und mit den Ausgaben der Armen für Miete, Nahrung, Feuerung gegen rechnete. Grunholzer konnte dabei deutlich machen, dass Arbeit und gegebenenfalls Unterstützung von Armenbehörde und privater Wohltätigkeit in aller Regel nicht ausreichten, um Tag für Tag satt zu werden, nicht zu frieren, hinlänglich gekleidet zu sein und vor allem die Miete aufbringen zu können, und das, obwohl die Armen arbeiteten bzw. sich um Arbeit bemühten. Aber sie waren damit konfrontiert, dass Arbeit immer knapper wurde: als Fabrikarbeiterin, Schuster, Weber oder Tagelöhner sein Auskommen zu finden, war immer schwieriger geworden. Die Verarmungsprozesse, die stets mit dem Umzug von der Stadt in die Familienhäuser im Voigtland angefangen hatten und in der Regel durch längere Krankheiten oder Arbeitslosigkeit beschleunigt wurden, wären, wie Grunholzer für einzelne Familien detailliert aufzeigen konnte, durch eine effektivere Armenunterstützung aufzuhalten gewesen, mit der sich Verkauf oder Verpfändung von Arbeits- bzw. Hausgeräten hätten umgehen lassen.[49]

Aber indem er für einzelne wie die Witwe Kayser zeigte, dass sie mit großer Energie, und das hieß neben dem Bemühen um Arbeit vordringlich Sparen, genauer: am Essen Sparen, also Hungern, sich gegen den weiteren sozialen Abstieg wehrten, den ein Verkauf von Hausgeräten bedeutet hätte, zeigte Grunholzer Arme nicht nur als Opfer, sondern auch als Handelnde, wenn auch mit extrem begrenzten Handlungsoptionen, aber mit eigenen Wertvorstellungen. Hierher gehörte auch der bewusste Verzicht auf private Wohltätigkeit, wenn sie an persönlich inakzeptable Bedingungen geknüpft war. Darüber hinaus interessierte ihn an den Armen auch, was nicht unmittelbar mit ihrer Armut zu tun hatte, sei es das Politisieren des Schusters Schadow, sei es die Freude an ihren Kindern beim Ehepaar Unger oder die musikalische Begabung eines Jungen, der ausgezeichnet Zither spielte, aber, wie Grunholzer bedauernd festhielt, mit keinerlei Förderung rechnen konn-

---

48 Diese Familienbudgets erstellte Grunholzer nicht für alle Familien en detail, aber bei allen Armen, die er aufgesucht hatte, machte er deutlich, dass sie in prekären Verhältnissen lebten, etwa indem er vermerkte, dass die Einkünfte aus Arbeit nur so lange garantiert blieben, wie keine unvorhergesehenen Ereignisse wie Krankheit eintrafen.

49 Vgl. z.B. das Protokoll des Besuchs bei dem Schneider Engelmann; GW (Konrad), Bd. 3, S. 234ff.

te.[50] Bei den Lebensgeschichten, die sie ihm erzählten, bei den darüber hinaus gehenden Gesprächen oder beim äußeren Zustand der Stuben achtete er auf das, was seinen Informanten wichtig war und war dabei, das ist das Besondere an Grunholzers Protokollen, offen für ihre eigenen Sinndeutungen, offen dafür, wie sie ihrem Leben in der Armut und jenseits von ihr einen Sinn gaben.[51]

3. Die Erzählung vom „Heckebeutel"

Bislang ist Bettine von Arnim nicht selbst als Autorin zur sozialen Frage zu Wort gekommen, sondern nur als Anregerin der Grunholzerschen Besuchsprotokolle. Es existiert aber auch eine Darstellung von Armut aus ihrer Feder, keine Sozialstudie, sondern ein literarischer Text, die Erzählung vom „Heckebeutel" aus dem Jahr 1845, die zum Konvolut der Armenpapiere gehört.[52] Ein Heckebeutel, das Motiv stammt aus dem Volksbuch *Fortunatus*[53], meint eine Börse, die nie leer wird: man gibt daraus und der Beutel füllt sich wieder. Aus diesem Heckebeutel gibt Bettine von Arnim als Ich-Erzählerin einer 90jährigen Frau insgesamt sechsmal etwas. Kennen gelernt habe sie diese folgendermaßen:

> Eine alte Frau kommt an meine Türe, groß wie jene auserlesnen Frauen Deutschlands, welche zu den preußischen Grenadier-Regimentern das ihre getan haben. Das hab ich auch, sagte die alte Frau; von drei mächtig großen Grenadieren bin ich die Mutter, und noch einen Sohn hatte ich, aber der war nicht groß gewachsen. – Sie trat ein, ich nahm ihr die Kiepe ab und lobte ihr großes reinliches Aussehen. Vor 10 Jahren, sagte sie, hätte ich dies für keine Schmeichelei genommen, aber im 90ten Jahr bleicht die Schönheit ab, und man kann Gott danken, wenn man seinen gesunden Verstand behält; ich kann die ganze Bibel auslegen und meine Enkel alles lehren, ich habe drei Enkel, noch ganz jungen Waisen, an mich genommen, da war ich 80 Jahre alt, das ist 9 Jahre her; meine Tochter war an einen Zimmermann verheiratet, der ist verunglückt bei dem Bau der Potsdamer Kirche. Da haben sie ihn ihr tot ins Haus gebracht. Nach seinem Tod hat sie ein Kind geboren, das starb ihm nach, dann hat sie es auch gemacht wie das Kind [...]. – Auf ihrem Todesbett sagte sie: Mutter, verlassen sie die Kinder nicht. – Das älteste war damals 6 Jahre alt, der ist jetzt konfirmiert, bei einem Schuhmacher in der Lehre und hat einen guten Sonntags-

---

50 Vgl. das Protokoll des Besuchs bei dem Arbeitsmann Fundt; ebd., S. 243.

51 Zur Wirkung von Grunholzers Erfahrungen vgl. Johann Friedrich Geist/ Klaus Kürvers: Das Berliner Mietshaus 1740-1862 (wie Anm. 9), S. 238-243.

52 In seinem Vorspann zu der Erzählung schreibt Werner Vordtriede: „Dieser Text kann nicht als eigentlicher Teil des Armenbuchs gedacht gewesen sein. Er entstand ja erst ein Jahr später, als der Plan zu dem Buche schon fallengelassen war. [...] Der Bericht war vermutlich an den Prinzen Waldemar gerichtet, der dem Hause nahestand und mit den Töchtern Maxe und Armgart befreundet war." Bettina von Arnims Armenbuch. Hrsg. von Werner Vordtriede. Frankfurt a.M.: Insel 1969 (= Sammlung Insel, Bd. 44), S. 111.

53 „Das Motiv des Heckebeutels, aus dem das Geld für Almosen fließt, entstammt dem 1503 entstandenen, Ende des 18. Jahrhunderts popularisierten Volksbuch Fortunatus, dessen Autor die die mittelalterliche Ständegesellschaft zersetzende Macht der frühneuzeitlichen Geldwirtschaft im Bild einer unerschöpflichen Börse mythisiert." Ulrike Landfester: Selbstsorge als Staatskunst. Bettine von Arnims politische Schriften. Würzburg: Königshausen & Neumann 2000 (= Stiftung für Romantikforschung, Bd. 8), S. 252.

rock. Dies Jahr wird die älteste Tochter eingesegnet, sie hat aber noch kein Kleid, ich hoffe auf guten Menschen, die mir dazu verhelfen.[54]

Weiter erfährt man, dass alle Brüder, ihr Mann und drei ihrer Söhne in den Napoleonischen Kriegen gefallen, der vierte Sohn von einem Soldaten erstochen worden ist und sie sich mit ihrer Tochter durch feine Handarbeiten den Lebensunterhalt verdient hat. In dieser Eingangspassage führt Bettine von Arnim ihre Protagonistin als Soldatenmutter und gute Patriotin ein, also keine Aufrührerin, keine *Communistin*, vielmehr eine Frau, die immer gearbeitet hat, das ist genauso bedeutsam wie der Patriotismus, und die sich nach dem Verlust aller Kinder ihrer Enkel angenommen hat. Dafür habe sie von der Dorfgemeinde „für jedes Enkelkind alle Monat 6 Groschen erhalten; abends wenn es dämmerte hat sie mit den Enkelkindern Kräuter gesucht und getrocknet, und dann in Berlin in die Apotheken verkauft"[55], ein wenig einträgliches Geschäft. „Auf meine Frage", heißt es weiter, „wovon sie lebe, sagte sie, von Brotsuppe und etwas Kümmel, denn Butter könne sie nicht kaufen, sie esse das Dünne von der Suppe und ihre Enkel das Dicke"[56]. Der Heckebeutel kommt ins Spiel, nachdem die alte Frau erzählt hat, dass sie mit dem feuchten Holz aus dem Wald ihre Wohnung nicht warm bekommt, es sei so kalt, dass sich Eis an den Wänden gebildet habe: „[...] es ist diesen Winter nicht zum Aushalten: hätt ich doch zwei Th[ale]rchen zu einem Füderchen Holz! – Dies Geld fand sich im Heckebeutel für sie. Nun war sie sehr erfreut, sie rühmte ihre Beredsamkeit, und subtilen Verstand, womit sie die Leute bewege, ihr immer das Notwendige zu geben."[57]

Zu der zweiten Begegnung kommt es, als die alte Frau das versprochene Konfirmationskleid für die Enkelin abholt. Dabei erzählt sie von ihrem Plan, ihren Enkeln einen Hausierhandel zu hinterlassen. Sie wolle mit der Enkelin „auf den Dörfern umher Butter, Eier, Hühner, Tauben, Mehl und Grützen einkaufen und sie wieder in der Stadt verkaufen"[58]. Sie erhält die nötigen acht Taler, die sie nach und nach zurückzuzahlen verspricht.

Beim dritten Mal begegnet die Ich-Erzählerin der alten Frau, die nun ganz elend aussieht, auf der Straße. Sie gibt ihr einige Groschen zurück und berichtet, dass sie fast das ganze Geld aus dem Heckebeutel für die Beerdigung der Enkelin, die kurz nach ihrer Einsegnung plötzlich gestorben ist, und für den Unterhalt der jüngeren noch zur Schule gehenden Enkelin hat aufwenden müssen. An dem Plan mit dem Hausierhandel hält sie fest und will nun den Enkel dafür aus der Lehre nehmen. Die alte Frau bittet um fünf Taler, erhält sie und verspricht, sie in Naturalien zurückzuzahlen.

Doch dazu kommt es nicht, denn bei der nächsten Begegnung erzählt die alte Frau vom Fehlschlag ihres Vorhabens: Der Schuhmachermeister will den

54 Bettina von Arnims Armenbuch (wie Anm. 52), S. 112f.
55 Ebd., S. 114.
56 Ebd., S. 115.
57 Ebd.
58 Ebd.

Enkel nicht aus der Lehre freigeben, aber ihren Plan gibt sie deswegen keineswegs auf. Einen Hund mit Karren will sie anschaffen, hat auch schon einen Verkäufer gefunden und an schulfreien Samstagen, so ihr Plan, könne die Enkelin beim Einkauf auf den Dörfern helfen. „Ach, liebes gnädiges Frauchen," heißt es, „geben sie mir die 7ben Thälerchen, Sie können sich drauf verlassen, am nächsten Montag werd ich ihnen von der allerbesten Sahne mitbringen, und da dürfen sie keinen Heller bezahlen. Nein! Das leidet meine Ehre nicht!"[59] Die alte Frau erscheint auch wie verabredet, allerdings ohne Marktwaren. Der Hund hat derart viel Futter gebraucht, dass sie nochmals um fünf Taler bittet, doch diesmal finden sich im Heckebeutel nur 4 Taler, und wieder verspricht sie die Rückzahlung in Naturalien.

Bei der letzten Begegnung kommt die alte Frau mit der Bitte um Unterstützung für einen Gewerbeschein, denn ohne ihn kann sie ihren Hausierhandel nicht betreiben, und sie erhält ein Goldstück aus dem Heckebeutel; doch da sich damit der Gewerbeschein nicht bezahlen lässt, ist am Ende der Erzählung ihr Scheitern absehbar, auch wenn die alte Frau voll Zuversicht bleibt. Bettine von Arnim resümiert:

> Die *Steinalte* hatte das unmögliche versucht, um im 90sten Jahr noch mit eigenen Kräften eine unabhängige Existenz zu erwerben, diese langten nicht aus, das war vorauszusehen. So groß ist dieser alten Frau Mut, mit eigenen Kräften auf dieser, den Armen treulosen, Welt ihren Enkelkindern eine sichre Stelle gründen zu wollen. Keiner denke hier das Falsche, als habe sie nicht den ernsten Willen gehabt zu dem Vorhaben. Die Frau hat nach geprüfter Weise vertraut auf die feste Ausdauer; das einzige, woran sie nicht glauben konnte, war die gesunkne Kraft. Das Blut, was aus Helden stammt, und wieder Helden dem Vaterland gegeben hat, verläßt sich auf die eigne Energie.[60]

Bettine von Arnim hat in der Erzählung vom „Heckebeutel" das unentwegte Bemühen einer Neunzigjährigen zum Gegenstand gemacht, für sich und ihre Enkel selbst zu sorgen und vor allem ihren Enkelkindern ein Gewerbe zu hinterlassen, und sie als eine Frau dargestellt, die trotz aller Schicksals- und Fehlschläge ihr Vorhaben zäh verfolgt und sich nicht entmutigen lässt. Diese Bemühungen nimmt die Erzählerin Bettine von Arnim ernst, sie würdigt sie mit ihrem Text. Sie hätte die Frau ja auch als Betrügerin, als Schnorrerin sehen können. Auch wenn Bettine von Arnim beteuert, „diese kleine Armengeschichte [...] ganz nach der Wahrheit geschildert"[61] zu haben, bleibt ihr Beitrag zur Darstellung von Armut bzw. zur sozialen Frage, schon wegen des extremen Alters der Protagonistin, ein Märchen, genauer: ein Sozialmärchen. Was sie damit zeigen wollte, war zum einen, dass es schwer bis unmöglich wäre, aus der Armutssituation herauszukommen (besonders für Alte), zum anderen, dass Arme sich auf vielfältige Art um dieses Herauskommen aus ihrer Situation bemühten. Damit bezog sie Stellung gegen die gängige zeitgenössische Position, Arme seien selbst schuld an ihrer Lage.

---

59 Ebd., S. 117.
60 Ebd., S. 119.
61 Ebd., S. 120.

Genau dies hatten auch die Besuchsprotokolle zeigen wollen. Hier trafen sich die Autorin Bettine von Arnim und der Autor Heinrich Grunholzer in ihrer Einschätzung der sozialen Frage: Für beide gab es keine selbstverschuldete Armut.

Ulrike Landfester

„Arbeit! –“

Staatsökonomische Begriffs- als poetische Konzeptions-‘Arbeit’ in Bettine von Arnims politischem Werk

Das Wort „Arbeit“,[1] emphatisch betont durch ein Ausrufezeichen und einen daran anschließenden langausgezogenen Gedankenstrich, steht über einem der vielen handschriftlichen Notate, in denen Bettine von Arnim in den 1840er Jahren um einen konzeptionellen Zugriff auf das Problem rang, dem sie mit ihrem sogenannten ‘Armenbuch’ ein dokumentarisches Denkmal zu setzen plante: Seit Jahrzehnten hatte die Industrialisierung zu einer immer weiter anwachsenden Massenverelendung insbesondere der durch das Maschinenwesen erwerbslos gewordenen oder doch an die Grenze des Existenzminimums gedrängten Textilarbeiter geführt, die inzwischen tausende von Hungeropfern gefordert hatte. Bettine war sich dessen bewußt, daß dieser Verelendung nicht durch karitative Symptomkosmetik gesteuert werden konnte, sondern daß der einzige nachhaltige Ausweg aus ihr in strukturellen Maßnahmen lag, durch die den Arbeitern die Möglichkeit zurückgegeben würde, sich ihren Lebensunterhalt selbst zu verdienen – Maßnahmen, die eben der Staat hätte ergreifen müssen, der im Gefolge des Wiener Kongresses durch Gewerbe- und Agrarreformen im Namen des Adam Smith’schen ‘freien Marktes’ dieses Elend mit verursacht hatte und sich nun unter Hinweis darauf, dieser freie Markt habe sich selbst zu regulieren, konsequent weigerte, solche Maßnahmen zu implementieren.

Bekanntlich wurde Bettine 1844, als ein Teil des ‘Armenbuchs’ bereits im Druck war, durch ihren Vertrauten bei Hof, Alexander von Humboldt, die unzweideutige Aufforderung des Königs hinterbracht, den Druck abzubrechen, wenn sie nicht Gefahr laufen wolle, als Mitanstifterin des jüngst in Schlesien blutig ausgebrochenen Weberaufstandes angesehen und infolgedessen von der darauf einsetzenden Demagogenverfolgung mitbetroffen zu werden. Bettine gehorchte, wohl in der Hoffnung, das Werk zu einem späteren Zeitpunkt doch noch vollenden zu können. Diese Hoffnung erfüllte sich nicht, und da Bettine selbst keine konkreten Angaben dazu hinterlassen hat, welche Form und Struktur das Buch genau hätte haben sollen, sind Rekonstruktionsversuche heute in manchen Teilen auf bloße Mutmaßungen angewiesen. Sicher ist, daß Bettine umfangreiche Statistiken, sogenannte Armenlisten, schon hatte setzen lassen, als sie das Buch abbrechen mußte. Diese Listen waren ihr teils

---

[1] GW (Schmitz/von Steinsdorff), Bd. 3, S. 511.

über private Verbindungen, teils auf einen von ihr lancierten Zeitungsaufruf hin zugegangen, meistenteils aus Schlesien. Aus ihnen hätte offenbar der dokumentarische Hauptteil des Buchs bestanden, zusammen mit einer dazu gehörigen Denkschrift des sozial engagierten schlesischen Papierfabrikanten Friedrich Wilhelm Schloeffel.

Erhalten sind zudem mehrere Entwürfe zu einem Nachwort zu diesem Dokumentarmaterial, in dem sie sich grundsätzlich zu Ursachen und möglicher Bewältigung des Pauperismus äußern wollte; schon die Frage aber, ob das ebenfalls im Umkreis des 'Armenbuchs' entstandene, von allen überlieferten Materialien wohl berühmteste „Heckebeutel"-Märchen mit in den Druck eingehen sollte, läßt sich heute nicht abschließend beantworten.[2] Dies gilt auch und besonders für eine ganze Reihe von Exzerpten, Briefabschriften und notizenhaften Entwurfstexten von in ihrem Verhältnis zur geplanten Publikation unklarem Status, die im Konvolut des 'Armenbuch'-Materials erhalten geblieben sind, eine Quellenlage, die zusätzlich dadurch erschwert wird, daß Bettine auch nach Abbruch des Drucks sowohl weiter sammelte als auch selbst weiter an eigenen Texten schrieb. Einer dieser Texte ist das Notat, das mit dem Ausruf „Arbeit! –" beginnt und von dem ausgehend im Folgenden eine skizzenhafte Analyse des Begriffs der 'Arbeit' im Kontext von Bettines Brief- und publizistischem Werk vorgenommen wird.

Für Bettines Umgang mit diesem Begriff gilt, was für ihr politisches Werk insgesamt charakteristisch ist: eine geradezu programmatische Abstinenz gegenüber der definitorischen Ausformulierung von Schlüsselkonzepten, wie es gerade das zeitgenössisch heiß umkämpfte Diskursdispositiv der Arbeit zweifellos ist; man denke nur an die entsprechenden Diskussionsbeiträge von Charles Fourier, Pierre-Joseph Proudhon, Wilhelm Weitling, Max Stirner und vor allem Karl Marx, um nur einige wenige zu nennen. Bettine kannte die Werke der Genannten nachweislich, und so ist auch ihr Arbeitsbegriff mit Sicherheit von ihnen affiziert worden. Die ideologisch-thetische Prägnanz aber, mit der diese ihre Anliegen zum Austrag brachten, war Bettines Sache nicht; sie präsentierte ihre politischen Positionen vielmehr grundsätzlich in einem Gestus, der seine Adressaten anhand eines dicht gesponnenen Netzes arabesk ineinander geflochtener, oft auf den ersten Blick uneigentlich spielerisch anmutender Identifikationsangebote zur Übernahme ihrer Haltung eher zu verführen als argumentativ zu überzeugen suchte – wo eine definitorische Setzung Anlaß zu offenem Widerspruch hätte geben können, antizipierte und unterlief sie diesen, indem sie ihre in der Sache durchaus harten Grundparameter rhetorisch-performativ weich und implizit hielt und sie so der direkten Ablehnung entzog.[3]

---

2 Vgl. dazu Hartwig Schultz: Bettine von Arnims „Armenbuch". Probleme einer kritischen Edition. In: editio 1 (1987), S. 224-233; Heinz Härtl: Bettinas „Armenbuch": Das überlieferte Material und seine Edition. In: Jb BvA 3 (1989), S. 127-136; sowie den Kommentar in GW (Schmitz/von Steinsdorff); Bd. 3, S. 1050-1083.

3 Vgl. dazu Wolfgang Bunzel: Ver-Öffentlichung des Privaten. Typen und Funktionen episto-

Wirkungsvoll vor allem in Zusammenhängen, in denen Bettine ihre politische Tätigkeit personalisieren, ihre textuellen Verführungsmaßnahmen also dem Adressaten auf den Leib schneidern konnte – so in ihren Briefwechseln vor allem mit Friedrich Wilhelm IV. von Preußen und dem ihm gewidmeten 'Königsbuch' – macht es diese Technik freilich überaus schwierig, in ihrem Werk Konzepte wie das der Arbeit trennscharf zu diagnostizieren. Erschwerend kommt in diesem besonderen Fall hinzu, daß gerade dieses Konzept sich insgesamt zwischen 1750 und 1850 begriffsgeschichtlich in einer grundlegenden Umbruchs- und Emergenzphase befand. Zwei Beispiele mögen dafür als Eckpfosten dienen: Der Artikel „Arbeit“ in Zedlers *Universal-Lexikon*, das zwischen 1731 und 1754 erschienen ist, führt über vier Spalten hinweg Bedeutungsaspekte des Begriffs Arbeit auf, die zum weitaus größten Teil aus der Bibel gewonnen und von daher übertragene Bedeutungen sind – Arbeit in der Wahrheit, am eigenen Herzen etc. –; nur ganz wenige Einträge beziehen sich auf sozusagen 'moderne' Formen der Arbeit: „Arbeiten sind in der Oeconomie diejenigen Verrichtungen, welche ein Hauswirth auf dem Felde, Wiesen, in Weinbergen und sonst das Jahr über zu besorgen hat“, heißt da ein Absatz; ein zweiter lautet: „Arbeiter, unter diesem Worte werden in der Oeconomie alle diejenigen Leute verstanden, welche ein Haußwirth gebraucht, wenn er seine Verrichtungen mit seinem eigenen Gesinde nicht bestreiten kann, da er ihnen denn die Arbeit um ein gewisses verdinget, oder nach dem Tage bezahlt“; mehrfach, wiewohl sehr knapp, ist auch von Arbeiten im Bergwerk die Rede – Arbeit, so scheint es, steht um die Mitte des 18. Jahrhunderts in erster Linie für ein christliches Leben im Sinne der Bibel und in – deutlich nachgeordneter – zweiter Linie dann für das eng umgrenzte Tätigkeitsfeld physischer Kultivation natürlicher Ressourcen.[4]

Mehr als hundert Jahre später, im 1854 erschienenen ersten Band des Grimmschen Wörterbuchs, sieht das dann schon ganz anders aus. In systematischer Abfolge führt der Artikel „Arbeit“ hier sechs Bedeutungen auf: erstens die von Zedlers *Universal-Lexikon* angedeutete, die hier sozusagen als historischer Prototyp auftaucht – „ursprünglich [...] war arbeit die auf dem knecht lastende, vorzugsweise was für die feldbestellung, um tagelohn“; dann folgen die inzwischen davon ausgegangenen Emergenzstufen: „**2)** allmälich heiszt alles arbeit, was von den sogenannten handwerkern verrichtet wird [...]. arbeit der zimmerleute, maurer, schmiede u. s. w. dann ebenwol die feinere arbeit der künstler und bildner“; „**3)** kopfarbeit, geistige arbeit, bücher-

larischen Schreibens bei Bettine von Arnim. In: Bernd Füllner (Hrsg.): Briefkultur im Vormärz. Vorträge der Tagung des Forums Vormärz Forschung und der Heinrich Heine-Gesellschaft am 23. Oktober 1999 in Düsseldorf. Bielefeld: Aisthesis Verlag 2001 (= Vormärz-Studien, Bd. 9), S. 41-96; sowie den Kommentar in GW (Schmitz/von Steinsdorff), Bd. 4, S. 717-739.

4 Vgl. Johann Heinrich Zedler: Großes vollständiges Universal-Lexikon. Photomechanischer Nachdruck [der Ausgabe:] Halle und Leipzig 1732-1754. Graz: Akademische Druck- und Verlags-Anstalt 1982, Sp. 1148-1151.

arbeit, gelehrte arbeiten"; „**4)** noch allgemeiner übertragen wir arbeit auf andere verrichtungen, ohne dasz ein bestimmtes werk hervorgebracht und aufgestellt wird"; „**5)** die vorstellung der arbeit wird an einzelne zustände geknüpft, die anhaltende anstrengung oder naturthätigkeit zu erkennen geben"; „**6)** hieran grenzt nun unmittelbar die von schwerer knechtsarbeit zuerst abgeleitete abstraction groszer mühe und anstrengung."[5]

In diesem mit so überzeugender Klarheit durchstrukturierten Artikel fehlt geradezu ostentativ ein wichtiges Bedeutungsfeld, nämlich genau das Feld, über das anläßlich von Industrialisierung und Pauperismus im vormärzlichen Europa so intensiv und kontrovers diskutiert worden ist. Weder Adam Smith, der die Arbeitskraft des von einem Unternehmer angestellten Arbeiters erstmals als eigentliches Kapital des Unternehmers beschrieben hat, noch Karl Marx mit seiner Kritik an der dadurch begründeten Entfremdung des Arbeiters von dem von ihm hergestellten Produkt scheinen im Arbeitsbegriff des Grimmschen Wörterbuchs irgendwelche Spuren hinterlassen zu haben. Der 'tagelohn' des einstigen Feldknechts wird in das Vergangenheitsdunkel der vormodernen landwirtschaftlichen Produktionsgemeinschaft relegiert, die Arbeit der Handwerker meint deren Produkte, nicht das Verfahren und den ökonomischen Kontext ihrer Herstellung, auch bei der 'kopfarbeit' ist von deren Bezahlung keine Rede, und erst recht nicht bei den der 'mühe und anstrengung' an sich gewidmeten Unterpunkten. Das Prinzip des Erwerbslohns als Instrument der Subsistenzsicherung also, wie es den politisierten Arbeitsbegriff des Industrialismus bis heute prägt, bleibt auch bei den Grimms eine Leerstelle voll geradezu donnernden Schweigens.

Eines der frühesten Beispiele für einen Brief, in dem Bettine selbst das Wort 'Arbeit' verwendet, ist ein Schreiben an Christiane Vulpius aus der Frühzeit ihrer originalen Korrespondenz mit Goethe, einer Zeit, in der sie Goethes Lebensgefährtin, der sie nur wenige Jahre später in einem Anfall von Eifersucht dann die Brille von der Nase schlagen sollte, noch umwarb und mit Geschenken hofierte. „Erinnern Sie sich noch," schreibt Bettine am 10. April 1808 aus Frankfurt an sie,

> da [...] ich Ihnen sagte, daß ich diesen Winter für Sie ein Kleid sticken wollte? Daß ich damals nicht gelogen; beweißt beikommendes Rockelein; ich hab es so schön gemacht, als mir möglich war, aber freilich ist mir in dieser Art nicht viel möglich, da ich wenig Handarbeit mache; oft ganze Jahre keine Nähnadel in Händen hatte, ich bitte also die Arbeit mit Nachsicht zu betrachten[6].

Mit dem Grimmschen Wörterbuch gelesen, ist die Arbeit, von der Bettine hier spricht, ein handwerkliches Artefakt, ein von ihr hergestellter Gegenstand – allerdings mit einer sozialgeschichtlichen Komponente, die das Wörterbuch ebenfalls nicht erwähnt: Ein „Rockelein" zu sticken, ist typische

---

5 Jakob und Wilhelm Grimm: Deutsches Wörterbuch. Bd. 1. Leipzig: Hirzel 1854, Sp. 538-544.

6 GW (Schmitz/von Steinsdorff), Bd. 2, S. 598f.

Frauenarbeit, ‘Handarbeit’ eben, die zum nicht-pekuniären – symbolischen – Kapital weiblichen Rollenverhaltens gehört. Als solche wird sie hier von Bettine nach exakt dem Muster indirekt in ihren Briefwechsel mit Goethe eingespeist, nach dem dieser Briefwechsel mit Goethe insgesamt verläuft, nämlich nach dem der performativen Subversion: Sie zeigt sich als rollenkonform weiblich und unterläuft diese Konformität zugleich, indem sie betont, daß sie „wenig Handarbeit“ mache, „oft ganze Jahre keine Nähnadel in Händen“ hat, daß also die Rolle nur eben dies ist, eine Rolle, die sie hier einmal ihm zu Gefallen anlegt – um ihn davon zu überzeugen, daß sie ein ganz normales Mädchen ist, und ihm doch zugleich ausdrücklich zu signalisieren, daß sie eigentlich nur so tut, als ob sie dies sei.

In Wirklichkeit nämlich trägt schon die junge Bettine immer wieder den Anspruch an Goethe heran, in ihrem schöpferischen poetischen Potential von ihm ernstgenommen und eben nicht einfach in die Sphäre der weiblichen ‘Handarbeit’ relegiert zu werden. Und deshalb findet sich auch schon ziemlich zu Beginn von *Goethes Briefwechsel mit einem Kinde* in einem der Briefe an Goethes Mutter, Frau Rat, mit denen Bettine das Buch beginnen läßt, eine Passage, in der der Begriff der Arbeit von ihr in ganz ähnlich subversiver Weise eingesetzt wird – wenn auch wesentlich raffinierter, so, wie es der hier in der Rolle des Kindes auftretenden erwachsenen Autorin Bettine zukommt. Im Kontext des ‘Goethebuchs’ dient der Briefwechsel mit Goethes Mutter, wie Bettine ihn teils aus originalen Briefen, überwiegend aber aus von ihr selbst neugeschriebenen, also erfundenen Briefen zusammenstellt, bekanntlich dazu, das ästhetische Verfahren einzuführen, mit dem sie in der folgenden, ebenfalls teilweise erfundenen Korrespondenz mit Goethe selbst den inzwischen verstorbenen Olympier in eine von ihr gesteuerte literarische Figur verwandelt. Zu den Kunstgriffen, die sie dazu in der Korrespondenz mit Frau Rat entwickelt, gehört die Feier der Frau Rat als eigentlicher Urheberin von Goethes poetischem Genie, die Bettine durch einen Akt symbolischer Adoption an Goethes Seite stellt – „mein Sohn sei Dein Freund, Dein Bruder“[7] –, und die zudem Bettines ausschweifende Lust am fabulierenden Erzählen – und damit auch die fiktionale Erweiterung der späteren Briefe von und an Goethe – als gleichgestellte genuin dichterische Begabung der Wahltochter fördert und legitimiert.

Angesichts der Tatsache, daß so gut wie alles, was Bettine in diesem ersten Teil des ‘Goethebuch’ ausfaltet, selbstreferentiell auf dieses Buch und seine Herstellung bezogen ist, enthält natürlich auch die akribische Beschreibung eines kostbaren Tafelaufsatzes aus der Renaissance, von dem die junge Bettine der Frau Rat in einem ihrer Briefe so ausführlich berichtet, mehr als nur Informationen zu diesem Tafelaufsatz selbst: Auf einem „Delphin aus einem großen Elephantenzahn gemacht“, liegt

7 Ebd., S. 86.

> […] ein goldner Sattel mit einem Sitz von getriebener Arbeit, welches Laubwerk von Weinreben vorstellt; inmitten desselben, steht Bacchus von Elfenbein; ein schöner, zarter, schlanker Jüngling mit goldnen Haaren […]; er hat die eine Hand in die Seite gestemmt, mit der andern hält er einen goldnen Rebstock der unter dem Sattel hervorkömmt, und ihn mit schönem, feinem Laub überdacht;

um ihn sind Nymphen und Amoretten aus Silber und Elfenbein gruppiert, und „der Rachen des Fisches ist inwendig von Gold; man kann ihn auch mit Wein füllen, der dann in zwei Strahlen aus seinen Nüstern empor springt“[8]. Es sei dies, schreibt Bettine weiter,

> […] ein Kunstwerk vom erhabenen Styl […] Was überfällt einem nur, wenn man so etwas von Menschenhänden gemacht sieht? Mir rauchte der Kopf, und ich meinte in der trunkenen Begeistrung ich werde keine Ruhe finden, wenn ich nicht auch solche schöne Sachen erfinden und machen könne[9]

– und tatsächlich hat Bettine bekanntlich ja auch keine Ruhe gefunden, bis sie, Jahrzehnte nach den dauernden kühlen Abfuhren, die sie vom lebenden Goethe für ihre überschwenglichen Briefe kassierte, nach dessen Tod aus seinen Briefen „solche schöne Sachen erfinden und machen“ konnte, einen Text, der Goethe in der Rolle des ebenso verführerischen wie verführbaren Bacchus als „schönen, zarten, schlanken Jüngling“ inszeniert – auf dem Sattel einer durch aus dem Kunstwerk selbst seiner Autorin zusprudelnde „trunkene Begeistrung“ voran-„getriebenen Arbeit“ an den originalen Briefen, die erst unter Bettines „Menschenhänden“ vom reinen Goldwert des Materials zu dem eines „Kunstwerks vom erhabenen Styl“[10] gelangen.

Und daß Bettines schöpferische Arbeit dies nicht nur im Sinne des Kunstwerks als solchem, sondern auch in demjenigen der Grimmschen „fortgesetzten Mühe und Anstrengung“ ist, diese Gewißheit hat Bettine sich inzwischen in fortgesetztem Aufstand gegen das ihr verordnete weibliche Rollenkorsett erworben. Zu Lebzeiten Arnims war dieser Aufstand noch auf rein bildkünstlerische Tätigkeiten – also nicht dichterische, die Privileg ihres Mannes sind – beschränkt geblieben: An ihrer Skizze des Goethe-Denkmals, so schreibt sie am 3. Februar 1824 aus Berlin an Simon Moritz Bethmann, „arbeite“ sie „mit einer Lust und Liebe [...] die mir den Schlaf stören“[11], mit einem Engagement also, das weit über den einer Frau zugestandenen Freizeitdilettantismus hinausgeht – dies nur eine der vielfältigen Belegstellen. Als

---

8 Ebd., S. 57f.

9 Ebd., S. 59.

10 Zur Bearbeitung des ‘Goethebuchs’ durch Bettine vgl. besonders Wolfgang Bunzel: „Phantasie ist die freie Kunst der Wahrheit“. Bettine von Arnims poetisches Verfahren in *Goethes Briefwechsel mit einem Kinde*. In: Jb BvA 1 (1987), S. 7-28; aufbauend weiter auch Ingrid Leitner und Sibylle von Steinsdorff: „Die vollkommenste Grammatik der Liebe, die jemals komponiert wurde“. Thesen zum poetischen Verfahren Bettine von Arnims in *Goethe's Briefwechsel mit einem Kinde*. In: Jb BvA 6/7 (1994/95), S. 143-157, sowie U. L.: Echo schreibt Narziß. Bettine von Arnims Mythopoetik des schöpferischen Dialogs und *Goethe's Briefwechsel mit einem Kinde* (1835). In: Athenäum. Jahrbuch für Romantik 9 (1999), S. 161-191.

11 GW (Schmitz/von Steinsdorff), Bd. 4, S. 233.

Arnim aber tot ist und damit der familial männliche Hegemonialanspruch auf das Dichtungsprivileg erlischt, geht ihr Arbeitsbegriff vom Paradigma des Kunsthandwerks endgültig auf dasjenige über, das das Grimmsche Wörterbuch als „kopfarbeit, geistige arbeit, bücherarbeit, gelehrte arbeiten“ führt – ein Übergang, den die zitierte Passage im ‘Goethebuch’ ausdrucksvoll dokumentiert. Zwei Jahre nach dessen Erscheinen, am 26. Mai 1837, berichtet sie ihrem Bruder Clemens – der die in das ‘Goethebuch’ eingegangene „kopfarbeit“ seiner Schwester mit massiven Schmähungen quittiert hatte –, sie „arbeite jezt von Morgens bis in die Nacht ununterbrochen an der englischen Uebersetzung“[12], von der sie dann am 17. November 1841 Prinz Albert zu Sachsen-Coburg-Gotha gegenüber auch selbstbewußt betont, sie sei sicher, seiner zukünftigen Frau Viktoria von England damit alles andere als „eine unreife oder ungebildete Arbeit [...] zueignen zu wollen“[13].

Das Selbstbewußtsein, mit dem Bettine hier von ihrem Schreiben als von „Arbeit“ spricht, speist sich zu diesem Zeitpunkt bereits wesentlich aus einer Komponente ihres Arbeitsbegriffs, die ihrem Werk in ganz besonderer Weise eigentümlich ist – nicht zuletzt insofern, als Bettine darin einen Modus entwickelt hatte, der die traditionellen Grenzen weiblichen Handlungsvermögens gleichsam von innen subvertierte: die Idee der schöpferischen Selbstsorge, der Arbeit am Selbst, der Schlüsselfigur ihrer politischen Pädagogik.[14] In den Korrespondenzen, die Bettine zunächst mit Studenten aus dem Kreis ihrer nach Erscheinen des Goethebuchs immer lebhafter gewordenen Salongeselligkeit und später vor allem mit Angehörigen regierender Häuser wie Kronprinz Karl von Württemberg, Erbgroßherzog Carl August von Sachsen-Weimar-Eisenach oder eben mit Friedrich Wilhelm von Preußen führt, versteht sie sich in einer Kreuzung aus kindlich-koboldhafter Unschuld und altersweiser Mütterlichkeit als Instanz, die politische Verbesserungen anstrebt, indem sie die späteren Entscheidungsträger im Geiste der Aufklärung zu mündigen, auf das Gemeinwohl aller Staatsglieder bedachten Menschen erzieht: „Wichtig nennt man manches im Leben“, schreibt sie am 20. Januar 1840 an einen dieser Studenten, Julius Döring, „Aber was ist wichtig? – Nur was den tiefsten innersten Menschen erzieht“, in tagelangen, innigen Gesprächen, in denen sie, so schreibt sie weiter, an der Jugend zum gottähnlichen Schöpfer wird: „Gott hat mich lieb daß er mir diese Tage anvertraute und mir

---

12 Ebd., S. 313.

13 Ebd., S. 455f.

14 Zur Bedeutung der Selbstsorge für die abendländische Gesellschaftsgeschichte vgl. Michel Foucault: Die Sorge um sich. Sexualität und Wahrheit 3. Frankfurt a.M.: Suhrkamp 1989 (= suhrkamp taschenbuch wissenschaft, Bd. 718), sowie M. F.: Technologien des Selbst. In: Technologien des Selbst. Hrsg. von Luther H. Martin, Huck Gutman und Patrick H. Hutton. Aus dem Amerikanischen von Michael Bischoff. Frankfurt a.M.: S. Fischer 1993, S. 24-62; zu ihrer Bedeutung für Bettine von Arnim vgl. U. L.: Selbstsorge als Staatskunst. Bettine von Arnims politisches Werk. Würzburg: Königshausen & Neumann 2000 (= Stiftung für Romantikforschung, Bd. 8).

sagte bilde draus was Du vermagst. – und siehe Er war zufrieden mit meiner Tagesarbeit.“[15]

Mit der Idee einer Erziehung zur schöpferischen Selbstsorge findet ihre literarische ‘Arbeit’ eine konzeptionelle Matrix, die, im ‘Goethebuch’ bereits angelegt, in ihrem zweiten Erinnerungsbuch *Die Günderode* als Leitprinzip dieser Arbeit hervortritt – und als solche die Bedeutung verstärkt, die sie ihrem Schreiben zugemessen sehen will. Sie werde, schreibt sie Döring im selben Brief, nicht „vom Fleck“ gehen, „bis alles was ich Euch [der von Döring repräsentierten Jugend] schencken will zum Druck bereit ist, ich hab bis jezt angestrengt gearbeitet, und seltsamerweise viel mehr bei dieser Arbeit des Schlafs bedurft als sonst, oft bin ich mitten im Schreiben umgesunken“[16] – und dies, so läßt sich vermuten, nicht nur, weil die literarische Bewältigung des Traumas, das Bettine durch den Selbstmord der Freundin erlitten hatte, eine enorme seelische Energie erfordert, sondern auch, weil sie die (Re-) Konstruktion ihres Dialogs mit der Freundin in systematischer Kleinarbeit an dem Programm ausrichtet, das sie dem Buch mit seiner Widmung „Den Studenten“[17] voranstellt: Das Buch sollte nicht einfach eine historische Freundschaft dokumentieren, sondern seinen Leser zur Arbeit am Selbst anleiten, ihn dazu erziehen, zum mündigen Individuum zu werden und als solches dann auch politische Verantwortung zu übernehmen.[18]

Wie im ‘Goethebuch’, so verbindet Bettine auch in *Die Günderode* mit dem Begriff der Arbeit eine besondere Pointe – und diesmal ganz ausdrücklich eine Pointe der Geschlechtergrenzenüberschreitung. Bettine, so schreibt sie an die Freundin, hat morgens „mit Andacht“ bei der „Früharbeit“ des Setzens von Nelken geholfen, einer ganz und gar weiblichen Arbeit, die allerdings im Kontext des Brief weniger morgendliche „Früh“- als Vorarbeit eines diese Rollenkonformität einmal mehr subvertierenden Briefinhalts ist.[19] Bettine nämlich nimmt nun das Pseudonym „Ion“, unter dem Günderrode ein

---

15 GW (Schmitz/von Steinsdorff), Bd. 4, S. 407.

16 Ebd., S. 410.

17 GW (Schmitz/von Steinsdorff), Bd. 1, S. 297.

18 Vgl. zu diesem Themenfeld u.a. Roswitha Burwick: Bettina von Arnims *Die Günderode*. Zum Selbstverständnis der Frau in der Romantik. In: Kontroversen, alte und neue. Akten des VII. Internationalen Germanistenkongresses Göttingen 1985. Hrsg. von Albrecht Schöne. Bd. 6: Frauensprache – Frauenliteratur? Für und wider einer Psychoanalyse literarischer Werke. Hrsg. von Inge Stephan und Carl Pietzcker. Tübingen: Niemeyer 1986, S. 62-67; Elke Frederiksen/Monika Shafi: „Sich im Unbekannten suchen gehen“. Bettina von Arnim's *Die Günderode* als weibliche Utopie. In: ebd., S. 54-61; Elizabeth G. Ametsbichler/Hiltrud Arens: Erzählstrategie und Geschlechtskomponente in Bettina von Arnims *Die Günderode* und *Clemens Brentanos Frühlingskranz*. In: Jb BvA 5 (1993), S. 73-89; Hildegund Keul: Menschwerden durch Berührung. Bettina Brentano-Arnim als Wegbereiterin für eine Feministische Theologie. Frankfurt a.M./Berlin/Bern/New York/Paris/Wien: Lang 1993 (= Würzburger Studien zur Fundamentaltheologie, Bd. 16); Gabriele Sellner: „Die Sterne haben mirs gesagt für Dich“: Vereinigung von Poesie und Philosophie in Bettina von Arnims *Die Günderode*. Berlin: Saint Albin Verlag 2007 (= Berliner Beiträge zur Germanistik, Bd. 3).

19 GW (Schmitz/von Steinsdorff), Bd. 1, S. 416.

Drama zu veröffentlichen plante, zum Anlaß, den Paten dieses Pseudonyms zu beschwören, den Sohn des Apollon und der Kreusa, der der Sage nach Athen und damit das Vorbild aktueller republikanischer Staatstheorien gegründet hat:

Wenn der Knabe Jon vor die Tempelhalle tritt, und die [...] Schwelle mit kühler Flut besprengt, die Halle fegt und schmückt, so fühl ich in diesem einsamen Tagwerk ein hohes Geschick, vor dem ich Ehrfurcht habe. Ach ich möcht ein Knab sein, Wasser holen in der Morgenfrische, [...] den Marmor polieren von den Säulen, meine Götterbilder still bedeutsam waschen, und alles reinigen vom Staub, daß es leuchte im Dämmerlicht; dann, nach der Arbeit die heiße Stirn auf die kühlen Stufen legen und ruhen, in heimlichem Genügen; [...] so scheint mir auch die heutige Arbeit ein Tempeldienst der Natur; denn ihre Blumen in Kreisen schön verschlingen, ist das nicht ihr gedient?[20]

„Ach ich möcht ein Knab sein" – Günderrode hatte versucht, publizierend „ein Knab" zu sein, und hatte sich das Leben genommen, weil ihr Liebhaber deswegen befand, sie sei nicht weiblich genug. Bettine zieht nun die Konsequenz daraus, indem sie weibliche Tätigkeiten – die Pflege von Blumen, die Erziehung junger Studenten – männlich codiert, als „Arbeit", und daraus die Berechtigung ableitet, politische Kritik zu üben. So ist denn schon bald nicht mehr von Blumen die Rede, sondern von der „sehr dummen Behauptung", der Mensch müsse arbeiten, die „der Teufel gemacht hat um den Menschen an die Sklavenkette zu legen des Erwerbs, [...] daß er nur recht viel habe" – aber: „Wer viel hat der kann vor lauter Arbeit nicht zur Hochzeit kommen"; es seien nur „alberne Gedanken, Begierden und verkehrte Einbildungen die machen so hungrig nach tierischer Nahrung".[21] Statt künstlich Bedürfnisse zu schaffen, um ihre Kaufkraft zu stärken, müsse sich die menschliche Kultur vielmehr wieder auf den „Genius" des Gemeinwohls rückbesinnen –

wir würden dann [...] lernen die Welt bauen [...]. So müßte es sein, denn es ist viel Arbeit in der Welt, mir zum wenigsten deucht nichts am rechten Platz. – Und was ich niemand sage wie nur Dir, ich mein immer ich müsse die ganze Welt umwenden, ja ich sage Dir, es liegt mir so nah daß ich oft in Träumen mich nach dem Szepter umsehe, wo Gott den für mich hingelegt hat[22].

„Es ist viel Arbeit in der Welt" – und die Arbeit, von der Bettine hier spricht, ist eindeutig Männerarbeit, nämlich politische Arbeit an ungerechten Besitzverhältnissen, mangelnden republikanischen Mitbestimmungsidealen und vor allem der „Sklavenkette des Erwerbs", an der zu der Zeit, zu der Bettine an der *Günderode* schreibt, immer mehr Angehörige des vierten Standes zu verhungern drohen; und Bettine, auch wenn ihr das zu dieser Arbeit traditionell notwendige „Szepter" fehlt – die phallische Symbolik ist unübersehbar –, ist entschlossen, sie trotzdem zu tun.

Längst schon hat Bettine mit dem Umwenden der ganzen Welt begonnen, indem sie von der weiblichen Domäne der Haus-, Näh- und Erziehungsarbeit aus immer wieder die männliche Domäne der Kunst-, Kopf- und Bücherar-

---

20 Ebd., S. 417.
21 Ebd., S. 455.
22 Ebd.

beit usurpiert hat. Als im selben Jahr, in dem sie ihr 'Armenbuch' abbrechen muß, die Überarbeitung ihres Briefwechsels mit dem Bruder Clemens – *Clemens Brentano's Frühlingskranz* – erscheint, findet sich auch darin ein einziger und darum umso aussagekräftigerer Brief, der von Arbeit handelt – und diesmal legt Bettine ihre Usurpationsgestik darin ausdrücklich offen, indem sie weibliche als 'richtige', nämlich als Erwerbsarbeit in Szene setzt. Es handelt sich um den Brief, in dem sie Clemens von ihrer Freundschaft mit Veilchen erzählt, einem jungen jüdischen Mädchen, das durch seine Stickereien seine Familie ernährt:

> Veilchen stickt ein Goldmuster sehr schön in einen rosinfarbenen Sammet, so nennt sie ein sanftes Braunrot in ihrer Judensprache. Die Arbeit ist bestellt und sie bekommt dann viel Geld wenn es fertig sein wird. Sie ernährt ihren Großvater und zwei seiner Urenkel, die Waisen von dem gestorbnen Bruder, denen ist die Veilchen ganz wie eine Mutter, ich half ihr sticken, es ward recht gut, denn ich hab Augenmaß und mache die Stiche sehr egal.[23]

In diesem Brief wendet Bettine die Welt gleich zweifach um. Auf der einen, der Ebene ihrer Erzählung, verstößt sie in aus der Perspektive ihrer Familie – einschließlich Clemens' – skandalösem Leichtsinn gegen die Verhaltenskonventionen ihrer Lebenswelt im gehobenen Frankfurter Bürgertum: Daß sie, eine unverheiratete Tochter aus reichem christlichem Hause, morgens früh allein eine arme Jüdin im Frankfurter Ghetto aufsucht und dieser nicht nur sticken hilft, sondern an ihrer Stelle weithin sichtbar die Straße fegt, trägt ihr eine ohrenbetäubende Strafpredigt ihrer Tante und, schlimmer, ein vorübergehendes Ausgehverbot ein.

Der Verstoß der jungen Bettine gegen die Gebote der Schicklichkeit aber ist gewissermaßen nur eine Deckadresse, unter der die alte Bettine, die bekannte Autorin des im Jahr zuvor erschienenen 'Königsbuches' und des nicht minder aufsehenerregenden 'Armenbuch'-Projekts, sich auf einer zweiten Ebene offen dazu bekennt, systematisch und willentlich gegen die Korsettierung der Frau in den Maßregelungen einer szepterlosen Rollennorm zu verstoßen, indem sie der vom Erwerb durch die Arbeit ihrer Hände abhängigen Bevölkerung hilft – und zwar nicht karitativ, indem sie etwa Geldgeschenke macht, sondern indem sie sie aktiv dabei unterstützt, auf dem freien Arbeitsmarkt konkurrenzfähig zu bleiben. Daß sie für Veilchen zu diesem Zweck „Flittern und Goldbouillon auf einen langen Faden [fädelt], da ging die Arbeit viel geschwinder"[24], ist dabei einerseits wie die Geschichte von der „getriebenen Arbeit" des Tafelaufsatzes im 'Goethebuch' eine Referenz auf den Text des *Frühlingskranzes*, für den sie ihre und Clemens' Briefe auf den Faden zieht, mit dem sie die originale Korrespondenz mit „sehr schönen" poetischen Stickereien zu einem prachtvollen Schmuckwerk macht; andererseits aber erzählt Bettine hier zugleich auch vom dunklen Gegenstück dieser poetischen Stickerei, von den Armenstatistiken, die sie parallel zur Fertigstellung

23 Ebd., S. 507.
24 Ebd., S. 21.

des *Frühlingskranzes* eben auf den Faden ihres Dokumentationsvorhabens zu ziehen im Begriff ist – kein Wunder, daß der Clemens des *Frühlingskranzes*, eine ähnlich fiktionalisierte Figur wie Goethe im ‘Goethebuch’, sie unmißverständlich anweist, doch lieber weiterhin Briefe an ihn zu schreiben: „Denn ich kann Dir den Mut nicht zutrauen Dich Nationen und Jahrtausenden gegenüber zu stellen und denen Hohn zu sprechen“[25] oder, in Bettines Worten, die ganze Welt umzuwenden.

Insgesamt gesehen, unterliegt Bettines Konzeptionalisierung des Begriffs ‘Arbeit’ im Lauf ihres Brief- und Publikationswerks weniger einer linearen Entwicklungsdynamik als vielmehr einer zunehmenden Ausdifferenzierung der verschiedenen Elemente, aus denen er zusammengesetzt ist: Da ist das Feld der konventionell weiblichen Handarbeit, die, im Brief an Christiane noch relativ eindimensional mit der Revolte Bettines gegen solche Konventionen verfugt, in dem Brief über Veilchen zu einem subtil inszenierten medialen Prisma poetischer und politischer Subversionspotentiale wird; da ist die in ihrem sozialgeschichtlichen Ursprung ebenfalls weibliche Erziehungsarbeit, anhand derer Bettine die entsprechende Frauenrolle sukzessive zur Rolle göttlichen Schöpfungsvermögens umcodiert; da ist die kreative Kopf- und Bücherarbeit, für die Bettine, sich zunächst vorsichtig auf dem Umweg bildender Kunstschöpfung herantastend, als arrivierte Autorin schließlich mit immer größerem Selbstbewußtsein das Recht auf diese Art Arbeit reklamiert; da ist schließlich der Übergang zwischen weiblicher Haus- und Erwerbsarbeit in *Die Günderode*, in dem Bettine den Brückenschlag abbildet, den sie eben im ‘Armenbuch’ zwischen poetischer und politischer Arbeit zu vollziehen versucht.

In dem eingangs zitierten Notat „Arbeit! –“ schließlich, entstanden um dieselbe Zeit, in der Bettine den *Frühlingskranz* publizierte, nähert Bettine sich dem Begriff der Arbeit unmittelbar vom Anlaß ihres ‘Armenbuch’-Projekts aus an, von der Armut nämlich: „Armuth unter dem Schutze der Arbeiter!“[26] lautet der erste Satz, der vielleicht sogar, da er ebenfalls alleinsteht, eine Art Zwischen- oder Untertitel bildet. Die Lösung des Problems der Armut, heißt das, sei in die Verantwortung der faktisch davon betroffenen Arbeiter zu überstellen oder, in Bettines Worten, die „Ausbreitung der Macht“ müsse gefördert werden, „welche in den Arbeitskräften liegt die schwere Frage der einreißenden Armuth allein aufzulösen“ – und zwar, und hier kommt der pädagogische Grundimpuls von Bettines politischer Tätigkeit ins Spiel, „durch Veredlung der Arbeiter in ihrer Uneigennützigkeit [und] Selbstverläugnung“; dann nämlich kann „ihr Muth die Zukunft durch eigne Kräfte zu bewältigen […] dies Vermächtniß des Elends was sich mit jedem

---

25 Ebd., S. 100.
26 GW (Schmitz/von Steinsdorff), Bd. 3, S. 511.

Tag vermehrt“ aufheben, wenn ihnen die Möglichkeit gegeben wird, „Kraft Heldencharackter zu entwicklen in dem Besitzlosen“[27].

Hierauf folgt nun nicht gleich ein praktischer Entwurf zur Stimulation solcher „eignen Kräfte“, sondern zunächst eine theoretisch-ideologische Skizze ihres inhaltlichen Fundaments im Stil der Ermahnungen, mit denen Bettine die Adressaten ihrer politischen Briefe zu erziehen pflegt: „Jeden Besitzenden verzehrt der eigne Besitz“ heißt es da, und weiter:

> Der dessen Kräfte des Geistes alle in Thätigkeit sind duldet nicht den Besitz in sich. Seine Wirksamkeit ist sein Besitz je ausgebreiteter, je mehr verwebt sich diese in Allgemeines oder in Fremdes, jemehr auch fühlt er seine Wircksamkeit ausser sich, jemehr fühlt er sich dem Allgemeinen angeeignet, je größer sein Besitzthum. Also in der um und eingreifenden Wirksamkeit liegt Besitz. In der Fühlbarkeit der eignen Wirckung im Gesamtbetrieb im Gesamtbedürfniß liegt der Reichtum der Besitz des Arbeiters![28]

Die Substanz dieses Arguments ist inspiriert von dem Buch *Über Industrialismus und Armuth* von Georg Svederus, das Bettine selbst 1844 in Berlin in Druck gebracht hatte und aus dem sich auch einige direkt identifizierbare Exzerpte unter dem ‘Armenbuch’-Material befinden. Svederus hatte darin unter anderem jene Abkoppelung des einzelnen Fabrikarbeiters vom Gesamtproduktionsprozeß angeprangert, die Marx etwa zur selben Zeit als Entfremdung beschrieben hatte. „Nur der Fabrikherr, sein Chemiker und Mechaniker werden sich des Zusammenhangs ihrer Arbeit mit der Gesammtarbeit bewußt, und also der Würde ihrer Arbeit froh“, so Svederus etwa: „Die große Masse der eigentlichen Arbeiter ist gleich den Galeerensclaven an die einfache bis zu ihrem Tode endlos wiederkehrende Bewegung geschmiedet, deren Verhältniß zur Totalität sie nicht begreift“; dies sei „in Wahrheit tiefe Armuth, in und bei der Arbeit“[29].

Bettines Anknüpfung an Svederus’ Gedankengut ist unschwer auszumachen; bei den Forderungen aber, die sie aus der von beiden diagnostizierten Notwendigkeit einer identifikatorischen Integration des Arbeiters in die Strukturen industrieller Produktherstellung ableitet, geht sie weit über Svederus hinaus. Was bei Svederus in einer Art integrativer Managementlehre kulminiert – „Man verknüpfe den Vortheil des Arbeiters mit dem Gelingen der Unternehmung, wobei selbst der Unternehmer wahrscheinlich in den meisten Fällen mehr gewinnen würde als jetzt“[30] –, wird bei Bettine zu einer integrativen Staatslehre: Ihrer Ansicht nach gehören nicht nur „Verbrecher, ihre Behandlung ihre Pflege ihre wieder herstellung […] den Arbeitern“, die resozialisierende Rechtspflege also, die sie schon in ihrem ‘Königsbuch’ gefordert hatte; auch die „Organisirung der Schulen gehört denen die derselben bedürfen“, insbesondere im Bereich der „Staatsoeconomie“: „Nemlich Verbrauch der Stoffe und Anwendung derselben! – Korn und Nahrungs Stoffe

[27] Ebd.
[28] Ebd.
[29] GW (Schmitz/von Steinsdorff), Bd. 3, S. 1123.
[30] Ebd., S. 1134.

Kleidungs Stoffe gehört in den Kreis der ihn verarbeitet!“[31] Vor allem aber hat der Arbeiter „zu sorgen daß das Unwesentliche im Luxus des guten Lebensgenusses [...] dem Gutleben untergeordnet bleibe dessen Wircksamkeit näher in der Natur des Menschen eingreift welches [wenn es] als Würdig dem Nüzlichen vorgeht sowie das Nützliche wieder dem Angenehmen vorgehen muß“[32]; die eigentliche Aufgabe, ja die eigentliche Arbeit des Arbeiters also ist nichts Geringeres als diejenige, als eine moralische Instanz der 'Staatsoeconomie' insgesamt zu fungieren.

Diese Art Arbeit nun hat kaum etwas mit der bitteren Realität zu tun, die die immer schlechter bezahlte Erwerbsarbeit für den vormärzlichen Arbeiter ist, sei es in Fabriken oder im schwindenden Heimarbeitsbereich vor allem der Textilindustrie, dafür aber sehr viel mit der Idealvorstellung der Spätaufklärung vom mündigen, in jeder Lebenslage stets immer auch am Gemeinwohl 'arbeitenden' Menschen, mit jenem uneigentlichen Arbeitsbegriff also, der, in Zedlers *Universal-Lexikon* als bibelförmig christliche Lebensweise kodifiziert, noch denjenigen des Grimmschen Wörterbuchs mit seiner auffallenden Abstinenz gegenüber dem Paradigma der Erwerbsarbeit überwölbt. Geprägt durch das normative Rahmenwerk weiblicher Existenz und dem Aufbegehren dagegen, ausgeweitet im Zeichen der Arbeit als Mühe und Anstrengung auf der einen und in demjenigen der von ihr angestrebten poetischen und politischen Wirkung auf der anderen Seite, ist der Arbeitsbegriff Bettines weder praktisch noch theoretisch vom Faktor überlebensnotwendiger Subsistenzsicherung affiziert. Bettine hatte nie für Geld arbeiten müssen, und auch die Tätigkeit Arnims auf seinem Gut oder später die ihrer Söhne war nie in den Einzugsbereich ihres Arbeitsbegriffs geraten; „Arbeiter“ in jenem emphatischen Sinne, in dem das Wort während der Revolution von 1848 zum ideologischen Buzzword für das unterprivilegierte Proletariat wurde, waren andere als ihresgleichen, eine ihr letztlich bei allem Engagement wesenhaft fremde, virtuell unbekannte Spezies.

Tatsächlich entspricht die Haltung, in der Bettine hier zur staatsökonomischen als moralischer Bildung der Arbeiter aufruft, ihrer Struktur nach in Ansätzen derjenigen, in der Jean-Jacques Rousseau die unbekannte Spezies des nichteuropäischen Eingeborenen in seinem *Diskurs über die Ungleichheit* ein knappes Jahrhundert zuvor zum edlen Wilden stilisiert hatte, zu dem vom deformierenden Einfluß europäischer Kultur noch unberührten und darum gewissermaßen 'echten' Menschen mit seinem moralischen Kompaß eines ihm eingeborenen Sozialvertrags. So lautet der letzte Satz ihres Notats: „Auch dies gehört in die Rubrick des Arbeiter-Weltbürgers sein Geist muß für das Gesetz geschärft werden was unmittelbar seinem eignen Gewissen entspringt!“[33] Im Gegensatz zu den von ihrem Besitz längst zivilisatorisch kor-

[31] Ebd., S. 512.
[32] Ebd.
[33] Ebd.

rumpierten oberen Gesellschaftsklassen ist das von Rousseau beschriebene Gesetz, der reine Sozialvertrag, das genuine ursprüngliche Interesse am kollektiven Wohl, dem besitzlosen Arbeiter noch direkt zugänglich, eine generische Qualität, kraft derer er als „Arbeiter-Weltbürger" einen ganzen Menschentypus repräsentiert. Dieser Typus freilich bedarf zu seiner gesellschaftlichen Entfaltung seinerseits einer Arbeit bettinischen Formats, nämlich der Erziehung zur eigenverantwortlichen Selbstsorge, mit der Bettine Studenten wie Julius Döring und zukünftigen Regenten wie Friedrich Wilhelm IV. seit Jahren Uneigennützigkeit und Selbstverleugnung, kurz: eben den Heldencharakter zu entwickeln antrug, den hervorzutreiben sie nun hier auch als Hauptaufgabe einer Förderung der Arbeiter ansieht.

Es ist anzunehmen, daß das 'Armenbuch'-Projekt wohl nicht allein auf königlichen Befehl hin unvollendet blieb, sondern auch und vielleicht vor allem der konzeptionellen Schwierigkeiten wegen, denen Bettine sich bei der Konfiguration ihres Materials zu einem kohärenten Werk und vor allem bei der Engführung ihrer Überlegungen dazu zu einem in sich argumentativ schlüssigen Nachworttext gegenüberfand. Das Notat „Arbeit" stützt diese Annahme, stieß Bettine darin doch ganz offensichtlich auf eine doppelte Grenze: zum einen auf diejenige der eklatanten Inkompatibilität ihres eigenen, in Auflehnung gegen die Beschränkungen ihrer weiblichen Rolle mit poetischen Mitteln gewonnenen uneigentlichen Arbeitsbegriffs mit einer Wirklichkeit, die ihre politische Brisanz aus den beiden sehr eigentlichen Faktoren unterbezahlter körperlicher Schwerarbeit und bei Arbeitslosigkeit drohender völliger Verelendung bezog, und zum anderen, damit verbunden, mit dem Fehlen eines in und durch den Text direkt ansprechbaren Adressaten: Ihr politisches Werk hatte seine Wirkung wesentlich deshalb erzielen können, weil sie in ihren Briefen und noch im 'Königsbuch' in den direkten Dialog mit einem Gegenüber eintreten konnte; für das 'Armenbuch' aber konnte es ein solches Gegenüber nicht geben, weil Friedrich Wilhelm es kategorisch abwies und die Armen selbst, die allenfalls davon hätten angesprochen werden können, kraft eben ihrer Armut weder die Lesekompetenz noch das Geld besaßen, um ernsthaft als seine Rezipienten in Frage zu kommen – einmal ganz zu schweigen davon, ob ein Arbeiter, der täglich verzweifelt wenigstens den Preis einiger Kartoffeln zu verdienen suchte, um seine Familie zu ernähren, inhaltlich etwas mit Bettines Aufruf zu Selbstverläugnung und Heldencharakter hätte anfangen können.

Es ist auffällig, daß die Briefe, die Bettine später im Zuge der Revolution von 1848 und danach schrieb, völlig unbeirrt an diesem Arbeitsbegriff festhalten. Für Bettine blieb 'Arbeit' bis zuletzt der Name poetisch-politischen als moralischen Tuns; wenn in den Briefen von 1848 sozial objektiv von Arbeit und Arbeitern die Rede ist, dann sind die entsprechenden Briefteile von ihrem Angestellten Jenatz verfaßt, während Bettine diese Begriffe mit großer Begeisterung als emotional hochbesetzte Reizworte im Kontext einer, so hoffte sie, ultimativ zur moralischen Besserung des preußischen Staatswesens im Sinne einer konstitutionellen Monarchie führenden Bewegung einsetzte. Auch daß diese Bewegung dann, zumindest aus ihrer Sicht, im Kern scheiterte, daß zudem weder ihre 1849 erschienene ‘Polenbroschüre’ noch auch das letzte Werk, die 1852 gedruckten *Gespräche mit Dämonen*, ihrer Arbeit die erhoffte Resonanz brachten, daß auch ihre Familie, insbesondere die königstreuen älteren Töchter und der zweite Sohn Siegmund, diese Arbeit nicht nur nicht zu würdigen wußten, sondern sie geradewegs für überflüssig, lästig, ja ihren eigenen Interessen – übrigens durchaus zu Recht – gefährlich ansahen, hielt sie nicht davon ab, ihrer ältesten Tochter Maximiliane noch am 16. Juni 1854 in bester Laune eine Periode solcher ‘Arbeit’ als Grund dafür anzugeben, daß sie so lange nicht an die Tochter geschrieben hatte:

> Liebe Max! ich war schon mit dem Vorsatz aus dem Bett gesprungen Heute Dir zu schreiben da kam Dein Brief. Auch bei uns [waren die] Laublosen Bäume voll Raupen, Sinnbild aller sinnlosen Fresgier. [...] Parapluie auf gemacht willst Du nicht von Raupen dicht beregnet sein. – Ich konnt Euch nicht schreiben diese ganze Zeit. ich war gefangen jeden Morgen nachdem ich Nächten nicht geschlafen hatte, und durfte nicht was ich wollte und mußte pflügen die härteste Scholle der verfluchten Erde! Wie Adam hatte ich schwere Arbeit bis der Waitzen hervorkeimte. und jezt endlich freue ich mich freier Stunden in denen ich wieder das junge Gras wachsen höre und schreibe Euch davon. Und die Menschen die sich weise düncken und Viehisch sind die können mich nicht wieder ducken. Soviel Federkraft hat eure Mutter – und geht reiner hervor voll Feuergeist aus dem Streit in dem er siegte über den Pfiff. Und ich habe nichts versäumt in dieser bedrängenden Zeit, keine Bitte abgewiesen keine Wege gescheut kein Mittel unerprobt gelassen denen zu dienen die mir ins Auge schauten [...] oder mir ans Herz griffen.[34]

Und mögen diese „Mittel“ auch gelegentlich über sich selbst gestolpert sein, über ihre Entwicklungsbedingungen und die Grenzen ihres praktischen Fassungsvermögens, wie unter anderem in dem bewußten Notat aus dem Umfeld des ‘Armenbuch’-Projekts – ihr Einsatz verdient fraglos den Namen des Begriffs, in dessen Konzeptionalisierung Bettine so viel „Feuergeist“ investiert hatte: „Arbeit!“

---

[34] GW (Schmitz/von Steinsdorff), Bd. 4, S. 702.

Hille Haker

Zur Bedeutung der Schriften Bettine von Arnims

Ein Kommentar aus sozialethischer Sicht[1]

Sich Bettine von Arnim heute zu nähern, das bedeutet, ihre Fragen mit den unseren in eine neue Konstellation zu bringen – so jedenfalls hat es uns Walter Benjamin gezeigt, der in seiner Geschichtsphilosophie versuchte, aus den unerledigten Fragen, Träumen und Niederlagen Impulse zu gewinnen, die in der jeweiligen Gegenwart, aus der heraus man sie betrachtet, handlungsrelevant werden können. Die Methode meiner Annäherung ist damit vorgegeben: Es geht nicht um eine historische Aufarbeitung, nicht um eine literarische Würdigung, sondern um die gesellschaftliche Wirklichkeit am Beginn des 21. Jahrhunderts, die mit der Perspektive einer Literatin des Bürgertums aus dem 19. Jahrhundert konfrontiert wird. Um die Gegenwart zu verstehen (und Handlungsoptionen zu gewinnen), ist der historische Blick unausweichlich. Wenn Benjamin dabei von einer Konstellation spricht, in der Gegenwart und Vergangenheit neu erscheinen, so ist dies geschichtsphilosophisch und politisch-ethisch zugleich gemeint: Es geht dem historischen Bewusstsein weniger um eine Rekonstruktion als um ein Potential, dessen Realisierung aussteht; und es geht um eine politische Ethik, da die gegenwärtige Situation, sofern sie mittels der Brechung durch die historische Perspektive in einem bestimmten Licht erscheint, nicht nur theoretisch verstanden werden muss, sondern als Gegenstand der praktischen Vernunft betrachtet wird. Diese reflektiert das Handeln einzelner genauso wie Strukturen und Praxen – mit dem Ziel der Beseitigung vorhandener Missstände oder Ungerechtigkeiten.

Vieles gilt es zu entdecken – nicht nur für die sozialen Fragen, sondern auch für die politische Ethik oder die theologische Sozialethik, die sich mit der Frage der Institutionen und strukturellen Verfassung von Gesellschaften seit der Neubestimmung der Disziplin in den 1970er Jahren vor allem unter dem Blickpunkt der Gerechtigkeitstheorie beschäftigt.

Die Grundlage für die sozialpolitischen Schriften Bettine von Arnims ist ihre Auseinandersetzung mit Individualität und mit der eigenen – fiktionalisierten – Subjektwerdung. Für die Anerkennung individueller Subjektivität ist Bettine von Arnim eine überaus wichtige Schriftstellerin, denn sie arbeitet sich an einer Selbstkonstruktion ab, welche je neu zu entwerfen ist, um den

[1] Da das Manuskript auf einem ethischen Kommentar zu Vorträgen bzw. Fragestellungen von ReferentInnen basiert, wurde die Bezugnahme darauf aufrechterhalten.

Preis, dass die gesellschaftlich geltenden Normen weiblicher Biographien und Selbstverhältnisse nicht greifen, oder dass Vorbilder des Denkens und Fühlens nicht einfach übernommen werden können.[2] Diese Auseinandersetzung vollzieht Bettine vor allem in Form literarischer Dialoge. Sie steht damit in einer Tradition, die eng mit der inszenierten Selbst-Suche verbunden ist, welche am Ende des 18. und Beginn des 19. Jahrhunderts in der (romantischen) fiktionalisierten Begegnung mit einem bzw. einer anderen Person ihren Ausdruck und Höhepunkt findet: als Männerfreundschaft etwa in *William Lovell* von Tieck, als Liebessehnsucht im *Hyperion* Hölderlins, um nur zwei Beispiele zu nennen, die etwa dem *Günderode*-Buch zur Seite zu stellen wären. Das Zu-sich-Selbst-Kommen in der und durch die Konfrontation mit dem Anderen des Selbst – dies ist auch das Thema Hegels, wenngleich für ihn gerade nicht die Erkundung der Potentiale des Anderen *wie* des Selbst im Mittelpunkt der Beziehung steht, sondern vielmehr der „Kampf um Anerkennung", der im berühmten Herr-Knecht Kapitel der *Phänomenologie des Geistes* zum Kampf um Leben und Tod wird. Nach Hegel vergewissert sich das Selbst erst durch diesen Kampf seiner selbst.[3] Dem stellt Bettine von Arnim die dialogische Erfindung des Selbst gegenüber, die ethisch als Akt der literarischen Freiheitssuche zu beschreiben ist.[4]

Im Kontext des sozial-politischen Denkens und Handelns Bettine von Arnims ist es lohnenswert, Fragen aus unserer Gegenwart an diese Autorin des 19. Jahrhunderts zu stellen, und uns mit ihren Antworten zu konfrontieren. Das Ergebnis, so meine ich, ist durchaus überraschend, wie ich in meinem gegenwartsorientierten Kommentar zeigen möchte.

Die Armut in der Arbeit

Im Hinblick auf die gesellschaftliche Frage nach dem Umgang mit sozialer Armut steht Bettine von Arnim am Beginn eines Diskurses, der erst in der zweiten Hälfte des 19. Jahrhunderts voll entbrennt. Engels und vor allem Marx begegnen der bürgerlichen Gesellschaftstheorie Hegels und stellen

---

2 Vgl. dazu Ulrike Landfester: Selbstsorge als Staatskunst. Bettine von Arnims politisches Werk. Würzburg: Königshausen & Neumann 2000 (= Stiftung für Romantikforschung, Bd. 8).

3 Zur einschlägigen Interpretation der Anerkennungstheorie Hegels vgl. Ludwig Siep: Anerkennung als Prinzip der praktischen Philosophie. Untersuchungen zu Hegels Jenaer Philosophie des Geistes. Freiburg i.Br./München: Alber 1975 (= Praktische Philosophie, Bd. 11); Andreas Wildt: Autonomie und Anerkennung. Hegels Moralitätskritik im Lichte seiner Fichte-Rezeption. Stuttgart: Klett-Cotta 1982 (= Deutscher Idealismus, Bd. 7), sowie Axel Honneth: Kampf um Anerkennung. Zur moralischen Grammatik sozialer Konflikte. Frankfurt a.M.: Suhrkamp 1992.

4 Zur ethischen Interpretation der Identitätsbildung durch fiktive Autobiographien vgl. Hille Haker: Moralische Identität. Literarische Lebensgeschichten als Medium ethischer Reflexion. Mit einer Interpretation der *Jahrestage* von Uwe Johnson. Tübingen/Basel: Francke 1999.

ihm – je nach Lesart in Kontinuität bzw. Diskontinuität der Hegelschen Rechtsphilosophie – eine auf die Tat ausgerichtete Geschichts- und Gesellschaftsphilosophie gegenüber. Zum ersten Mal soll die Klasse der Arbeiter zum Subjekt und Träger gesellschaftlicher Veränderungen bzw. sogar Umwälzungen werden und nicht nur passiv auf die Veränderungen durch diejenigen warten, die die Machtmittel für die Bekämpfung von Armut besitzen.

Der Diskurs über die Verarmung der Massen und die geringen Chancen einer aufgeklärten Bildung der „Unterschicht“ wird in der ersten Hälfte des 19. Jahrhunderts nicht durch die Literaten der Romantik, sondern zum Beispiel durch die literarisch-politischen Schriften etwa eines Heine oder Büchner begleitet. In der englischen Literatur wird er nicht zuletzt auch von Schriftstellern wie Charles Dickens literarisch vorangetrieben, der mit seinen großen sozialkritischen Werken *Oliver Twist* oder *David Copperfield* vor allem auch die Kinderarmut als Konsequenz der Industrialisierung geißelt.

Die christlichen Kirchen, vor allem die Katholische Kirche, greift die Verelendung der Arbeiterschaft in den Ländern Europas erst gegen Ende des 19. Jahrhunderts auf, dann jedoch mit nachhaltiger Wirkung: offiziell geschieht dies zum ersten Mal mit der Sozialenzyklika von Papst Leo XIII., *Rerum Novarum* von 1891, die den Beginn der neueren Katholischen Soziallehre markiert. Zum ersten Mal spricht die Kirche hier von der übergroßen sozialen Armut unter den Arbeitern, ihrem Recht auf menschenwürdiges Leben und menschenwürdige Arbeit, von der Fürsorgepflicht der Unternehmer, denen zwar das Recht auf Eigentum bescheinigt wird, aber dieses verpflichtet im Gegenzug zur Verantwortung. Die Sorgepflicht der Unternehmer entwirft die Kirche freilich nach dem (patriarchalen) Modell der Sorge eines Familienvaters für seine Familie. Neben dieser Unternehmensethik, wie wir heute sagen würden, betont die Enzyklika die Notwendigkeit der Ermächtigung der Arbeiter, zum Beispiel durch den Zusammenschluss in Arbeitervereinen. Der Papst unterstützt besonders die Gründung von (katholischen) Arbeitnehmer-Vereinen nach dem Prinzip der Subsidiarität, die eine Interessenvertretung auf der jeweils untersten institutionellen Ebene vorsieht, bevor etwa eine staatliche Instanz eingeschaltet wird; denn die jeweils „unteren“ Organisationsebenen können kontextuell am wirksamsten Strategien etwa zur Armutsbekämpfung durchsetzen – dabei hat der Papst sehr wohl auch im Blick, dass mit der Bildung von Katholischen Vereinen der Zulauf zu den Gewerkschaften sowie zum gefürchteten Kommunismus eingedämmt werden könnte.[5] Die Prinzipien der *Würde* der Person, die sich im Umgang vor allem mit Arbeitnehmern bzw. abhängig Beschäftigten niederschlagen muss, des *Gemeinwohls* als Handlungsprinzip gesellschaftlichen Handelns, der *Solidarität* zwischen den Arbeitern und mit ihnen, und der *Subsidiarität* gehören seitdem

[5] Zur Geschichte der Katholischen Soziallehre vgl.: Geschichte der sozialen Ideen in Deutschland. Sozialimus – Katholische Soziallehre – Protestantische Sozialethik. Ein Handbuch. Hrsg. von Helga Grebing und Walter Euchner. 2. Aufl. Wiesbaden: VS 2005.

zum Katalog der ethischen Prinzipien, mit denen die christliche Sozialethik die Belange der Arbeiter in der Industrialisierung aufnimmt.

Bettine von Arnims Schriften lesen sich wie das Vorwort zu dieser Bewegung der Selbst-Ermächtigung derjenigen Schicht, die durch Armut und Unterdrückung „von sich nichts weiß, weil sie nie einen sorglosen Augenblick hatte wo sie sich selbst konnte gewahr werden, sondern ewig am Strang der Bedürfnisse zog“[6]. Das Armutsproblem, dem Bettine sich – engagierter und tatkräftiger als die meisten ihrer intellektuellen Freunde – aussetzt, wird also gerade erst zu einer zentralen Frage der philosophischen und theologischen Sozialethik. Christliche Gesellschaftslehre, wie die Sozialethik häufig genannt wurde, wird bis weit ins 20. Jahrhundert hinein als eine Ethik der menschengerechten Arbeit und Wirtschaftsordnung verstanden, die gerade nicht nur auf die instrumentelle Bereitstellung von Mitteln für das Überleben definiert werden kann, sondern dem Ziel unterstellt wird, das Gemeinwohl zu fördern. Bettine von Arnim unterscheidet ganz ähnlich zwischen dem nur Nützlichen und dem Würdigen. Ein Echo dieses Verständnisses des sozialen Handelns findet sich auch bei Hannah Arendt, in ihrer wichtigen Schrift über die *Human Condition*,[7] in der sie den Begriff der Arbeit vom aristotelischen Praxisbegriff aus interpretiert.

Weit entfernt davon, das Armutsproblem zu Beginn des 21. Jahrhunderts auch nur annähernd gelöst zu haben, wird heute versucht, die so genannte *relative* Armut, die sich am jeweiligen Durchschnittseinkommen eines Staates orientiert, durch eine Sozialpolitik zu bekämpfen, die auf Transaktion sozialer Leistungen genauso wie auf die Befähigung zur Teilnahme am öffentlichen Leben abzielt. Daneben steht jedoch das Problem der globalen Armut, die häufig weit mehr der Armut gleicht, die Bettine etwa in Schlesien vorfand: *absolute* Armut, die mit dem Mangel an Nahrung und elementarster Versorgungssicherung, mit dem Mangel an sozialer Sicherung, Gesundheitsversorgung oder Bildung einhergeht. Während die relative Armut in den industrialisierten, auf Wissen und Technologie ausgerichteten Gesellschaften institutionell bekämpft wird, gibt es bis heute keine Politik, die erkennen lässt, dass in absehbarer Zeit das Ende der absoluten Armut – die unter den Bedingungen der Globalisierung auch in den so genannten entwickelten Länder zuweilen zu finden ist – erreichbar wäre. Dies gilt trotz aller gegenteiligen Bekundungen, trotz aller Ausrufung von Armutsbekämpfungsprogrammen.[8] Nicht einmal die im Jahr 2000 ausgerufenen Millenniums-Ziele des ehemaligen Generalsekretärs der Vereinten Nationen, Kofi Annan, die auf

---

6 Bettine von Arnim an Friedrich Wilhelm IV., 18.7.1845; Bw Friedrich Wilhelm IV., S. 133.

7 Hannah Arendt: The Human Condition. Chicago: University of Chicago Press 1958 (= Charles R. Walgreen Foundation lectures); deutsche Ausgabe: Vita activa oder Vom tätigen Leben. Stuttgart: Kohlhammer 1960.

8 Vgl. dazu Hille Haker: Gerechtigkeit und Globale Armut – Neuere Ansätze zur Ökonomie und Ethik. In: Solidarität und Gerechtigkeit. Die Gesellschaft von morgen gestalten. Hrsg. von Dietmar Mieth unter Mitarbeit von Katharina Eckstein. Stuttgart: kbw 2009, S. 158-177.

die Halbierung der globalen Armut bis zum Jahr 2015 gerichtet waren, werden auch nur annähernd erreicht werden. Im Gegenteil: heute ist eine Re-Nationalisierung der internationalen Politik zu beobachten, die globale Ziele immer weiter in den Hintergrund zu drängen droht. Bettine von Arnim betätigt sich demgegenüber als empirische Sozialwissenschaftlerin: Hinter den Zahlen und Statistiken, die sie im 'Armenbuch' zu sammeln begann, um die sozialen Verhältnisse der Schlesier zu dokumentieren, verbergen sich immer die Schicksale einzelner Familien, einzelner Menschen. Sie hätte gerade in der Bekämpfung von Armut keine nationalen Grenzen gelten lassen. Sie hätte der Armut Gesichter gegeben, wie dies heute allenfalls anlässlich von Katastrophenmeldungen durch die Medien geschieht.

In der philosophischen Ethik wird derzeit darüber debattiert, wieweit eigentlich die Verantwortung der moralischen Akteure bei der Armutsbekämpfung geht: Sind sie, sind wir, verpflichtet, globale Armut aktiv zu bekämpfen? Oder sind wir allenfalls dazu verpflichtet, „den Armen" durch unser eigenes Verhalten nicht zu schaden? Die akademische Debatte kreist darum, ob Menschen allenfalls negative Rechte geltend machen können (Nichtschädigung durch andere) oder ob sie positive Rechte haben, das heißt, einen Anspruch auf ein menschenwürdiges Leben erheben können, dem dann die Pflicht der aktiven Realisierung zur Seite zu stellen ist (Recht auf positive Unterstützungsleistungen).[9]

Bettine von Arnim, ich bin sicher, hätte dies eine Debatte der Philister genannt. Sie hätte den Argumenten des philosophischen Liberalismus, der die Unterscheidung von negativen und positiven Rechten entstammt und der bis heute ein gespaltenes Verhältnis zu den sozialen und wirtschaftlichen Menschenrechten hat, zumindest die Lebensgeschichten der von Armut betroffenen Menschen zur Seite gestellt und die Debatte mit Gesichtern und Geschichten konfrontiert. Sie würde heute nicht durch die Zensur daran gehindert worden sein, ihr Buch fertig zu stellen. Bettine von Arnim war nicht naiv, sondern sie versuchte empirische Daten mit politischem Engagement zu verknüpfen. Entsprechend hätte sie an die Verantwortung derjenigen appelliert, die überhaupt einen Spielraum der Freiheit haben. Sie hätte gesellschaftliche Verantwortung sowohl auf Nächstenliebe als auch auf Gerechtigkeit zurückgeführt, und sie hätte nach Wegen der Umsetzung auf der politischen Ebene gesucht.

Wenn es eine Lehre aus ihrem Denken sowie der Armutsdiskussion des 19. Jahrhundert gibt, dann scheint es mir diese zu sein: Keine Lösung, die den Subjektstatus derjenigen überspringt, die in Armut leben. Dialog mit den Menschen, heißt das, statt Hilfsprogramme über ihre Köpfe hinweg. Bettine von Arnim hätte womöglich viel von Mikrokrediten gehalten, die gerade Frauen dazu befähigen, eine kleine nachhaltige Existenzsicherung aufzubau-

9 Vgl. zu dieser Diskussion Barbara Bleisch/Peter Schaber (Hrsg.): Weltarmut und Ethik. Paderborn: mentis 2007 (= Ethica, Bd. 13).

en. Sie hat diese Maßnahme bereits in ihrer Erzählung vom *Heckebeutel* vorweggenommen.

Heute ist vielleicht besser die wechselseitige Abhängigkeit von Armut und Reichtum zu sehen, die Bettine von Arnim andeutet. Die Anerkennung dieser Interdependenz muss der Frage nach der Verantwortung vorausgehen – darin liegt der Denkfehler eines Liberalismus, der die Freiheit des Individuums konstatiert, ohne die ungleichen Ausgangsbedingungen und die strukturelle Ungleichheit als Voraussetzung individueller Freiheitsmöglichkeiten zu reflektieren. Erst auf dieser Grundlage kann jedoch nach dem Handlungsspielraum der unterschiedlichen Akteure gefragt werden – und gerade deshalb ist die empirische Forschung unerlässlich.

Bettines Engagement fordert die Anerkennung des Subsidiaritätsprinzips, verbunden mit Solidarität und Gerechtigkeit: zu handeln, wo dies möglich ist, und auf der jeweiligen Ebene der Macht. Der „König" ist ihre konkrete Ansprechperson, zugleich aber auch Metapher für die Macht über Strukturen und Institutionen: Akteure, die im Sinne der politischen Gestaltung zu handeln vermögen. Der Armutsdiskurs führt daher unweigerlich in einen Diskurs über die politischen Institutionen, und damit in den Diskurs über politische Gerechtigkeit.

Die Forderung nach politischer Partizipation

Bettine von Arnim wendet sich an „ihren" König, mahnt an, dass er die Handlungsfähigkeit und Souveränität zeigen solle, die ihn zu einem 'König des Volkes' werden ließe. Nun wäre es sicher eine Überforderung, von Bettine von Arnim ein Programm für die Staatsphilosophie oder politische Ethik zu erwarten. Dennoch meine ich, dass ihre literarischen Interventionen im Kontext der Auseinandersetzung um den Verfassungsstaat, die konstitutionelle Monarchie oder die bürgerliche Republik durchaus nicht nur einer historischen und literaturwissenschaftlichen, sondern eben auch einer ethischen Interpretation bedürfen, welche die Beteiligungsrechte und die Pflichten politischer Institutionen als Kern der politischen Gerechtigkeitsdebatte zu analysieren und zu begründen hat. Bettine von Arnim versteht sich als politische Akteurin: sie interveniert, fordert ihre Bürgerinnen-Rechte nicht nur abstrakt ein, sondern realisiert sie, insofern sie sich selbstverständlich als Teil der öffentlichen Vernunft versteht.

Die westlichen Staaten stehen heute an einem anderen Punkt als Bettine von Arnim in der ersten Hälfte des 19. Jahrhunderts. Nicht die nationale Souveränität von Staaten mitsamt der Bürgerbeteiligung ist ein Problem, sondern vielmehr gilt es, die transnationalen Verflechtungen zu reflektieren, welche nationale Regelungen verändern. Der Diskurs des 21. Jahrhunderts findet auf der Basis eines überdehnten Nationalismus statt, der das 20. Jahrhundert über weite Strecken dominierte und nicht zuletzt zu zwei Weltkriegen führte. Die

Erleichterung über den politischen Frieden im Europa der letzten Jahrzehnte wird vom Gefühl einer überbordenden Bürokratie und der Missachtung politischer Subsidiarität, die nur ein anderes Wort für die nationalen Interessen der Mitgliedsstaaten der Europäischen Union ist, überlagert. Sehen wir etwa auf die Irrelevanz, die Bürger und Bürgerinnen einer Wahl zum Europaparlament gegenüber zum Ausdruck bringen, so scheint die politische Partizipation auf dieser transnationalen Ebene zumindest nicht wirklich zu greifen, obwohl wir alle Bürger- und Bürgerinnenrechte haben, für die Menschen im 19. Jahrhundert stritten: Wir haben, dank der Demokratiebestrebungen der letzten 150 Jahre, Volksvertreter und Vertreterinnen, die wir wählen, damit sie unsere Anliegen in politische Strategien und politisches Handeln umsetzen, sie sind zur Rechenschaft verpflichtet und unterliegen den normalen demokratischen Verfahren, wenn auch auf europäischer Ebene nicht so stark wie auf den jeweiligen nationalen Ebenen. In der Tat wären die Bürgerrechte gerade in Bezug auf die politischen Institutionen Europas neu auszuloten. Und nicht nur die „working poor" müssen dabei in den Blick genommen werden, sondern zum Beispiel auch die Migrationsarbeiter, deren politische Rechte in den Ländern, in denen sie arbeiten, kaum in einer menschenwürdigen Weise verstanden werden. Die Bewegungen um die Menschen „sans papiers", die wir in der deutschen Sprache als „Illegale" bezeichnen, sind Zeichen einer neuen, transnationalen politischen Debatte, die uns bevorsteht, wenn es uns – unter den Bedingungen der Globalisierung – mit dem Recht auf politische Partizipation überhaupt noch ernst ist.

Der Streit um die Geschlechterordnung

Drittens bedarf die Geschlechterordnung, die Bettine von Arnim zum Teil in beißender Ironie in einer sich durchziehenden Strategie der „performativen Subversion"[10] beschreibt, unserer genauen Aufmerksamkeit. Bettine von Arnim zeigt in ihren Schriften durchweg sehr starke und handlungsfähige, wenngleich durchaus auch verletzliche Frauen; sie zeigt – etwa in der Erzählung vom „Heckebeutel", aber genauso in der Figur von Goethes Mutter, in der Figur der Günderode sowie in der Selbstbeschreibung –, dass es immer einen Handlungsspielraum gibt, der zu nutzen ist. Wohl auch deshalb traumatisiert sie die Selbsttötung der Günderode, die damit ihr Scheitern am Traum des Lebens so dramatisch aufzeigt. Bettine jedoch setzt auf das Leben, setzt auf die Erweiterung ihrer Handlungsmöglichkeiten. In der literarischen Reflexion zeigt sie die Träume *und* Hemmnisse ihrer eigenen weiblichen Sub-

[10] Ulrike Landfester: Kreuzungen. Körperbild und Textproduktion in Clemens Brentanos *Das bittere Leiden unseres Herrn Jesu Christi* (1834) und *Gockel, Hinkel und Gakeleia* (1838). In: Ulrike Landfester/Ralf Simon (Hrsg.): Gabe, Tausch, Verwandlung. Übertragungsökonomien im Werk Clemens Brentanos. Würzburg: Königshausen & Neumann 2009, S. 227-250, hier: S. 238.

jektwerdung, nicht zuletzt angesichts übermächtiger sozialer Geschlechternormen. Überdeutlich wird dabei, dass das Geschlechterverhältnis asymmetrisch ist und als solches von den Frauen schmerzhaft erfahren wird. So gelesen, zeigt Bettine, dass die Zuweisung der weiblichen Rolle in den häuslichen, 'privaten' (das heißt: den Normen der zumeist asymmetrischen häuslichen Geschlechterbeziehung unterworfenen) Bereich, die gerade im 19. Jahrhundert so ausgeprägt erfolgte, Frauen in Abhängigkeit hält, ihren Rechten zuwiderläuft, vor allem aber, so Bettines Überzeugung, sie an der Entfaltung ihres eigenen Potentials hindert. Nicht zuletzt gehört Bettine von Arnim zu den Frauen, die sich selbst nicht aus der Öffentlichkeit heraushalten, sondern bewusst – und nicht aus Naivität – die Grenzen der sozialen Normen überschreiten.

Nicht nur die Durchsetzung der Frauenrechte als Teil der Menschenrechte, nicht nur die Erfolge der internationalen Frauenbewegung und der Feministischen Theorie haben den Versuch der Exklusion von Frauen aus einer von Männern so definierten Öffentlichkeit gestoppt. Auch die auf globale Implementierung von sozialen und politischen Rechten ausgerichteten Entwicklungsprogramme wie die Millenniums-Ziele reagieren heute auf die Ungerechtigkeiten in der Geschlechterordnung; aber wiederum gilt: Frauen sind nicht als Objekte von Entwicklungsprogrammen anzusehen, sondern als Subjekte der Selbstentwicklung ernst zu nehmen. In der Sammlung: *Voices of the Poor. Crying out for Change*,[11] die zum Jahrtausendbeginn und zeitgleich zu den Millenniumszielen von der Weltbank herausgegeben wurde, sind Dokumente einer solchen Selbstbefähigung gesammelt worden, die diesem Ziel einen Schritt näher kommen.

Die Frauenforschung der zweiten Hälfte des 20. Jahrhunderts hat vielleicht auch deshalb vor allem die Lektüre individueller Biographien an die erste Stelle der Rezeption der Geschichte von Frauen gestellt, weil sie den Zusammenhang von Geschlechterordnung und Hemmung der Entfaltung des Potentials auf der Ebene individueller Lebensgeschichten rekonstruieren wollte. Bettine von Arnim ist in dieser Hinsicht eine wichtige historische Persönlichkeit, weil sie *schreibt*: In ihrem Schreiben erprobt sie verschiedene literarische Strategien, weil sie – wie übrigens alle Frühromantiker – nach Bedeutungen und Bedeutungszusammenhängen zwischen dem 'Individuellen' und 'Allgemeinen' sucht. Immer wieder belegt sie diesen Zusammenhang mit Metaphern, welche den Zusammenhang von äußerer und innerer Natur, aber eben auch den Zusammenhang zwischen Mann und Frau, zwischen Menschen unterschiedlicher Religionen, und nicht zuletzt auch zwischen Schichten aufzeigen sollen. Nicht von ungefähr ergeben sich viele Überlappungen der ungerechtfertigten Asymmetrie, den die gegenwärtige Frauenforschung mit dem unschönen Begriff der „Intersektionalität" belegt hat. Bettine von

---

[11] Voices of the Poor: Crying Out for Change. Ed. by Deepa Narayan, Robert Chambers, Meera Kaul Shah, and Patti Petesch. New York (N.Y.): Oxford University Press 2000.

Arnim ist wichtig, weil sie die Individuierung durch und mit Sprache mit der Dimension des Handelns bzw. der Handlungsfähigkeit und des Handlungsspielraums verknüpft. Sie tut dies sehr bewusst als Frau, die in die verschiedenen zugeschriebenen Rollen der Weiblichkeit schlüpft, ohne in ihnen aufzugehen. Auf diese Weise kann sie selbst zu einem Modell weiblicher Subjektivität und moralischer Identität werden, das die Vergewisserung über die eigene Subjektivität und Moralität herausfordert.

Ethik der Sorge versus Ethik der Gerechtigkeit?

In Bezug auf die ethischen Grundprinzipien stellt sich heute genauso wie vor 150 Jahren die Frage nach dem Verhältnis von Gerechtigkeit und Sorge, die häufig auch als Nächstenliebe oder aber als freiwillige Wohltätigkeit bzw. Tat der Barmherzigkeit ausbuchstabiert wird. Es ist interessant, dass die Auseinandersetzung über diese beiden Zugänge zur Moral die Feministische Ethik der letzten Jahrzehnte dominiert hat. Dabei wurde, im Anschluss an Carol Gilligan, vor allem die Ethik der Sorge als zentraler Anknüpfungspunkt einer feministischen Ethik angesehen.[12] Dabei wurde die 'männliche' Gerechtigkeitsperspektive mit Unparteilichkeit und kontextunsensibler Gleichbehandlung assoziiert, während für die 'weibliche' Sorge eher persönliche Beziehungen, moralische Gefühle oder auch die Einbeziehung der Situation des moralischen Handelns ausschlaggebend sei. Sieht man auf den Hintergrund etwa von Gilligans Studien, welche im Kontext der psychologischen Untersuchung der Moralentwicklung zu Beginn der 1970er Jahre entstanden, und sieht man ferner auf die Beispiele der individuellen Nothilfe oder des Schwangerschaftsabbruchs, die der Formulierung der Dichotomie von Sorge/Care und Gerechtigkeit zugrunde liegen, dann ist vielleicht besser zu verstehen, wie es zu der Reproduzierung der Geschlechtsattribute auf der Ebene der Moral kommen konnte. Jenseits dieser sehr individualethisch geführten Debatte geht es aber bei der Auseinandersetzung, für die Bettine von Arnim relevant ist, um den Vorrang der Gerechtigkeit oder denjenigen der Wohltätigkeit auf der Ebene der sozialethischen Reflexion. Erst wenn dieser sozialethische Bezug hergestellt ist, wird ersichtlich, dass es hier nicht (nur) um die Geschlechterordnung geht, sondern um die grundlegende strukturelle Begegnung gesellschaftlicher Ungleichheiten.

Bettine von Arnim ist dieser Frage nicht ausgewichen, im Gegenteil, sie thematisiert sie explizit. Sieht man ihre Position vor dem Hintergrund der katholischen Soziallehre, für die die Gerechtigkeit nicht einmal ein eigenes Prinzip ist, dann wird deutlich, dass es hier nicht nur um Begriffsklärungen geht, sondern um den Stellenwert der Gerechtigkeit in einer bürgerlichen Ge-

[12] Carol Gilligan: In a Different Voice: Psychological Theory and Women's Development. Cambridge (Mass.)/London: Harvard University Press 1972.

sellschaft insgesamt. Bettine von Arnim ist weit davon entfernt, Gerechtigkeit und Wohltätigkeit gegeneinander auszuspielen. Aber wenn es, wie in der Bekämpfung von Armut notwendig, um die Verteilung der Verantwortlichkeiten im Handeln von Zivilgesellschaft und staatlicher Sozialpolitik geht, so stellt sie das Prinzip der Gerechtigkeit vor das Prinzip der Wohltätigkeit. Letztere sieht sie sogar mit einer gehörigen Portion Misstrauen an, nicht zuletzt weil zwischen den Gebern und Empfängern, wie sie sagt, eine „Ringmauer“[13] aus Almosen gezogen wird, die es verhindert, dass sich beide Seiten als Partner begegnen würden.

Die Katholische Sozialethik hat sich lange zwar das Prinzip der Solidarität, nicht aber dasjenige der Gerechtigkeit auf die Fahnen geschrieben. Bis heute ist, so lässt sich sicherlich sagen, das Verhältnis der beiden Grundprinzipien christlicher Ethik nicht angemessen ausgelotet. *Deus Caritas est* – lautet der Titel der ersten Enzyklika von Papst Benedikt XVI., der in ihr zugleich auch dem Vorrang einer Gerechtigkeitsethik mit politischem Anspruch eine Absage erteilt. Mit Bettine von Arnim muss man hier jedoch nachfragen: Wie könnte denn die Liebe Gottes anders interpretiert werden denn als Gerechtigkeit, die nicht nur individuell, sondern ebenso institutionell, d.h. politisch ausbuchstabiert werden muss? Wenn aber, wie es in der Enzyklika *Deus Caritas est* heißt, Gott die Liebe ist, dann muss diese Liebe *Caritas* als Sorge, *Misericordia* als Barmherzigkeit und *Justitia* als Gerechtigkeit einschließen.

Die Frage nach dem Verhältnis von Gerechtigkeit und Wohltätigkeit liegt schon der Frage nach der Grenze der Verantwortung zugrunde: Gerechtigkeit ist nicht nur, wie etwa die antike Ethik annahm, eine Tugend, sondern sie ist seit Beginn der ‘modernen’ Staatsphilosophien etwa eines Hobbes oder Locke bis hin zu John Rawls’ Gerechtigkeitstheorie, die den Gerechtigkeitsdiskurs des 20. Jahrhunderts maßgeblich beeinflusste, vor allem eine normative Forderung, die u. a. staatliches Handeln überhaupt erst legitimiert. Wohltätigkeit ist Sache der Zivilgesellschaft; sie ist ein notwendiges Ergänzungsmittel im Rahmen des sozialen Handelns, basierend auf der moralischen Handlungsfähigkeit von Subjekten, die sich von der Not anderer berühren lassen, die Solidarität üben und darüber den sozialen Zusammenhalt stiften, den der Staat mit seiner Gerechtigkeitspolitik niemals wird stiften können. Im Rücken dieses sozialen Handelns wird die Moralität der Individuen, die sich der Schutz- und Unterstützungsbedürftigkeit anderer nicht entziehen, stets neu konstituiert. Und dennoch: Wohltätigkeit kann nicht Gerechtigkeit ersetzen.

Bettine von Arnim, die Wohltätige, die immer ansprechbare Frau aus der Oberschicht, geht jedoch noch viel weiter. Sie fragt gar nicht erst nach der Pflicht zur Wohltätigkeit, sondern stellt vielmehr das „Recht zu geben“, also

---

[13] Bettina von Arnims Armenbuch. Hrsg. von Werner Vordtriede. Frankfurt a.M.: Insel 1981 (= insel taschenbuch, Bd. 541), S. 114.

das Recht, ungerechte Strukturen aufrecht zu erhalten, sie gleichwohl aber mit Wohltaten zu versüßen, insgesamt in Frage: „Ich sage euch: Der Reiche hat kein Recht zu geben und die Armen müssen sich nehmen, was ihnen zukommt."[14]

'Suum cuique' – Jedem das Seine – dies ist der erste Gerechtigkeitsgrundsatz der philosophischen Tradition des Westens. Bettine fasst diesen Grundsatz nun nicht mehr nach der Weise der Verteilungsgerechtigkeit im Sinne der gerechten Bereitstellung von Gütern, bei der der Adressat der Verteilung passiv bleibt, sondern sie fasst es als *Umwandlung von Ungerechtigkeit in Gerechtigkeit durch die Tat*, ausgehend von denjenigen, denen nicht gegeben wird, was ihnen zukommt.

Ein Blick auf die gegenwärtigen Handlungsprinzipien der deutschen Sozialpolitik genügt, um zu sehen, dass die Frage nach dem Verhältnis von Gerechtigkeit und Wohltätigkeit brisant ist, und das nicht erst seit der von Peter Sloterdijk im vergangenen Jahr losgetretenen Debatte: Den Menschen, die in Deutschland in Armut leben, wird offenkundig nicht das gegeben, was ihnen zukommt. Der Staat stellt mehr und mehr die Leistungsgerechtigkeit vor die Bedarfsgerechtigkeit, und Peter Sloterdijk propagiert die freiwillige 'Gabe' der Wohlhabenden anstelle der Pflicht der staatlichen Verteilungsgerechtigkeit, die in der Tat auf einer Umverteilung zugunsten der in einer Gesellschaft schlechter Gestellten basieren muss. Die Zivilgesellschaft reagiert auf den Zustand der Verarmung mit einer Kompensationspraxis für staatliche Unterlassungspolitik, symbolisiert am deutlichsten in der Einrichtung von so genannten Tafeln, die in den vergangenen Jahren in fast allen Städten Deutschlands etabliert wurden. Die Tafeln, in denen Menschen in Armut mit lebenswichtigen Gütern versorgt werden, sind Realität und zugleich Metapher, wie Bettine Metaphern sieht: Tafeln übernehmen inzwischen in Deutschland die eigentlich genuinen Aufgaben des Staates, ohne jedoch die Strukturen der ungenügenden und daher ungerechten Güterverteilung in Frage zu stellen oder gar zu verändern. Sie verwandeln Subjekte in Adressaten zivilgesellschaftlicher – und häufig christlich inspirierter – Solidarität, ohne jedoch die gesellschaftlichen Ungleichheiten als strukturelle Gewalt kenntlich zu machen.

Die Akteure, die sich bei den Tafeln engagieren, spüren häufig das Dilemma. Würde Bettine von Arnim auch ihnen zurufen: „Ihr habt kein Recht zu geben"? Die deutsche Öffentlichkeit, repräsentiert durch eine auf Gefühlsgeschichten getrimmte Medienlandschaft, sieht die Einrichtung von Tafeln als Zeichen: Es ist so gut um das Ehrenamt bestellt, das es ausgestellt werden kann, in einer eigens so genannten „Woche des Ehrenamtes". So schlecht kann es – nach dieser Lesart – um unsere Gesellschaft nicht stehen, wenn es dieses Engagement zur Wohltätigkeit in der Zivilgesellschaft gibt.

---

[14] Ebd., S. 78.

Hinter den Engagierten, die sich zu Recht ihrer eigenen Moralität, ihrer Empathiefähigkeit und tätigen Solidarität vergewissern, indem sie nicht nur einfach der Verarmung ganzer Schichten zusehen wollen, hinter den Tausenden von Helfern entsteht jedoch ein besonders perfides System der Überflussgesellschaft: Die Tafeln selbst werden durch die Nahrungsmittel-Überflusswirtschaft „gespeist", ohne dass je darüber nachgedacht werden muss, was es eigentlich für eine Gesellschaft bedeuten mag, täglich Tausende von Tonnen Lebensmittel-Abfall zu produzieren, der dann aus ökonomischer Preiskalkulation heraus den Tafeln zur Verfügung gestellt wird, weil dies billiger als jede andere Entsorgung ist. Zygmund Baumann hat vor einigen Jahren ein Buch geschrieben, das er *Wasted Lives* genannt hat[15] – es handelt unter anderem über die Straßenkinder in den Slums Lateinamerikas, die ihr Leben auf den Müllkippen der großen Städte zubringen. Zur Abfall- und Überflussgesellschaft gehört offenkundig auch, dass es Menschen gibt, die „verworfen" werden, Nichtsnutze, die in unserer Gesellschaft einfach nicht gebraucht werden, die überflüssig sind. Wir „speisen sie ab" mit dem Müll einer Überflussgesellschaft, dies wird zur gesellschaftlichen Samaritertat umdefiniert – und so werden mit den besten Motiven der kurzfristigen Hilfe dennoch nachhaltig nicht nur die Strukturen der Konsumgesellschaft perpetuiert, sondern auch gesellschaftliche Exklusion.

„Die Reichen haben kein Recht zu geben!" – Dieser Satz Bettine von Arnims ist falsch, wenn die Gabe auf eine *temporäre* Situation reagiert, die dennoch darauf ausgerichtet ist, eine strukturelle Veränderung nach sich zu ziehen. Wir nennen dies Nothilfe. Der Satz ist richtig, wenn die Gabe die strukturelle Veränderung, die Transformation struktureller Ungerechtigkeit in gerechtere Strukturen, ersetzt. Der Satz ist auch dann richtig, wenn die „Gabe" zum Kalkül eines Geschäftsmodells gehört, bei dem die „Armen" als Entsorgungsinstanz des produzierten Abfalls dienen, nicht aber als Subjekte, die befähigt werden müssen, für sich selbst zu sorgen.

Was aber wäre, wenn auch der zweite Halbsatz richtig wäre, den Bettine schreibt: „Die Armen müssen sich nehmen, was ihnen zukommt"? Bettine von Arnim stellt damit das Verhältnis von Sorge und Gerechtigkeit vom Kopf auf die Füße, indem sie Gerechtigkeit einfordert und diejenige Wohltätigkeit ablehnt, die das Gegenüber nicht als Subjekt des selbstmächtigen, autonomen Handelns respektiert, sondern eher als von sich fernzuhaltendes Objekt des eigenen Handelns ansieht. Dabei unterlässt die Bürgerfrau Bettine von Arnim es keineswegs, selbst wohl-tätig, tätig zum Wohl anderer zu werden, die ihrer Hilfe bedürfen, etwa wenn sie von einer Cholera-Epidemie betroffen sind.

---

15 Vgl. Zygmund Baumann: Wasted Lives: Modernity and its Outcasts. Cambridge: Polity Press 2004; deutsche Ausgabe: Verworfenes Leben. Die Ausgegrenzten der Moderne. Aus dem Englischen von Werner Roller. Hamburg: Hamburger Edition 2005.

Die Frage nach der Religion

Der letzte Frage-Horizont, den ich nur noch kurz streifen will, betrifft die Religion: Wie kann die Schwebe-Religion, die Bettine von Arnim im *Günderode*-Buch entwirft, fruchtbar gemacht werden für die christliche Theologie? Wie könnte ihre Ethik der Aufmerksamkeit, der Berührung und der Poesie, auf der die Schwebe-Religion basiert, für die Christliche Ethik fruchtbar gemacht werden?[16]

Bettine von Arnim ist sicherlich im Kontext einer Erneuerung des (christlichen) Glaubens auf der Grundlage der individuellen, sich aus äußeren und inneren Zwängen befreienden Subjektivität zu lesen, für die sowohl die Aufklärung als auch die Frühromantik steht. Dabei wäre sie gerade als Schriftstellerin der narrativen Selbst(er)findung neu zu entdecken. Ein zweiter Anknüpfungspunkt ist die Utopie einer Religion, wie sie etwa auch in der 'politischen Mystik' etwa einer Simone Weil anvisiert wurde, insbesondere im Hinblick auf den Zusammenhang von religiöser Erfahrung und sozial/politischem Handeln. Die Religion ist bei beiden Autorinnen ein Gegenüber, an dem sie sich reiben; interessant ist bei Bettine von Arnim jedoch, dass sie keineswegs die „schlechthinnige Abhängigkeit", von der etwa Friedrich Schleiermacher spricht, akzeptiert, sondern dass sie sich in die Religionskritik des 19. Jahrhunderts einreihen ließe. Dennoch ist für sie Religion auch das, was Sehnsucht auslöst, was die Fragmentarität überwinden soll. Wie Hildegund Keul zeigt, ist dies besonders für eine auf Befreiung ausgerichtete Feministische Theologie ein lohnenswertes Unterfangen. In ironischer Distanz zur erfahrenen (christlichen) Religion zeichnet sich die Religion, die der Utopie Bettine von Arnims entsprechen würde, durch die Anerkennung individueller Freiheit und Imagination aus: sie ließe die 'Seele' frei schweben, wäre keine kleingeistige, niedergedrückte und am Boden haltende 'Hühnchenreligion', sondern eine Religion, die dazu ermuntern würde, die Freiheiten des Geistes zu erproben, weil allein der Flug die Seele über sich hinaustreibt.[17] Die Religionsauffassung basiert dabei auf einer ins Konkrete gewendeten Ethik: Diese ist auf die Tat gerichtet, unabhängig davon, ob diese nun 'privat' oder 'politisch' bezeichnet wird. In dieser Ethik ist individuelle Identität immer auch moralische Identität der Freiheit und Aufmerksamkeit für den Anderen; und die moralische Identität ist wiederum religiöse Identität, insofern sie auf eine Selbstaffirmation verweist, die je über sich hinaus weist. Simone Weil ist jedoch nicht nur eine Seelenverwandte der Bettine, sondern

---

[16] Vgl. hierzu Hildegund Keul: Menschwerden durch Berührung. Bettina Brentano-Arnim als Wegbereiterin für eine Feministische Theologie. Frankfurt a.M./Berlin/Bern/New York/Paris/Wien: Lang 1993 (= Würzburger Studien zur Fundamentaltheologie, Bd. 16)

[17] „Wo aber die Sündenregister wie eine elende Hühnerleiter an die Himmelspforte angelehnt sind, da mag ich keinen Versuch machen mich zu bilden, mich zu bessern, soll ich da von Stufe zu Stufe hüpfen wie ein Hühnchen damit es auf die Stange zu sitzen komme neben den Hahn. – Nein! *Auf meine Seel* in einem Flug." GW (Schmitz/von Steinsdorff), Bd. 1, S. 96f.

ebenso auch Seelenverwandte der Günderode, deren existentielle Armut und frühen Tod sie teilt – womöglich auch deshalb, weil sie an der Notwendigkeit von Kompromissen scheitert, die die Unbedingtheit des Lebensentwurfs in Frage stellt. Bettine von Arnim dagegen lebt immer weiter, durch alle Verluste hindurch, und sie geht privat und politisch Kompromisse ein, wenn dies für ihr Überleben notwendig ist.

Wenn also die Alternative Leben oder Tod ist, so entscheidet sich Bettine von Arnim wieder und wieder für das Leben – für die ästhetische Imagination mag dies nicht so aufregend sein, für die existentielle Wirklichkeit jedoch ist das „Weiterleben" nach großen persönlichen Verlusten eine nicht zu unterschätzende Herausforderung. In Bettines Leben aber wird mehr erkenntlich, als Generationen von Forschern zu sehen vermochten: *Aufbegehren* zwischen den Zeilen, soweit es angesichts der politischen Verfolgung durch die Zensur eben möglich war; *soziale Tat*, soweit es ihr eben möglich war; *Familie und Mutterschaft*, die sie über Jahrzehnte hinweg ausfüllt, auch wenn sie sie nicht mit ihrer schriftstellerischen Arbeit verbinden konnte; die Erfindung *weiblicher Subjektivität* und die Erfindung der *öffentlichen Frau* im 19. Jahrhundert, die es eigentlich doch so nicht geben sollte.

Angela Thamm

Heilsames Schreiben

Empathie, Strategie und politisches Handeln bei Bettine von Arnim geb. Brentano

Mit dem Datum vom 22.4.1840 schickt Bettine von Arnim – adressiert an Kronprinz Friedrich Wilhelm von Preußen – eine besondere Post in vier Akten. Sie enthält einmal die Antwort auf einen am Ostermontag verfassten Brief des angehenden Monarchen und zum anderen drei Beilagen. Bei der ersten handelt es sich um einen Brief Wilhelm Grimms an Bettine von Arnim vom 11.6.1839, bei der zweiten um eine Abschrift des als „Epistel" bekannten Briefes Bettines an Friedrich Karl von Savigny vom 4. November 1839 und bei der dritten um einen mit der Aufschrift „Anmerkung zum Ganzen" betitelten und ansonsten leeren Bogen, in welchen die beiden Briefe eingewickelt sind.[1]

„Rundschreiben, teils privat" überschreibt Dieter Kühn in seinem 2009 erschienen Lesebuch *Bettine von Arnim* den Abschnitt über die Korrespondenz Bettines mit dem König und bemerkt zu Beginn:

> Ich stelle mir das so vor: Bettine von Arnim saß ganze, zumindest halbe Nächte und schrieb, schrieb, schrieb. Mußte die Feder zwischendurch mal wieder zurechtschneiden oder austauschen gegen eine frisch zugeschnittene Feder. Mußte dafür sorgen, daß die Tinte nicht zu dickflüssig war, den Schreibfluß hemmend, und nicht zu dünnflüssig, das Schriftbild aufhellend. Und so schrieb sie, vom Schreibschwung getragen, über syntaktische Hindernisse, über störende Satzzeichen hinweg, vor allem über hinderliche Schlußpunkte.[2]

Beschäftigt man sich intensiver mit Bettines lebenslang erworbenem Handwerk des Schreibens und den dabei entwickelten Strategien, so erscheint das umfangreiche Schreiben an den Kronprinzen jedoch keineswegs als ein „Riesenbandwurmbrief", wie Kühn meint. Bei genauerer Analyse entdeckt man sowohl ein eigenwillig hergestelltes kommunikatives Œuvre bettinischer Art wie auch den sprachlich höchst geschickten Versuch der Initiierung einer kontinuierlichen Korrespondenz mit dem zukünftigen Monarchen: Ein kluger Akt politischen Handelns mit Feder, Tinte und Papier, welcher in Engagement, Kreativität und Zielstrebigkeit verblüfft und bis hinein in die gegenwärtige Politik seines gleichen sucht.

Wie erreichte die verwitwete Frau von Arnim den politischen Brückenschlag nach oben? Wie webte sie ihre ersten Botschaften zu einem Entschei-

---

1 Siehe Bw Friedrich Wilhelm IV., Bd. 1, S. 29-61, und Bd. 2, S. 295-301.

2 Bettine von Arnim: Aus meinem Leben. Ein Lesebuch. Hrsg. von Dieter Kühn. Frankfurt a.M.: S. Fischer 2009 (= Fischer Taschenbuch, Bd. 90133; Fischer Klassik), S. 417.

dungsträger an höchster Stelle? Wie konnte es gelingen, den zukünftigen Friedrich Wilhelm IV. für einen Briefwechsel zu gewinnen, den er trotz der unüberseh- und unüberhörbaren gesellschaftlichen Unbequemlichkeit dieser besonderen Frau, die in Berlin einen geselligen Zirkel führte, nahezu fünfzehn Jahre lang nicht unterbrach? – Und gibt es von Bettine, die schon in jungen Jahren meisterlich das Handwerk des Schreibens übte und hauptsächlich in Briefen ihre Bedürfnisse, Wünsche und Visionen auszudrücken wusste, möglicherweise noch heute etwas zu lernen?

„Um die Wende vom 18. zum 19. Jahrhundert", so heißt es zu Beginn der von Manfred Frank herausgegebenen Texte zur Romantik mit dem Titel *Das kalte Herz,* „beginnen verschiedene Schriftsteller [...] auf jeweils ganz verschiedene Weise damit, uns eine Geschichte zu erzählen, die gleichwohl immer das eine Thema hat: den Tod des alten christlich-abendländischen Herzens, seine Erstarrung, seine Entwertung, seine Ersetzung durch das unorganische Ding oder die Maschine."[3] Mit dem „Paukenschlag von 1859", der Veröffentlichung der Abstammungslehre von Charles Darwin und ihren Konsequenzen für das Menschenbild als „war of nature"[4], wurde – so der Medizinprofessor und Psychotherapeut Joachim Bauer – das „Prinzip Menschlichkeit" fälschlicherweise verlassen. Ein Irrtum, der bis heute in den unterschiedlichsten wissenschaftlichen Disziplinen, insbesondere im Bildungs-, Sozial- und Gesundheitswesen unglücklich nachwirkt. Sind wir doch nach neurobiologischen Erkenntnissen auf soziale Resonanz und Kooperation angelegte Wesen, die der gegenseitigen Anerkennung, Wertschätzung, Zuwendung, ja Zuneigung zur Ausbildung von Motivationssystemen bedürfen. Zu ihrer Ausbildung benötigen wir dabei besonders die Sprache, ihre (non)verbalen Symbol- und Zeichensysteme und ihren „Gebrauch" in vielfältigen „Sprachspielen".[5]

---

3 Das kalte Herz. Texte der Romantik. Ausgewählt und interpretiert von Manfred Frank. Frankfurt a.M./Leipzig: Insel 2005 (= insel taschenbuch, Bd. 3064), S. 2.

4 „Aufgrund der Tatsache, dass – wie in Sedimenten erhaltene Überreste zeigen – zahlreiche Arten, die einst die Erde bevölkert hatten, heute nicht mehr existieren, erkannte und formulierte Darwin schließlich das Prinzip der *Selektion.* Hätte er es dabei belassen, wäre er ohne Zweifel der unumstrittene Newton der Biologie. Tatsächlich aber erweiterte Darwin seine Theorie um eine Reihe von Annahmen, die er als Prinzipien des Naturgeschehens definierte: Das Verhältnis sowohl zwischen Individuen als auch zwischen Arten sei geleitet von einem fortwährenden, *gegeneinander* geführten Kampf ums Überleben (‘struggle of life')"; Joachim Bauer: Prinzip Menschlichkeit. Warum wir von Natur aus kooperieren. Hamburg: Hoffmann und Campe [4]2007, S. 97f.

5 „Die Bedeutung eines Wortes ist sein Gebrauch in der Sprache. Ich werde auch das Ganze: der Sprache und der Tätigkeiten, mit denen sie verbunden ist, das ‘Sprachspiel' nennen." Ludwig Wittgenstein: Philosophische Untersuchungen. Frankfurt a.M.: Suhrkamp 1977 (= suhrkamp taschenbuch wissenschaft, Bd. 203), S. 28. Für den Brückenschlag zum Zeichen- und Symbolsystem Sprache im engeren Sinne wird an dieser Stelle auf die sprach- und kulturanalytischen Arbeiten des Psychoanalytikers Alfred Lorenzer verwiesen, in denen Ergebnisse der modernen Neurolinguistik teilweise schon vorweggenommen sind; vgl. u.a. Alfred Lorenzer: Die Sprache, der Sinn und das Unbewußte. Psychoanalytisches Grundwissen und Neurowissenschaften. Hrsg. von Ulrike Prokop. Mit einer Einleitung von Bernhard Görlich

Die Epoche der Romantik war die Zeit eines besonderen Spürsinns für sprachliche Prozesse. Sprachphilosophische Erörterungen wie etwa von Johann Gottfried Herder, Wilhelm von Humboldt, Friedrich Schleiermacher, Jacob und Wilhelm Grimm suchten den Geheimnissen von Sprache und Schrift auf die Spur zu kommen, sammelten, dokumentierten, philosophierten und kamen dabei neuesten neurobiologischen und -linguistischen Erkenntnissen erstaunlich nahe. Insbesondere die Frauen entdeckten die Briefe als Medien zur beharrlichen Kommunikation ihrer Wünsche nach Anerkennung und zur Auslotung einer neuen Mündigkeit im Geschlechterdialog. Im Fluss der eigenen Handschrift wurde mit Feder und Tinte Buchstabe für Buchstabe, Wort für Wort und Satz für Satz handwerklich, d. h. auch leiblich, Ausdruck gefunden. Innere Bilder wurden erarbeitet und mit ihnen weibliche Gesellschaftsentwürfe und Visionen entfaltet, die nun in die Öffentlichkeit transportiert werden mussten.[6]

Wie reichhaltig das lebensgeschichtlich erworbene Erfahrungswissen zur Herstellung von Identität, Kooperation und Imagination mit dem Handwerk des Schreibens Bettines zum Zeitpunkt der Aufnahme der Korrespondenz mit dem Kronprinz Friedrich Wilhelm war und wie sie ihre politischen Anliegen auf postalischem Wege zu transportieren übte, gilt es im folgenden aufzuzeigen und in seiner Aktualität zu erschließen. – Wagen wir einen Blick in die Schreibwerkstatt der verwitweten Frau von Arnim um 1838-1840 und die Webmuster ihrer „Brief-Politik“[7].

„Dreimal hab' ich ihn abgeschrieben“ – Politisches Schreiben als kooperative Arbeit

„Lieber Wilhelm!“ meldet Bettine am 12. April 1840 aus Berlin nach Kassel:

> Ich schicke Ihnen hier die Abschrift des Briefes den ich heute an den Kronprinzen geschrieben habe bei Gelegenheit daß ich ihm ein Buch schickte es weiß kein Mensch davon; und ich ersuche Sie außer Jacob, auch niemand davon zu sagen. Hier ist alles schofel und der große Jurist vorab, mich ekelt dies Geschlecht was keinen Charakter hat, wie die Schulbuben die dem Schulmeister in den H. kriechen. [...] Mein Gefühl für die Religion der Politik wird umso schärfer als die scheinheilige Welt immer zaghafter wird die Wahrheit auf sie wirken zu lassen. Was sag ich doch? – Ach kein Mensch weiß mehr was Wahrheit ist.[8]

Vergegenwärtigen wir uns kurz die politischen Gegebenheiten und gesellschaftlichen Verhältnisse. – 1837 hatte der König von Hannover den Protest

---

und einer Einführung von Marianne Leuzinger-Bohleber. Stuttgart: Klett-Cotta 2002.

6 Vgl. hierzu auch Gerald Hüther: Die Macht der inneren Bilder. Wie Visionen das Gehirn, den Menschen und die Welt verändern. 3., durchgesehene Aufl. Göttingen: Vandenhoeck & Ruprecht 2006.

7 Wolfgang Bunzel: Autorin ohne Werk, Publizistin undercover, Dokumentaristin avant la lettre. Zum 150. Todestag der Schriftstellerin Bettine von Arnim. In: Forschung Frankfurt 27 (2009), Heft 3, S. 18-22, hier: S. 22.

8 Bw Grimm, S. 148. Bei dem Buch handelte es sich um Achim von Arnims *Kronenwächter*.

der „Göttinger Sieben" auf seine Verfassungsänderung hin mit ihrer Entlassung beantwortet. Heftige Diskussion um gesellschaftliche Verantwortung, die Zukunft der Wissenschaft und die Werte der preußischen Politik, die sich insbesondere am Schicksal der Brüder Grimm entzündeten, beschäftigten die Bürgerinnen und Bürger Berlins. Insbesondere Bettine von Arnim fühlte sich verpflichtet, vehement für die langjährigen Freunde einzutreten, ja mehr noch, die fehlende Wertschätzung für das persönliche und wissenschaftliche Werk der Grimms öffentlich einzuklagen.

Und auch in ihrer eigenen Situation fühlt sich Bettine in ihrer Familie nicht angemessen wahrgenommen und anerkannt. Seit dem Tod Achim von Arnims 1831 hatte der Schwager Friedrich Carl von Savigny die Vormundschaft für die noch unmündigen Kinder übernommen, dabei jedoch seine Aufgaben auch auf die Vormünderin Bettine ausgedehnt. Im Sommer 1839 schreibt sie nach Kassel an Wilhelm Grimm:

> Ich war ganz abgespannt und durch viele dringende unangenehme Angelegenheiten die Vormundschaft betreffend gleichwohl in fortwährender Gereiztheit gehalten, ich hab mit List und auch mit grader offner Kühnheit müssen Widerstand leisten in Dingen die ich für Unrecht halte und die gegen meinen Willen sollten durchgesetzt werden, ich hatte (was ich unter dem Siegel der Verschwiegenheit Ihnen sage) gegen Savigny's Willen anzustreben; da hab ich eine Stufenleiter von Verachtung durchzumachen mit der man mich zurückhalten wollte. Es war keine Kleinigkeit ich werd mein Lebtag dran denken – Jetzt ist meine Gewissen beruhigt jedoch ist noch nicht alles vorüber. Basta. – [9]

Am 1., 18. und 20. Juli hatte Bettine an diesem Brief geschrieben, in dem sie erregt vom ihrer Ansicht nach hinterlistigen Umgang der Kollegen mit den Grimms berichtet und auch selbst in der Berliner Gesellschaft nicht immer „salonfähig" inszeniert. „Man kann mich nicht wie eine gewöhnlich[e] unkluge Frau behandlen, die man am Strang halten muß"[10], führt Bettine gegen Ende der „Epistel" schmerzhaft gegen Savigny Beschwerde und fordert damit auch für sich eine neue ehrliche Haltung – aber greifen wir nicht vor.

„Das Zusammenspiel der verschiedenen Dialogebenen in Bettines Werk ist die Basis, auf der die Autorin ihre politische Wirksamkeit zu begründen sucht"[11], so Ulrike Landfester in ihrer ausführlichen Forschungsarbeit zum politischen Werk Bettine von Arnims. Eine der zentralen Dialogebenen, ja vielleicht sogar *der* wichtigste Adressat zu Beginn der politischen Korrespondenz Bettines ist dabei Wilhelm Grimm, mit dem sie auch wegen der Herausgabe des Nachlasses von Achim von Arnim in regelmäßigem Kontakt steht. Im empathisch-vertrauten Briefwechsel mit dem langjährigen verlässlichen Freund erarbeitet sich Bettine spiegelnde Resonanz für ihre Pläne und selbstbewusste Sprache für ihren Sprung in die Öffentlichkeit. Wilhelm ist

---

9 Ebd., S. 110.

10 Ebd., S. 250.

11 Ulrike Landfester: Selbstsorge als Staatskunst. Bettine von Arnims politisches Werk. Würzburg: Königshausen & Neumann 2000 (= Stiftung für Romantikforschung, Bd. 8), S. 89.

der Adressat für die Bereitstellung von Material ihres Lebenstextes, welches sie zur Selbstregulierung, vielleicht Selbstermutigung nochmals erinnert.

„Ja lieber Grimm“, heißt es am 25. März aus Berlin, es war kein bloßes Aufwallen in mir daß ich Euch Treue geschworen habe, denn bei jeder Anregung empfinde ich wie tief das Wurzel in mir gefaßt hat.“[12] „Treue und Glauben“ hatte Bettine sich auch selbst in der Inszenierung versprochen, welche sie von ihrem ersten Blick in den Spiegel im Hause der Großmama Sophie von La Roche erdichtet hatte und im „Tagebuch“ von *Goethes Briefwechsel mit einem Kinde* erzählt. Sich selbst begegnen im Spiegel als einer, der „das Herz entgegenschlägt“, sich den anderen so inszenieren, dass sie dem gestalteten Bild ihr Herz entgegenschlagen lassen kann: Bettine von Arnim ist eine Meisterin der Herstellung von Szenen, die für die Leser Spiegelung und Resonanzerleben vorführen, die zu Identifizierungen und zum Mitschwingen einladen:

Da hab ich eine Stelle gefunden in einem meiner Briefe an die Günderode die ich will hier abschreiben: „Ein Schwur muß doch Erwecken einer großen Kraft im Menschen sein die gewaltiger ist wie das irdische Leben, ich glaub alles was gewaltiger ist wie das irdische Leben macht den Geist unsterblich.“[13]

Und als übermütig selbstverliebten Höhepunkt träumt Bettine:

Wie ich diese Stelle fand, da hab ich mir gleich erfunden wie ich mein Portrait will malen lassen; denn ich will ein Portrait für die Kinder und die Freunde in der Welt zurücklassen ; und danach soll das gestochen werden für die Sieben. [...] Der braune Mantel aus dem Rheingau mit dem ich meine Nachtwanderungen machte, existiert noch, und die braune Nebelkappe, in dem laß ich mich malen, die rechte Hand zum Schwur gehoben und die linke Hand einen Dornenbüschel *fest* haltend. – Und wenn auch das Blut darnach läuft. – Und auf das Bild schreib ich „Ich schwöre einen Manneseid“ da könnt Ihr Euch mancherlei dabei denken, die natürlichste Auslegung ist zwar: um meinen Eid nicht zu brechen greif ich lieber in die Dornen der Zeit; – ich aber meine es so: „Ich schwöre, Euch treu zu sein und für Euch herzhaft in die Dornen der Zeit zu greifen.“[14]

„Alles was man lernen muß, hüllt den Verstand in eine Nebelkappe daß die Wahrheit uns nicht einleuchte. Alles was wir zu tun bewogen sind ist Eselei“, hatte Bettine schon als junges Mädchen in Gesprächen mit Sophie von La Roche vorgedacht – und sich im eigensinnigen Widerstand geübt. „Meinungen von geistreichen Männern zu hören was der Großmama ihre Passion ist, das scheint mir leeres Stroh, liebe Großmama“, heißt es in der *Günderode*, an welcher Bettine zeitgleich zum Beginn der Korrespondenz mit dem Kronprinzen arbeitet. „Du kannst doch nicht leugnen liebes Kind daß sie die Welt verstehen und dazu berufen sind, sie zu leiten? Sagte sie gestern“ erzählt Bettine weiter. „Nein liebe Großmama mir scheint vielmehr daß ich dazu berufen bin“, verkündet die Enkelin in der Szene der Schriftstellerin. „‘Geh schlaf aus Du bist e närrisch’s Dingle’“[15], endet der kleine Disput –

[12] Bw Grimm, S. 76.
[13] Ebd.
[14] Ebd., S. 77.
[15] GW (Schmitz/von Steinsdorff), Bd. 1, S. 514.

und ähnelt von der Wortwahl dem auf die imaginative Portraitierung zwar provokativ formulierten aber doch womöglich nicht zufälligen Introjekt:

> Ich fühls wohl es ist recht närrisch von einer Frau, die doch nichts kann, daß sie so anmaßende Reden führe, aber es ist doch so in meiner Seele, und eine heimliche Stimme ist in mir, die mich mahnt ich soll der ganzen Welt gegenüber auftreten, und die Euch mit Bewußtsein verleugnen, oder die von andern verführt sind zu irriger Anschauung, die soll ich belehren und zurechtweisen[16].

„Wie wär's, *Savigny*, wenn Du mir dabei behilflich wärst, meine Weisheit bei den Philistern der Akademie geltend zu machen"[17], heißt es im langen Brief vom 4. November 1839 an Friedrich Carl von Savigny, jedoch „[...] schrieb diesen Brief nicht etwa ein befreundeter Professor oder Mitforscher der Grimms. Verfasserin war Bettine von Arnim, die als berühmte Autorin in Berlin einen geselligen Zirkel führte. Wie kam eine Frau dazu, den Akademiemitgliedern ihre 'Weisheit' kundgeben zu wollen, obwohl sie weder Mitglied der Akademie noch der Universität war? Wie konnte sich eine 'Salondame' in die Angelegenheiten einer Forschungsinstitution einmischen und worin bestand überhaupt ihre 'Weisheit'?"[18] „Wissenschaft als kulturellen Zusammenhang und als Arbeitssystem zu begreifen"[19], so Ina Lelke in ihrer umfangreichen Untersuchung, ermöglicht, historische Wandlungsprozesse und Fehlentwicklungen zu erfassen und zwar unter Berücksichtigung *beider* Geschlechter. Was hier nur angedeutet werden kann: Die „Weisheit" der Frau von Arnim mag sich selbstbewusst im Konzept des geselligen Arbeitens oder der „arbeitenden Geselligkeit", welches im Hause Grimm gelebt wird, spiegeln, ja Bettine mag sich bei ihren Besuchen in Kassel recht beflügelt und gestärkt gefühlt haben. Kooperative Arbeit am „Bauwerk Wissenschaft" unter den Maßgaben von „Vertraulichkeit"[20], Mosaikarbeit, 'Andacht zum Unbedeutenden', gemeinsamer Bildungsarbeit beider Geschlechter.[21]

---

16 Bw Grimm, S. 77.

17 Ebd., S. 254.

18 Ina Lelke: Die Berliner Akademie der Wissenschaften und die „arbeitende Geselligkeit". In: Frauen in Akademie und Wissenschaft. Arbeitsorte und Forschungspraktiken 1700-2000. Hrsg. von Theresa Wobbe. Berlin: Akademie Verlag 2002 (= Forschungsberichte der Interdisziplinären Arbeitsgruppen der Berlin-Brandenburgischen Akademie der Wissenschaften, Bd. 10), S. 66-91, hier: S. 66.

19 Ebd., S. 88.

20 Ebd.; vgl. hierzu auch Ina Lelke: Die Brüder Grimm in Berlin. Zum Verhältnis von Geselligkeit, Arbeitsweise und Disziplingenese im 19. Jahrhundert. Frankfurt a.M./Berlin/Bern/New York/Oxford/Wien: Lang 2005 (= Berliner Beiträge zur Wissenschaftsgeschichte, Bd. 9).

21 „1. *Sehen und Gesehenwerden* [im Sinne von wahrgenommen werden; A. T.], 2. *gemeinsame Aufmerksamkeit* gegenüber etwas Drittem, 3. *Emotionale Resonanz,* 4. *Gemeinsames Handeln* und 5. das wechselseitige *Verstehen von Motiven und Absichten.*" Alle fünf von Bauer genannten Voraussetzungen für das Gelingen einer Beziehung scheinen im Bildungsprogramm der „arbeitenden Geselligkeit" erfahrbar; Joachim Bauer: Prinzip Menschlichkeit. Warum wir von Natur aus kooperieren (wie Anm. 4), S. 190. Eine genauere Untersuchung mit diesen Kriterien zur Aktualität des Grimmschen Bildungsprogramms zur Herstellung von Motivationssystemen in Schule und Universität wäre sicherlich bildungspolitisch span-

Doch zurück zum politischen Schreiben Bettines, welches sich in seiner Webart organisch an den frühen Lebenstext anschließt. Achims *Kronenwächter* im Gepäck schreibt Bettine im ersten Brief an den angehenden Monarchen:

Schon früher war der Wunsch in mir rege geworden mich dem Kronprinzen vorzustellen, und ich habe diesem Verlangen heimlich gefröhnt indem ich in Gedanken oft Gespräche mit dem Kronprinzen führte, wie Menschen sich besprechen, die der Wahrheit allen Schein opfern. So hat ein Vertrauen in mir sich begründet zu meinem gnädigsten Herrn –[22].

Und sie hat Erfolg. „Meine Gnädigste Frau" schreibt Kronprinz Friedrich Wilhelm am 20. April, dem Ostermorgen des Jahres 1840 aus Berlin: „Ich habe meine lieben alten närrischen Jungen, die Kronenwächter mit großer Freund empfangen und sage Ihnen herzlichsten Dank, daß Sie sie mir nicht trocken, sondern mit einer so eigenthümlichen Anfeuchtung von Tinte gesendet haben."[23] „Besagtes TintenErgüßlein" habe „manches Rätselhafte", urteilt der zukünftige Monarch, aber unmissverständlich signalisiert er nicht nur seine Bereitschaft, sich mit den Anliegen der verwitweten Gattin des geschätzten Dichters Achim von Arnim zu beschäftigen und sich auf ihre spielerische Sprache einzulassen, sondern auch, dass ihm die besagten Dinge selbst am Herz liegen.

„Ich habe zwei Freunde", Bettine hatte statt Namen zu nennen wohl recht bewusst mit einem Rätsel in den Text gelockt, „deren reines Gewissen ihnen allein alles vergütet, was sie ihm opferten [...], denen hab' ich gelobt ihre Lauterkeit vor den Augen des Kronprinzen darzulegen."[24] – Das Experiment war geglückt, das Textversteck war entdeckt, das Sprachspiel angenommen. In seinem Brief vom Ostermontag, dem 20. April 1840, verrät Friedrich Wilhelm nicht nur Lust zum Mitspielen, sondern tut es auch:

Aus den halb classisch-versailler, halb hochländisch-romantischen Arabesken des Schreibens traten als [...] Räthsel die Gestalten zweyer Ihrer Freunde heraus. Mit forschendem Grimme, wie's meine Art ist nahm ich die Entzifferung vor und denken Sie mein Erstaunen: wie ich in den Wald gerufen, rief es 2 male zurück; anders gesagt: die Frucht meines forschenden Grimmes war – zwey forschende Grimme!![25]

Das angebotene Spiel scheint dabei wie ein „Warming-Up" für eine Briefbegegnung „auf Augenhöhe"[26]. Herzliche Wertschätzung für die Ge-

nend und nützlich.

22 Bw Friedrich Wilhelm IV., S. 26.

23 Ebd., S. 28.

24 Ebd., S. 26.

25 Ebd., S. 28.

26 Im Sinne von Lorenzers psychoanalytischem Heilungsverstehen als „Veränderung von Sprachspielen" und seiner literaturtherapeutischen Erweiterung in neuen SprachSpiel(t)Räumen kann hier das Versteckspiel, das Bettine erzeugt, als eine Art kommunikatives Minivitamin betrachtet werden, welches öffnet und zum Mitspielen motiviert; vgl. hierzu Alfred Lorenzer: Wittgensteins Sprachspiel-Konzept in der Psychoanalyse. In: A. L.: Sprachspiel und Interaktionsformen. Vorträge und Aufsätze zu Psychoanalyse, Sprache und Praxis. Frankfurt a.M.: Suhrkamp 1977 (= suhrkamp taschenbuch wissenschaft, Bd. 81), S. 15-37.

brüder Grimm war nun von höchster Stelle verbrieft und mehr noch: „Vielleicht wissen Sie Rath mir größere Gewalt zu geben", hatte Friedrich Wilhelm mit einer Bitte geendet. „Drum reden Sie! Es horcht Ihnen willig und gespannt –"[27]. Dies ließ sich Frau von Arnim nicht zweimal sagen, wartete doch eine Abschrift der „Epistel" schon seit mehr als fünf Monaten auf ihre Weiterleitung an höhere Stelle. Denn am 11. November des Vorjahres hatte Bettine aus Bärwalde nach Kassel gemeldet:

> Lieber Wilhelm es sind schon sechs Wochen daß ich in Eurem Hof von Euch zum letztenmal gegrüßt ward, und ich sollte mich schämen, noch nicht ein Wort gesendet zu haben wo ich geblieben bin. Denn Dank den wollt Ihr nicht daß Ihr so gut gegen mich seid: indes so lang ich hier in Bärwalde bin, bin ich vom Schreibtisch noch nicht aufgestanden so viel Briefe fanden sich vor, die ich beantworten mußte und auch gerne wollte und manche waren so lang wie dieser, von dem ich Euch die Kopie hier schicke und den Savigny jetzt in Händen hat, dem ich so lang ich ihn kenne noch nie aus so triftigen Gründen hab widersprechen können[28].

„Indessen bin ich froh um eine Stufe höher gerückt zu sein", berichtet Bettine etwas weiter unten. „[O]bschon ich vor ihm [= Savigny; A. T.] mein Gefühl meine Gesinnung über Eure Sache aussprach [...] so hab doch nie ihn darum angeredet, und es ist zu erwarten daß er mein Verfahren für eine Crime de *leze* majesté halten werde"[29], ahnt sie, doch ihre Entscheidung ist gefallen: „Die Wahrheit ist nicht zu ändern also muß man sie bekennen", und veröffentlichen – und verrät über ihr Schreiben: „Dreimal hab ich ihn abgeschrieben, einmal für nach Weimar wo ich will daß ihn Müller Euer Freund, dem Erzherzog vorlese und einmal um ihn einem Brief beizuschließen den ich an den Kronprinzen geschrieben."[30]

„Ich erinnere an die Rolle, die der Kronprinz gnädigst zu übernehmen hat" – Projektives Schreiben und empathisches Lernen

„Glücklicher Ostermontag! Ergötzliche Nacht in der mir träumte, ich küsse meinem Herrn die Hand! Kann einer gutsagen für seine Gefühle, für seinen reinen Willen?" Bettines Antwort auf den Ostermontagsbrief des Kronprinzen, der „seiner" „Huldvollphantasiebildanregenden Anonyma" als „Ihr ergebener Diener und quasi Phantasie:Gebilde F W K P"[31] geantwortet hat, ist eben dieser oben erwähnte Brief mit drei Beilagen. Bedeutsam ist, dass Bet-

---

Zum literaturtherapeutischen Ansatz vgl. Angela Thamm: SprachSpiel(t)Räume. Zur Wiederentdeckung des Schreibens in therapeutischen Prozessen. In: Johannes Berning/Nicola Kessler/Helmut Koch (Hrsg.): Schreiben im Kontext von Schule, Universität, Beruf und Lebensalltag. Berlin: LIT Verlag 2006, S. 160-196.

[27] Bw Friedrich Wilhelm IV., S. 28.

[28] Bw Grimm, S. 115.

[29] Ebd.

[30] Ebd., S. 116.

[31] Bw Friedrich Wilhelm IV., S. 28.

tine schon am Ende ihres ersten Briefes rhetorische Vorbereitungen für den von ihr gewünschten kommunikativen Rahmen eingeleitet hatte:

Wie soll ich aber die Lösung meines Gelübdes [gemeint ist ein Vorschlag zur Rettung der Grimms; A. T.] der ungefälschten Anschauung des Fürsten vertrauen [...] ohne die Grenzen in denen die Scheu Ihm gegenüber mich hält, zu überschreiten, und an jenen inneren Freund mich wenden, der absichtsloses Vertrauen mit Nachsicht aufzunehmen geneigt ist![32]

Die Frage scheint rhetorisch, endet sie doch mit einem Ausrufezeichen. „Und warum nicht!" ändert Bettine die Perspektive: „Ich wende mich [...] daher nicht an den Kronprinzen der Welt, ich wende mich an den herablassenden Freund jener inneren Mittheilungen der mir erlaubt, ohne Rückhalt den entschiedensten den in die Wahrheit eingereifendsten Weg [...] zur Lösung meines Gelübdes einzuschlagen." Unvermittelt hat Frau von Arnim die Regie in einem Briefspiel übernommen und erklärt:

Möchte dies einemal, der Kronprinz geneigt sein die Rolle jenes Freundes einzugehen, und das Vertrauen, was ohne fremden Rath, und ohne Mitwissen Anderer allein sich Ihm zuwendet, so Willfährig aufnehmen als ob ein wirkliches Anrecht an die herablassende Güte meines gnädigsten Herrn mir zukomme. [...] Ich unterzeichne nicht. Sollten diese Zeilen dem Kronprinzen misfallen, so hab ich sie nicht geschrieben.[33]

Schon die junge Bettine Brentano hatte sich in Briefspielen mit dem Bruder Clemens geübt und gelernt, in ihren Korrespondenzen Vorstellungswelten zu gestalten, in denen sich romantische Projektionen und Identifikationen spielerisch ergänzten. Zwischen 1801 und 1808 waren zwischen ihr und dem Schwager Savigny mehr als 40 lange Briefe gewechselt worden, in denen das junge Mädchen sich zunächst ihren „lieben guten Hab ihn nie", später ihren „lieben Alten" imaginativ erschaffen hatte, dem sie all ihre Erlebnisse, Gedanken, Gefühle kindlich anvertraut hatte. Savigny hatte sich, Clemens Brentanos Bitten nachgebend, auf diese quasi „nachbeelternde" Korrespondenz zunächst nur zögerlich eingelassen, hatte später jedoch „seinen Budin" verlässlich und oft recht einfühlsam begleitet, sich mit den ihm von Bettine zugeschriebenen idealisierenden Projektionen identifiziert und sie offensichtlich auch etwas genossen.

In der Korrespondenz mit dem zukünftigen Monarchen wiederholt Bettine nun die in der Korrespondenz mit Savigny geübte Strategie: „Ich vertraue dem Freund, der mein *alleiniges Geheimniß* bewahren wolle, daß er auch dem Kronprinzen keinen Namen, sondern die reine Ansicht, die Gesinnung der Wahrheit auf ihn übergehen lasse. –"[34] Szenisch betrachtet bietet Bettine Friedrich Wilhelm einen Deal an:[35] Du tust in unserer Korrespondenz so, als

32 Bw Friedrich Wilhelm IV., S. 26.

33 Ebd., S. 28.

34 Ebd.

35 Bunzel hat dafür den Begriff des „Stilisierungspaktes" geprägt; Wolfgang Bunzel: Ver-Öffentlichung des Privaten. Typen und Funktionen epistolarischen Schreibens bei Bettine von Arnim. In: Bernd Füllner (Hrsg.): Briefkultur im Vormärz. Vorträge der Tagung des Forum Vormärz Forschung und der Heinrich-Heine-Gesellschaft am 23. Oktober 1999 in Düs-

wärest Du nicht Kronprinz, sondern ein – zugegeben romantisch installierter – Freund, und ich liefere Dir dafür Informationen, die Du sonst nicht erhalten würdest, da Du umgeben bist von Menschen, die Dir eh' nicht die Wahrheit sagen. Und mehr noch: Verbündet mit der Wahrheit inszeniert sich Bettine nicht nur *neben* dem Freund sondern als wissende Instanz *über* ihm, deren An- und Einsichten insofern von vorn herein quasi „unantastbar" sind:

Ich weiß, daß man den Fürsten die Wahrheit nie offen darlegt, und daher ist auch nicht zu erwarten daß ein sicherer Blick in ihnen sich ausbildet der eine auf Wahrheit sich gründende Entscheidung fordert. Das ewige Weißmachen, Verheimlichen, Lügen verhindert die harmonische Anregung und Einwirkung zwischen Volk und Fürsten in jedem Ereigniß. Wie soll da ein Fürst groß werden?[36]

„An meinen Freund" leitet Bettine freundlich aber bestimmt und unmissverständlich die „Anmerkung zum Ganzen" ein auf dem ansonsten leeren Bogen, in den sie die beiden Beilagen, den Brief von Wilhelm Grimm vom 11.6.1839 und die sog. „Epistel" an Savigny einwickelt. „Ich erinnere an die Rolle die der Kronprinz gnädigst zu übernehmen geruht!"[37] Frau von Arnim hat ihrem Adressaten aus hohen Hause klare Regieanweisungen gegeben und sich selbst damit auf der inneren Bühne einen „Vertrauten" inszeniert, an den ihre Gedanken und Gefühle, wie einst an Savigny, in imaginierter Resonanz und Kooperationsbereitschaft fließen können.

Und als psychodynamischen Schachzug für eine etwaige Irritation hat Bettine noch den Rat: „Der Freund, der dies liest verheimliche doch auch diesmal dem Fürsten meine allzu kecke Bemerkung"[38]. Es scheint, als ob die „Gedanken- und Körpersprünge"[39] der jungen Bettine Brentano, die Wilhelm von Humboldt einst mit Erstaunen beobachtete, sich nun im politischen Handeln in einem nahezu übermütigen Schreiben, zu dem sich Bettine durch den Ostermontagsbrief eingeladen fühlt, wiederholen würden. „Die Briefe der Grimm sind mir wichtig", schließt Bettine, „ich bitte daß sie mir zurück gegeben werden."[40]

---

seldorf. Bielefeld: Aisthesis 2001 (= Vormärz-Studien, Bd. 9), S. 41-96, besonders S. 60-74.

36 Bw Friedrich Wilhelm IV., S. 31.

37 Ebd., S. 30 und S. 295.

38 Ebd., S. 31.

39 „Eine junge Brentano, Bettina, 23 Jahre alt, [...] hat mich hier in das größte Erstaunen versetzt. Solche Lebhaftigkeit, solche Gedanken- und Körpersprünge (denn sie sitzt bald auf der Erde, bald auf dem Ofen), so viel Geist und so viel Narrheit ist unerhört." Wilhelm und Caroline von Humboldt in ihren Briefen, hrsg. von Anna Sydow. Bd. 3: Weltbürgertum und preußischer Staatsdienst. Briefe aus Rom und Berlin-Königsberg 1808-1810. Berlin: Mittler 1909, S. 9.

40 Bw Friedrich Wilhelm IV., S. 31. Ob es sich noch um weitere Beilagen handelte oder eine Flüchtigkeit, ist unbekannt; vgl. ebd., S. 239.

„So wollt ich kein Papier sparen und mich zum letzten Mal recht satt schreiben" – Szenisches Schreiben als Erweiterung von SprachSpiel(t)Räumen

„Lieber *Savigny*! Du kommst mit der Aufforderung, Dir von den *Grimm* zu erzählen, meinem Wunsch entgegen", beginnt Bettine ihren Text:

denn als ich aus diesem unschuldvollen Hause, in dem der Segen Gottes heiteren Frieden verbreitet scheiden mußte, da dachte ich Deiner, und daß es doch jammervoll sei, wie Du, der in der Blüthezeit Deines Lebens, in so edlem Verkehr mit ihnen stand, jetzt von ihnen getrennt bist, wo grade in *Dir* der Geist ihrer Treue sich überschwenglich offenbart.[41]

In den bisherigen Briefwechseln war Bettine stets unterwürfig gewesen, hatte den anerkannten Juristen verehrt, ja idealisiert und für Irritationen und Kritik seine Person betreffend keine Sprache gefunden. Der Fall hatte sie so tief berührt, dass sie in Identifikation mit ihnen Ihrem Herzen Luft gemacht hatte. Savigny, dem Bettine Zeit ihres Lebens, wie sie an Wilhelm schreibt, noch nie aus so „triftgen Gründen habe widersprechen können", muss es sich gefallen lassen, auf Bettines imaginativer Bühne scharf kritisiert, in seiner Idealisierung entzaubert zu werden – und mehr noch als das:

Ja, *Savigny,* was hilft Dich Dein Ruhm in und außer den deutschen Landen, wenn Du scheu und kalt an jenem Hause vorübergehst, in dem Du sonst vor allem mit freudiger Begeisterung aufgenommen warst, wo Dein erster Schüler wohnt, der jetzt als erster deutscher Gelehrter weit über alle hinausragt und doch das Herz noch so voll demütiger Liebe zu Dir hat, als sei er noch Dein Schüler.

Zorn und Enttäuschung klingen aus Bettines Worten, ja unversöhnlich Beschämendes, welches den Wissenschaftler beleidigen muss:

Was ist die heilige Verbindung in der Wissenschaft, wenn sie solche Herzen und solchen Geist nicht fest zusammenhalten kann? – Du, in dessen Herzen die Kindlichkeit in voller Blüte noch stand. Als noch der dichteste Lorbeer Dich kränzte; – ich war ja Zeuge und war voll tiefer Ehrfurcht vor Deinem Geist, denn Du warst ja der erste, den ich bewundern lernte, und an dem ich mit Liebe hinaufsah; erst in Marburg, nachmals in Landshut, Dein Wesen mit den Studenten, die an Dir erstarkten, in Wissenschaft und Weltsitte, in Gefühl und Vertrauen, das Du nie zurückwiesest, so treuherzig und einfältig es sich vor Dir aussprach, und lindertest ihre Not, wie sie krank waren am Spitalfieber, und gingst freundlich in ihrem Kreis spazieren über Berg und Tal, und sammelten sich die bedeutenden Männer um Dich, die mit dir zu sein so stolz waren und so glücklich durch alles Schöne, was bewußtlos als Deine eigenste Natur aus Dir hervorging.[42]

Auf der Suche nach einer Sprache, in der sie sich wehren kann, wandert Bettine in ihrem Text einem Reigen ähnlich immer wieder an dem für sie Unakzeptablen vorbei, um die Protagonisten in mehreren Runden in einem „Schwarz-Weiß-Raster" einander gegenüber zu stellen, sich und ihre irritierten Gedanken und Gefühle selbst zu ordnen und (sich) zu sortieren. „Meinst Du, es stünd mir nicht heute noch deutlich vor Augen alles, was ich Dir zu danken habe?" springt Bettine dabei auch mehrmals, fast wie zum Abschied, dankbar in ihrer Erinnerung in liebenswerte Szenen und glückliche Zeiten:

---

41 Bw Grimm, S. 224.
42 Ebd., S. 228.

Meinst Du ich erkenne nicht mein Glück, dass mich in meiner Jugend mit Dir zusammenführte, wo ich durch Dich ein höheres Leben ahnen lernte, wo Deine ersten Briefe an mich [...] mich leiteten, wo Du sorgfältig und mit Anmuth auf meine Bildung einwirktest, meine Fehler mit bescheidner Ironie bestrittest [...] Dann in Marburg wo Du mir Bücher gabst, jede schwache Äusserung in mir würdigtest, und mit freudiger Anerkenntniß hobst. – Alles durfte ich Dir mittheilen; und die unbeschränkte Geistesfreiheit in Deiner Nähe, wie bereitete die alles in mir vor! – Meinst Du diese Erinnerungen konnten je in mir verbleichen?

Etwa in der Mitte des Textes aber verschwinden die Vorwürfe, der innere Sturm hat sich in der szenischen Gegeneinanderführung der Positionen und ihrer Polarisierung gelegt, Bettine erzählt ruhiger, und fast versöhnlich heißt es:

Ich überlese eben, was ich geschrieben, und sehe, daß ich manche Bemerkung hätte ungesagt lassen können und Dir überlassen. Abschreiben mag ichs nicht, halte Du es mir zu gut und denke, daß ich es ja doch hinter Deinem Rücken vor jedermann so ausspreche, weil es meine Gesinnung ist und weil der Drang, das was mir als Wahrheit heilig ist, zu verteidigen, mich hinreißt.

Nein, dies hört sich nicht so an, als wäre es Strategie – eher ein kleiner Rückzieher, ein spontaner, zwischen den Protest gerutschter Versuch einer Selbstreflexion, so wie wir es auch von der jungen Bettine kennen, die den Kapellmeister Winter zunächst tyrannisierte und dann mit etwas Zuckerwasser wieder zu versöhnen suchte – was ihr auch meistens gelang.[43] „Also sei großmütig gegen die Fehler der Taktik, die in ihrer innern Verschanzung hätten bleiben müssen und nicht mit allerlei unnötigen Ausfällen sich bloßstellen“, lenkt Bettine nochmal ein bisschen ein und bekennt – auch dies augenscheinlich ehrlich gemeint:

Im Grund weiß ich nicht einmal, was hier mehr am Platz war und eindringlicher:ob meine Ansicht bescheiden vor Dir zurückzuhalten und nur die Tatsachen mitteilen, oder, daß ich mir habe wie mit Windessausen die Gedanken aus dem Herzen aufjagen lassen. – Doch – red ich in die Lüfte, denn umsonst nur bemüht sich das Wort, der verschütteten Wahrheit heiliges Wirken schöpferisch wiederum aufzubauen! Sagt *Goethe.*[44]

Jedoch ahnt Bettine das Unverständnis des früher so bewunderten Freundes und die Auswirkungen ihrer neuen Öffentlichkeit.[45] Doch hat sie sich in der Inszenierung der Kränkung in ihrem Rhythmus reguliert, ja sich im ehrlichen Sprachspiel ausbalanciert. „Wenn ich nicht mit Gewalt abbreche mit Schreiben, so braucht ich nimmer aufzuhören“, heißt es am Ende der „Epistel“ an Savigny, „denn da ich doch wahrscheinlich von Dir zum Tempel herausgeworfen werde und nicht mehr vor Deinen sichtlichen Augen werde erscheinen dürfen, so wollt ich kein Papier sparen und mich zum letzten Mal

---

43 Vgl. AM, S. 103.

44 Bw Grimm, S. 247.

45 Siehe hierzu Wolfgang Bunzel: „Von Herz zu Herz“? Zum textologischen Status und sozialhistorischen Kontext der Familienbriefe Bettine von Arnims. In: Dies Buch gehört den Kindern. Achim und Bettine von Arnim und ihre Nachfahren. Beiträge eines Wiepersdorfer Kolloquiums zur Familiengeschichte. Hrsg. von Ulrike Landfester und Hartwig Schultz. Berlin: Saint Albin Verlag 2004 (= Schriftenreihe des Freundeskreises Schloß Wiepersdorf – Erinnerungsstätte Achim und Bettina von Arnim e.V., Bd. 4), S. 37-81, besonders S. 61-65.

recht satt schreiben, Dein wie ich bin auf Leben und Tod“[46]. Und tatsächlich antwortet Savigny drei Wochen später irritiert und indigniert: „Meine liebe Bettine. In dem reinen Genuß Deines ganz herrlichen Briefes bin ich beständig durch den Gedanken an den alten Zelter gestört worden, der auch seine Briefe mit stetem Hinblick auf den künftigen Setzer und Drucker schrieb“[47], heißt es da. Savigny fühlt sich massiv unter Druck gesetzt. Die öffentliche Szene und das, was Bettine in Berlin in der Gesellschaft erzählt, macht es ihm offenbar unmöglich, selbstkritisch zu denken und das Handeln seiner Schwägerin zu verstehen. Dass ihr Protest aus innerer Notwendigkeit kommt und die Bedingung für eine Lösung ihrer inneren Konflikte ist, kann er nicht begreifen, die provokativen Sprachspiele und die Veröffentlichung privater Korrespondenz nicht verzeihen:

> Im Grunde aber war diese Störung [siehe den Beginn des Briefes; A. T.] ein Glück für mich als Milderung der allzu heftigen sonst kaum zu ertragenden Wirkung. Denn nie in meinem Leben bin ich von entgegengesetzten Empfindungen so schnell und gewaltsam hin- und hergezogen worden, wie bei diesem Briefe, bald werde ich so hoch gestellt daß ich ordentlich meine Freude an mir hatte; dann werde ich wieder so tief gedemütigt, daß ich mir ganz mechant vorkam. Jetzt fasse ich ganz die Worte des Dichters „himmelhoch jauchzend, zum Tode betrübt“.[48]

Bettines Kritik ist unerwünscht, von ihrer Wahrheit will der Jurist nichts wissen und reagiert daher abwehrend: „Du hast gewiß über die Hälfte Deines Briefes längst vergessen, und ich will wetten, daß Du, wenn man Dich über Einzelheiten zur Rede stellte, ernsthaft versuchen, ja vielleicht gar selbst glauben würdest, Du habest so etwas gar nicht geschrieben“, so Savigny am Ende seines Briefes. Anfang Dezember 1839 antwortet Bettine nochmals aus Bärwalde:

> Lieber Savigny! Allerdings bist Du auf keiner falschen Fährte, wenn Du auf ein Publikum ratest, für das der Brief mehr noch als für Dich geschrieben war. Dies Publikum bin ich und die beiden Grimm, die ich während dem Schreiben beständig im Herzen hatte. Ich habe ihnen eine Abschrift dieser langen, von Dir weder ihrem Sinn noch dem Buchstaben nach verstandenen Epistel geschickt[49].

„Daß ich mir habe wie Windessausen die Gedanken aus dem Herzen aufjagenlassen“ – Authentisches Schreiben

Schon am 15. Mai 1840, also knapp drei Wochen nach dem umfangreichen Briefwerk Bettines vom 22. April, antwortet der Kronprinz:

---

[46] Bw Grimm, S. 247.
[47] Ebd., S. 262.
[48] Ebd.
[49] Ebd., S. 264.

Gnädigste Frau;

Hier erfolgt mit herzlichstem Danke, das so gütig und vertrauensvoll Mitgetheilte zurück. Ihre Schreiben, zumal aber der 1te lange Brief an Ihren Schwager tönt mir in der Erinnerung wie Beethovens Symphonie aus c moll die ich am Bußtage gehört habe, mit Ausnahme jedoch des letzten triumphalen Satzes; der kommt vielleicht einmal nach. – [50]

Ist es die Klaviersonate Nr. 32 c-moll op.111, die 'Unvollendete', auf die der Kronprinz sich bezieht und – im Text versteckt – Bettine so empathisch begegnet, ja ihr zunickt und zur Wahrheit der Epistel gratuliert? Noch vor dem Eintreffen des Antwortschreibens hatte Bettine sich nach ihrem stürmischen Briefüberfall wieder untergeben einreguliert, denn am 23.5. hieß es wieder aus angemessener Distanz:

Gnädigster Herr! Durchlauchtigster Kronprinz! Ich habe mich gefreut Ew Königlichen Hoheit diese Blätter aus meiner Jugendzeit darzulegen, daß ich nicht erwarten kann bis der Titel gedruckt sein wird. So kommt dies Buch denn ohne Empfehlung blos im grauen Büßerhemdchen um Nachsicht flehend, auch für mich, die vielleicht wagte was der Verzeihung bedarf.[51]

Und Bettines Briefaktion war in mehrfacher Hinsicht erfolgreich: Der Kronprinz unterstützte ihr Anliegen und bestätigte nochmals, dass Bettines Einsatz für die Grimms auch ganz in seinem Sinne sei:

Ich habe seit Jahren, an sogenannten „rechten Orten" wiederholt den Wunsch geäußert Ihre Freunde hier zu gewinnen [...]. Ich bin durchaus nicht gescheitert, nur hat man mich noch nicht landen lassen. Deshalb ist meine Hoffnung und mein Entschluß immer wieder Versuche zu machen, ungebrochen.[52]

Damit würde im Übrigen auch eine Absicht Achim von Arnims aus dem Jahre 1818 weiterverfolgt werden, die Brüder Grimm nach Berlin zu holen; Bettine hatte geantwortet, wie sehr sie sich wünsche, „daß es wahr werde"[53]. Und es würde wahr werden! Nahezu ebenso bedeutsam mag jedoch noch eine weitere Mitteilung im gleichen Brief sein, die da lautet:

Die Blicke die Sie mir in Herz und Sinn der Beyden [Grimms; A. T.] gegönnt haben, erwärmen mich wie der beste Trunk im RheinGau und steigern mein Verlangen, sie die unsern zu nennen unsäglich. Ich verstehe nun den Schwung Ihrer Freundschaft und kann ihm folgen (doch, glücklicher noch als Sie nicht dem Schwung Ihres Hasses).[54]

Der zukünftige Friedrich Wilhelm IV. hatte sowohl Bettines Anliegen verstanden wie auch ihre ungewöhnliche Form politischen Schreibens akzeptiert und ihr damit vielleicht selbst zu jenem triumphalen dritten Satz ihrer „ersten Sinfonie" verholfen, den er vermisst hatte – ein voller Erfolg, ja Paukenschlag für die „Brief-Politik" der Frau von Arnim.

---

50 Bw Friedrich Wilhelm IV., S. 62.
51 Ebd.
52 Ebd.
53 Zitiert nach Ina Lelke: Die Brüder Grimm in Berlin. Zum Verhältnis von Geselligkeit, Arbeitsweise und Disziplingenese im 19. Jahrhundert (wie Anm. 20), S. 199.
54 Bw Friedrich Wilhelm IV., S. 62.

Epilog

„Autorin ohne Werk, Publizistin undercover, Dokumentaristin avant la lettre" überschreibt Wolfgang Bunzel seinen zum 150. Todestag Bettine von Arnims erschienenen Artikel und bezeichnet die Schriftstellerin als „herausragende

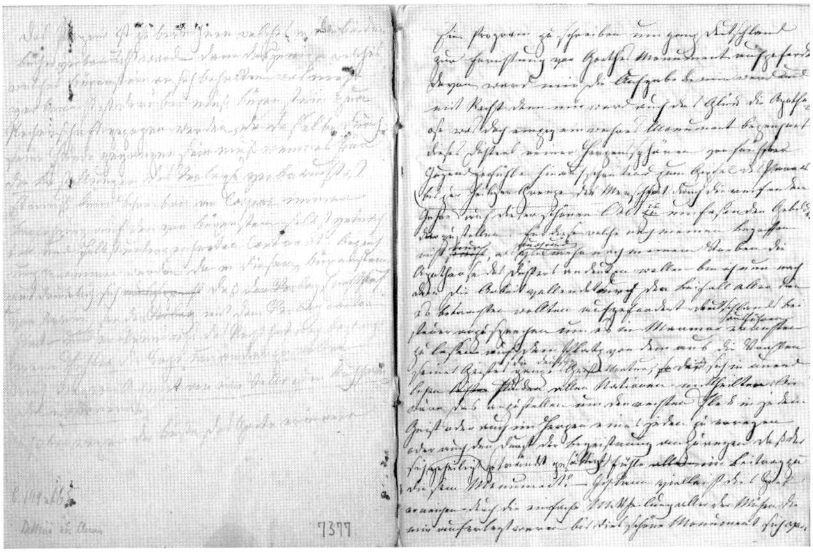

Abb.: Notizbuch Bettine von Arnims (Frankfurter Goethe-Haus/Freies Deutsches Hochstift); vgl. die Erläuterung in: Katalog 2009, S. 114, Nr. 193 (Frankfurter Goethe-Haus/Freies Deutsches Hochstift)[55]

Strategin des 19. Jahrhunderts, die die Gestaltungs- und Wirkmöglichkeiten der Textsorte Brief so virtuos zu nutzen verstand wie wohl kaum eine andere"[56]. Unbedeutend bedeutsam, Regisseurin für soziale Resonanz und Kooperation zwischen Tag und Traum, Expertin für die Zeit in der Sprache – kann ihr aus kulturanalytischer Sicht außerdem bescheinigt werden. Was können wir daraus lernen?

55 Obwohl Bettine von Arnim nachweislich nicht nur viele ihrer lebensweltlichen Briefe zuerst aufgesetzt und dann ins Reine geschrieben, sondern auch ihre späteren publizierten Texte zum Teil mehrfach überarbeitet hat, haben sich nur relativ wenige dieser Entwürfe erhalten, die Einblicke in den Produktionsprozeß der Autorin geben. Bei der Arbeit bediente sich Bettine von Arnim offenbar mehrfach notizbuchartiger Kladden, in denen sie Brief- und Werkentwürfe festhielt. Das assoziative Schreiben Bettines zeigt sich auch in der Art der Führung ihrer Notizbücher, in denen mal mit Bleistift, mal mit Tinte gearbeitet wurde, mal von vorne oder – um 180 Grad gedreht – mal von hinten, mal kontinuierlich Seite für Seite, mal in Sprüngen, so dass zwischendurch leere Seiten bleiben.

56 Vgl. Anm. 7.

Ziel dieses Beitrags war es, einen Blick auf und in die Webmuster von Bettines „Brief-Politik“ zu werfen, ja ihrem Geheimnis gar auf die Spur zu kommen. Ziemlich einfach, ja „unbedeutend“, wie Bettine ihr Schreiben selbst gerne charakterisierte, und doch so bedeutsam scheint das Ergebnis unseres Blicks über die Schulter der literaturtherapeutischen Expertin: Bettine schrieb. Mit Feder und Tinte suchte sie unbeirrbar beharrlich Ausdruck für ihre Gedanken und Gefühle, Buchstabe für Buchstabe regulierte sie ihren emotionalen Überschwang, Wort für Wort blieb sie sich selbst auf der Spur und Satz für Satz erwarb sie sich mit einer unverkennbar eigenwilligen *Hand*schrift ein Werkzeug zur Herstellung kommunikativer Resonanz und Kooperation, was nicht nur in ihrer Zeit sondern bis heute vergeblich seines gleichen sucht.

Bettine betrieb „Brief-Politik“ mit Verstand und Herz. Beim Abschreiben agierte sie adressatenbezogen und bewies Empathiefähigkeit und strategisches Geschick, um ihre politischen Handlungsziele zu erreichen. Kopieren und Weiterleiten, Kommunikation auf Knopfdruck – bei der modernen Formalisierung zwischenmenschlicher Beziehungsgefüge bleiben Resonanz und Kooperation leicht auf der Strecke, ganz zu schweigen vom Verlust der *Hand*schrift als einem der wesentlichsten Handwerke für Gesundheit, Bildung und soziale Kompetenz. Mehr dazu? Wie wär’s, verehrte Politiker und Politikerinnen mit einem Besuch in der Schreibwerkstatt der Frau von Arnim und einer kleinen Nachhilfe in Sachen Brief-Politik?

Verzeichnis der Siglen und Abkürzungen

AM Die Andacht zum Menschenbild. Unbekannte Briefe von Bettine Brentano. Hrsg. von Wilhelm Schellberg und Friedrich Fuchs. Jena: Diederichs 1942.

Bw Arnim II Achim und Bettina in ihren Briefen. Briefwechsel von Achim von Arnim und Bettina Brentano. Hrsg. von Werner Vordtriede. 2 Bde. Frankfurt a.M.: Insel 1961. [Taschenbuchausgabe: Frankfurt a.M.: Insel 1988 (= insel taschenbuch, Bd. 1095).]

Bw Friedrich Wilhelm IV. „Die Welt umwälzen – denn darauf läufts hinaus". Der Briefwechsel zwischen Bettina von Arnim und Friedrich Wilhelm IV. Hrsg. und kommentiert von Ursula Püschel. Mitarbeit: Leonore Krenzlin. 2 Bde. Bielefeld: Aisthesis 2001.

Bw Grimm Der Briefwechsel Bettine von Arnims mit den Brüdern Grimm 1838-1841. Hrsg. von Hartwig Schultz. Frankfurt a.M.: Insel 1985.

GW (Härtl) Bettine von Arnim: Werke. Im Auftrag der Nationalen Forschungs- und Gedenkstätten der klassischen deutschen Literatur in Weimar hrsg. von Heinz Härtl. Berlin (Ost)/Weimar: Aufbau 1986ff. [Davon erschienen:] Bd. 1: Goethes Briefwechsel mit einem Kinde (1986). Bd. 2: Die Günderode/Clemens Brentanos Frühlingskranz (1989).

GW (Konrad) Bettine von Arnim: Werke und Briefe. 5 Bände. Hrsg. von Gustav Konrad (Bd. 5 von Joachim Müller). Frechen: Bartmann 1959-63.

GW (Oehlke) Bettine von Arnims Sämtliche Werke. Hrsg. mit Benutzung ungedruckten Materials von Waldemar Oehlke. 7 Bde. Berlin: Propyläen 1920-22.

GW (Schmitz/von Steinsdorff) Bettine von Arnim: Werke und Briefe in vier Bänden. Hrsg. von Walter Schmitz und Sibylle von Steinsdorff. Frankfurt a.M.: Deutscher Klassiker Verlag 1986ff. Bd. 1: Clemens Brentano's Frühlingskranz/Die Günderode (1986); Bd. 2: Goethe's Briefwechsel mit einem Kinde (1992); Bd. 3: Politische Schriften (1995); Bd. 4: Briefe (2004).

Jb BvA Internationales Jahrbuch der Bettina-von Arnim-Gesellschaft.

Jb FDH Jahrbuch des Freien Deutschen Hochstifts.

Katalog 1985 Herzhaft in die Dornen der Zeit greifen ... Bettine von Arnim 1785-1859. Ausstellungskatalog. Hrsg. von Christoph Perels. Frankfurt a.M.: Freies Deutsches Hochstift/Frankfurter Goethe-Museum 1985.

Varnhagen Aus dem Nachlaß Varnhagen's von Ense. Tagebücher von K. A. Varnhagen von Ense. Bd. 1-6: Leipzig: Brockhaus 1861/62; Bd. 7/8: Zürich: Meyer und Zeller 1865; Bd. 9-14: Hamburg: Hoffmann & Campe 1868-1870. [Photomechanischer Nachdruck: Bern: Lang 1972.]

Die Beiträgerinnen und Beiträger dieses Bandes

PD Dr. Wolfgang Bunzel, Frankfurter Goethe-Haus/Freies Deutsches Hochstift, Großer Hirschgraben 23-25, 60311 Frankfurt a.M.

Kerstin Frei, M.A., Studienleiterin Interkulturelles/Lebenskunst/Literatur, Haus am Dom – Katholische Akademie Rabanus Maurus, Domplatz 3, 60311 Frankfurt a. M.

Prof. Dr. Wolfgang Frühwald, Institut für Deutsche Philologie, Ludwig-Maximilians-Universität München, Schellingstraße 3, 80799 München

Prof. Dr. Hille Haker, Richard A. McCormick Chair of Ethics, Loyola University Chicago, 6525 North Sheridan Road, Chicago (Illinois) 60626, USA

Mechtild M. Jansen, Referat IV: Gender Mainstreaming/Frauen/geschlechtsbezogene Jugendarbeit/Migration, Hessische Landeszentrale für politische Bildung, Taunusstraße 4-6, 65183 Wiesbaden

Prof. Dr. Hildegund Keul, Leiterin der Arbeitsstelle für Frauenseelsorge der Deutschen Bischofskonferenz, Kaiser-Friedrich-Straße 9, 53113 Bonn

Prof. Dr. Ulrike Landfester, Kulturwissenschaftliche Abteilung, Universität St. Gallen, Gatterstraße 1, CH-9010 St. Gallen

Dr. Ingeborg Nordmann, Niederwaldstraße 47, 64625 Bensheim

Prof. Dr. Ulrike Prokop, Institut für Erziehungswissenschaft, Philipps-Universität Marburg, Wilhelm-Röpke-Straße 6B, 35032 Marburg

Prof. Dr. Pia Schmid, Institut für Pädagogik, Martin-Luther-Universität Halle-Wittenberg, Franckeplatz 1, 06099 Halle

Prof. Dr. Hartwig Schultz, Birkenweg 12, 61449 Steinbach

Dr. Angela Thamm, Bendelstraße 9, 52064 Aachen